CARO MATZKO, TANJA MARFO
Size egal

CARO MATZKO & TANJA MARFO

Size egal

Dein Selbstbewusstsein kann
nicht groß genug sein

lübbe life

Dieser Titel ist auch als Hörbuch und E-Book erschienen

Originalausgabe

Vermittelt durch die Agentur Stefan Linde
Copyright © 2020 by Bastei Lübbe AG, Köln
Textredaktion: Ulrike Strerath-Bolz, Friedberg
Umschlaggestaltung: ZERO Werbeagentur, München
Einband-/Umschlagmotiv: © Herzflimmern/Nadine Schachinger
Satz: two-up, Düsseldorf
Gesetzt aus der Source
Druck und Einband: GGP Media GmbH, Pößneck

Printed in Germany
ISBN 978-3-431-07023-1

1 3 5 4 2

Sie finden uns im Internet unter luebbe-life.de
Bitte beachten Sie auch: lesejury.de

Inhaltsverzeichnis

TEIL 1 Zwei Frauen. Zwei Welten. Dasselbe Problem

    1 Schau mal in den Spiegel! Wie unsere Reise begann 8

    2 Die Monster wieder aus dem Keller holen? Echt jetzt? 18

    Learnings von Caro: Warum wir mit Essen Gefühle bewältigen 33

    3 Ich schau mir in die Augen, Kleine 35

TEIL 2 Die Angst, niemals zu genügen – unsere Kindheit

    4 Zu groß, zu dick, zu laut, zu alles – Tanjas Kindheit 44

    5 Schön brav sein – Caros Kindheit 57

    6 Angst vor der Pause – Tanjas Schuljahre 65

    Learnings von Tanja: Binge Eating 75

    7 The road to nowhere – Caros Pubertät 77

    8 Schwere Knochen, schweres Herz 85

    9 Eingesperrt in der Todeszone 97

    Learnings von Caro: Anorexia nervosa – warum essen die anderen so wenig? 113

    10 Wohin mit Poldi? Wie Tanja mit ihrer Essstörung umgeht 116

    Learnings von Caro und Tanja: Wer hat eigentlich alles eine Essstörung? 125

TEIL 3 Auf dem Weg zu uns

11 Fuck Fuckability – Sexy soll abhauen 128

12 Die Akte Ex – Liebe, Sex und Abhängigkeiten 140

13 #bodyshaming in der Horizontalen – wenn der eigene Körper beim Sex im Weg ist 151

Learnings von Caro und Tanja: Warum Partnerschaften kein Selbstbewusstsein schenken 159

14 Du bist doch total krank – verliebt, verlobt und essgestört 160

Learnings von Caro und Tanja: Was ich alles nicht (sein) muss in Beziehungen 173

15 Jetzt neu: NOCH dicker! Übers Mamawerden und Mamasein 175

Learnings von Tanja und Caro: Was hilft unseren Kindern? 199

16 Insta, Insta in der Hand, wer ist die/der Schönste im ganzen Land? 202

Learnings von Tanja: Wie Insta uns doch noch glücklich macht 222

17 Nestbeschmutzer*innen 224

18 Nach der Reise ist vor der Reise 236

19 Size egal 243

Tanja sagt danke 252
Caro dankt 255

TEIL 1

*Zwei Frauen. Zwei Welten.
Dasselbe Problem*

1

Schau mal in den Spiegel!
Wie unsere Reise begann

Ich stehe am VIP-Buffett, das der Caterer jede Woche für unsere Showgäste bringt, und beiße mit einer Mischung aus Freude, Gier und Hunger in einen Wrap aus Pizzateig, Mozzarella, Rucola und getrockneten Tomaten. Unser Regisseur kommt vorbei und fragt, ob schon »Spritzer-Zeit« wäre – Österreichisch für »Weißweinschorle«. Er ist wie immer virtuos gestresst und beklagt sich scherzhaft, dass ich schon lange nicht mehr mit ihm angestoßen hätte. Ich mixe uns also zwei Sommerspritzer (mehr Wasser als Wein), verkünde, dass ich mich auf den Winter freue (mehr Wein als Wasser), und beiße nebenbei noch einmal in meinen Wrap. Der Regie-Sir trinkt, schluckt, schaut, grinst dann frech und rät mit Blick auf die Pizzatasche in meiner Hand, aus der gerade eine Tomate rutscht: »Iss nicht so viel, Pupperl!« Augenblicklich erstarre ich, verschlucke mich und huste: »Krieg meine Tage … ich weiß, ich hab zugenommen … und bloß weil du wieder auf Diät bist, brauchst du mir nicht meinen Spaß an der Semmel zu versauen, la la la …« Für mich ist die »Spritz-o'clock-Zeit« gelaufen, ich stapfe missgelaunt in meine Garderobe.

Augen auf bei der Berufswahl? Weiß nicht. Ob er dasselbe auch zu Jörg Pilawa gesagt hätte? »Iss nicht so viel, Pilawa-Spatzerl, sonst wirst du ein dickes Vogerl?« Gegenüber dem weißen Kunstledersofa steht ein großer Spiegel. Darin bin ich zu sehen: Caro Matzko, Anfang vierzig, Mutter und Moderatorin. Beziehungsweise »Pupperl«, das sprechen kann (und selber Pipi machen!). Schön haben sie mich für die Sendung wieder »aufgemaschelt«! Die Haare engelsgleich gelockt, die Augenringe übermalt, und die »Zehn-Zentimeter-größer-Heels« verlängern die Beine optisch. Das tut jedem gut, weil man wie frau weiß, im Fernsehen immer einige Kilos schwerer wirkt.

»Sieht viel besser aus, dass du zugenommen hast!«, hat der Regie-Sir noch in der Woche zuvor gesagt. Das deckt sich mit der Mail, die ich von meinem Agenten letzte Woche erhalten habe: »Habe eure Sendung gesehen, dein Gesicht wirkt runder. Das steht dir gut. Sieht sehr weiblich aus. Du musst dir um dein Aussehen WIRKLICH keine Gedanken machen!«

Aber wie soll ich mir WIRKLICH KEINE Gedanken machen, wenn mein Körper permanent bewertet wird? Ich denke an all die Frauen, die mit mir schon in der Maske zum Schminken saßen – Claudia Kleinert, die Wettermoderatorin; Judith Rakers, die Nachrichtensprecherin; Christine Neubauer, die Schauspielerin; Susanne Fröhlich, die Bestseller-Autorin; Nicole Jäger, die selbst ernannte »Fettlöserin«. Und nicht zu vergessen meine All-Time-Grande-Dames Senta Berger, Marianne (nie ohne Michael) und Uschi Glas. Alle haben sie auf dem Friseurstuhl neben mir gesessen. Und alle haben sie sich im Spiegel überprüft, und zwar mit genau demselben Blick, mit dem ich mich an diesem Mittwochabend in meiner Garderobe beäuge. Ein kritischer Blick. Ein Blickblick. Da musste ich an dich denken, Tanja. Als du mir bei meinem ersten Einsatz als Reporterin für den Premiumsender *arte* meine Haare zu Wellen aufgedreht hast. Weißt du noch?

Na klar. Wir waren beide sehr aufgeregt, denn es war unser erster Einsatz für die Wissenssendung *X:enius*. Eine große Karrierechance für uns beide! Aber vor allem war es saukalt bei uns in Norddeutschland. Ich meine, es war 2008, und wir drehten eine Sendung über Windkraftanlagen und eine über die *Polarstern*, ein Forschungsschiff, das damals in Bremerhaven im Trockendock lag.

Und du warst als Maskenbildnerin engagiert und nanntest dich »Rougekäppchen«.

Rougekäppchen, ja. Hättest du Zornröschen besser gefunden? Hat mein Ex damals vorgeschlagen.

Man soll nie tun, was Papa sagt. Ich weiß noch, wie du zum ersten Mal den Raum betreten hast: eine Erscheinung, riesengroß und imposant. Alle dachten nur: »Wow!« Zauberhafte, warmherzige Ausstrahlung, aber ein big girl. Damals hast du jeden zweiten Satz mit einem kleinen Kichern beendet. Du warst viel unsicherer als heute, oder?

Na klar: Es war eine meiner ersten Fernsehproduktionen, und davor hatte ich einen mega Respekt. Und ich hätte nicht gedacht, dass es beim Fernsehen so kalt ist. Selten so gefroren wie damals. Ich weiß noch, dass ihr auf das Windrad gekraxelt seid. Das ist für mich mit meinem Gewicht natürlich nicht in Frage gekommen, denn dann hätte der Turm unter Umständen Schlagseite bekommen. Also habe ich im Wohnmobil gewartet, dass ihr Verrückten da wieder heil runterkommt. Ich fand dich sehr witzig und rotzfrech. Ehrlich gesagt habe ich gedacht, dass du vielleicht auf irgendwelchen Substanzen bist. Hatte das ja schon erlebt, dass Models auf meinen Make-up-Paletten Koks gezogen haben. Du hast dich benommen wie eine Pippi Langstrumpf mit dunklen Haaren, und ich sagte mir: »Endlich mal eine Frau, die laut lacht.«

Ich habe früher auch immer gern laut gelacht, musste mir das dann aber zeitweise abgewöhnen. Ich war damals ja noch mit meinem heutigen Ex-Mann zusammen, und der fand das nicht gut, wenn ich laut gelacht habe. Vielleicht kennst du diese Situation: Du lachst herzlich und laut – und deine Umgebung starrt dich erschrocken an. Ihre Blicke auf dich geben dir zu verstehen: Mädchen lachen verdammt noch mal nicht so laut wie Kerle. Es war 2008 – zwei Jahre später habe ich mich von ihm getrennt. Da habe ich dann laut geweint. Aber laut weinen darfst du ja auch nicht als Frau, sonst giltst du als hysterisch. Also wurde ich still. Ich war zutiefst verunsichert in dieser Zeit, hatte viel zugenommen, hatte auch noch meine Hexenwarze am Kinn. Ich hatte noch nicht mein Ding gefunden und war sehr auf der Suche. Tja, und genau in dieser Zeit kam das Maskenbildnerinnen-Jobangebot bei euch *arte*-Fernsehleuten. Und da war ich überzeugt, dass ich mich irgendwie »besonders« präsentieren und besonders gut ausschauen muss, dass ich eine positive Ausstrahlung haben muss, muss, muss, muss … damit ich da gut ankomme. Wir begannen unsere Schminksessions ja manchmal schon um 6 Uhr morgens. Für mich hat das bedeutet, dass ich schon um 5 Uhr morgens im Badezimmer stand, meine Haare machte, mich stylte und schminkte, damit man mir meine verheulten und durchwachten Nächte nicht ansah. Das hat ja auch eine Schutzfunktion, so ein Make-up. Ich brauchte das damals, um mich vor euch gut zu fühlen und professionell zu wirken.

Die Maskerade ist dir auf jeden Fall gelungen. Ich fand dich einfach erst mal sehr bewundernswert. Sechs Uhr morgens – und du warst in vollem Ornat, perfekt gestylt, hattest sehr laute »Motivationsmusik« eingeschaltet und bist auf viel zu dünnen Schühchen durch dein Hotelzimmer geturnt. Ich dagegen trug lange Unterhosen und zwei Paar Socken, weil es ja draußen kalt war, und fühlte mich wahnsinnig unglamourös. Meine Unsicherheit versuchte ich zu überspielen. Laut lachen hat ja auch eine Schutzfunktion. Wie dein Make-up.

Um ehrlich zu sein: Ich fand das Geschminke an unserem ersten Kennenlern-Morgen ziemlich albern. Wieso Haare aufdrehen, wenn wir spätestens zwei Stunden später windzerzaust und nassgeweht am Deich kleben? Das einzig Trockene waren unsere Fachgespräche mit den Forscher*innen. Aber das Schmuddelwetter, das jede Frisur im Handumdrehen zerstörte, hat dich nicht davon abgehalten, deine Arbeit zu machen: Du wirktest hochmotiviert und hast unverdrossen mit deinem Lockenstab geklappert. Nur dein Blick auf dich selbst, wenn du dich im Spiegel gesehen hast, in den auch ich schauen musste – der hat manchmal verraten, wie es dir wirklich geht. Du hattest nämlich auch diesen Blickblick: kritisch, mäkelnd, unsicher. Stimmt's oder hab ich recht?

Erwischt. Klar hab ich in den Spiegel schauen müssen, um dich hübsch zu machen – aber mich selbst anzugucken, das hat mir keinen Spaß gemacht. Aber das kannst du als Maskenbildnerin natürlich nie vermeiden. Und diese Maskenbildnerspiegel mit den tausend Glühbirnen am Rand sind dann auch wirklich gnadenlos. Sie verwandeln jede finstere Abstellkammer mit ihrem Flutlicht in ein bestens ausgeleuchtetes Fußballstadion, und ich sah also nicht nur dich und mich, sondern vor allem jede Falte und jeden Fussel an mir, jedes gespaltene Haar und das an einigen Stellen zu dicke Make-up. Ich habe wirklich versucht, mir und meinem Blick auszuweichen, so sehr habe ich mich auch für meinen Körper geschämt.
Ich war hoffnungslos: Mein ewiges Diätenkarussell hatte mich müde gemacht, und meine frühere Strahlkraft war verschwunden. Ich machte mich dafür innerlich den ganzen Tag fertig. Dicksein, das bedeutete damals für mich Hässlichsein. Eine schöne Frau musste schlank sein. Ich war dick. Und dann kamst du da hereingepoltert, und das »Spieglein, Spieglein an der Wand – wer ist die Schönste im ganzen Land?« sagte mir, dass da nun vor mir eine Frau saß, die so aussieht, wie ich immer gern ausgesehen hätte: gertenschlank und kein Gramm Fett auf den Knochen. Eine Frau, die auch noch

laut lachte. Eine Frau, die sich traut. Und dahinter sah ich meinen massigen Körper herumturnen und Locken in ihr schönes Haar drehen. Diese 186 cm Länge und 100 plus X Kilo Übergepäck – das sollte wirklich ich sein? Ich hatte das Gefühl, in einem fremden Körper zu stecken – einem Körper, der nicht zu mir passte. Dieser falsche und verhasste Körper, wir gehörten nicht zusammen und waren doch untrennbar verbunden wie siamesische Zwillinge. Ich hätte losheulen können, aber es half nichts. Durchschnaufen.

Wenigstens mein Make-up und Styling mussten passen. Meine perfekt gestrichene Fassade wollte ich unbedingt aufrechterhalten. Der Putz durfte auf keinen Fall Risse bekommen und zeigen, was dahinter brodelte: mein ganzes unaufgeräumtes, gespaltenes Verhältnis zu mir, meinem Körper, meinem Leben und meiner ungewissen Zukunft. Das einzige Ventil, das ich in dieser Zeit hatte, war Essen. Ein zweischneidiges Schwert, denn damit verletzte ich mich ja gleichzeitig selbst. Und so drehte sich in meinem Kopf alles wie ein Karussell: Immer ging es um mein Aussehen oder ums Essen. Viel essen, dauernd essen, mehr essen, naschen, futtern, schlabbern. Und dann wieder Reue wegen des Dickseins: Also ging es wieder ums Essen beziehungsweise das Nicht-Essen und Hungern-Müssen, bis einem schwindelig wird. Kapitän Essen stand auf dem Kommandodeck und steuerte das Schlachtschiff Tanja mit knurrendem Magen durch den Tag. Und darum warst du eigentlich eine Zumutung für mich: Dich schlanke Frau an diesem Morgen zu sehen, wie du alles scheinbar ganz easy packst, war für mich die reine Folter, denn ich kam mir vor, als würde ich im Vergleich zu dir gar nichts auf die Reihe kriegen. Es war sechs Uhr morgens, und wir waren wie Tag und Nacht – du in der Sonne, ich im Dunkeln.

Absurd, dass du dachtest, gerade ich würde alles hinbekommen. Denn auch bei mir war vieles nur Fassade und Behauptung. Allein meine Haarfarbe: Ich färbte mich damals dunkel, um mehr auszusehen wie mein Idol und großes Vorbild Liv Tyler.

Lustig. Auch ich wollte eine Tyler sein, obwohl ich von der Statur eher eine Mia Tyler bin – Livs Schwester. Zwar ohne die vielen Tattoos, aber auch mit mixed racial child. Immerhin: Ich habe einen Elfenknick im Ohr. Wie Liv in ihrer Elfenrolle bei *Herr der Ringe.*

Ich wollte auch immer so ätherisch sein wie Liv und nur aus Licht bestehen. Ohne Stoffwechsel also. Mein Körpergefühl war immer eher das eines Elefanten, der versucht, als Primaballerina anzuheuern. Törö! Dieses schwergewichtige und ungelenke Grundgefühl kompensierte ich mit zotigen und derben Witzen. Moderatorinnen müssen doch laut sein, das erwarten die Leute, dachte ich. Und: Es soll keiner merken, dass ich eigentlich mit dem Kopf ganz woanders bin. Auch bei mir krachte es in dieser Zeit in meiner Beziehung und in der Beziehung zu meinen Eltern gewaltig, und keiner sollte merken, wie viel Traurigkeit in mir steckte. Also lachte ich extra laut, um nicht in mich zusammenzusacken, um Leichtigkeit vorzugaukeln und zu überspielen, dass ich sehr unsicher war, ob ich das eigentlich leisten kann: Moderatorin im Fernsehen und dann auch noch bei einer Wissenssendung auf *arte*, da muss man ja gut aussehen und lustig sein und kompetent und fix. Ich spreche ja nicht mal Französisch. Ich war überzeugt, dass ich den Job eigentlich gar nicht verdient hätte. Meine Paranoia war dementsprechend groß: Wann werden sie merken, dass ich ein Irrtum bin? Freu dich bloß nicht zu früh, Caro! Ich glaube, man nennt das das Hochstapler-Syndrom.

Wahnsinn, oder? Da saßen wir also und spielten Theater. Ich erinnere mich dann aber noch, als wäre es gestern gewesen, an den Moment, an dem sich unsere Blicke im Spiegel plötzlich gekreuzt haben und wir instinktiv erkannten: Wir kennen uns zwar noch nicht, aber irgendwas ist da. Irgendeine Verbundenheit.

Völlig richtig. Wobei wir auf den ersten Blick erst mal wenig gemeinsam haben.

Ich wohne in Hamburg.

Ich in München.

Ich bin immer »ready« für das nächste »red carpet event«.

Ich bin eigentlich immer ungeschminkt und am liebsten knietief in der Erde in meinem Garten beim Gemüsepflanzen oder bei meinen Miethühnern in der Zickezackehühnerkacke.

Hoi Hoi Hoi. Und es sollte ewig dauern, bis ich dir beim Buddeln im Garten zuschauen konnte. Denn wir waren nie zu Hause – über zehn Jahre sind wir gemeinsam verreist und uns bei den absurdesten Drehs an den abstrusesten Orten begegnet. Wir hatten lange Arbeitstage und bewältigten das viele Warten, das bei Drehs dazugehört, und die langen Autofahrten mit gemeinsamem hysterischen Gesang und Gebrüll. Unvergessen der schreckliche Billigdiscoschlager: I'm feeling sexy and freeheeee!

Und immer wieder begegneten wir uns in deinem Maskenspiegel. Du das Glätteisen in der Hand, ich die Augenringe auf. So haben wir viel geredet: Wie geht es dir? Wie geht es mir? Wie läuft's mit den

Männern? Wie geht's deinem Kind? Ich erinnere mich gut daran, wie ich dir Tausende Fotos von meiner Kleinen gezeigt habe. Du hast es liebevoll und geduldig über dich ergehen lassen. Und doch sollte es ziemlich genau zehn Jahre dauern, bis wir uns an das Thema Essstörungen gewagt und den Mut aufgebracht haben, die Menschen zu sein, die wir eigentlich sind. Wie zwei Katzen sind wir um den heißen Brei herumgeschlichen, oder, Tanja?

Miau. Wir haben wohl geahnt, dass wir da möglicherweise unsere größte gemeinsame Wunde aufreißen würden. Und wieder sind wir auch diesbezüglich sehr unterschiedlich.

Ich war lange magersüchtig, habe also nichts gegessen, dafür exzessiv Sport getrieben und mit Abführmitteln herumgepfuscht.

Und ich leide seit meiner Kindheit unter »Binge-Eating-Attacken«. Das bedeutet einen kompletten Kontrollverlust beim Essen, richtige Fressanfälle.

Ich bin heute normalgewichtig – aber immer an der unteren Grenze, immer schön twiggy, wie es die Kamera braucht.

Ich bin immer noch übergewichtig, und das an der oberen Grenze, also richtig schön proper, wie es eigentlich kein Mensch braucht.

Ich war ewig in Behandlung, allein über ein halbes Jahr in der geschlossenen Psychiatrie, um von der Magersucht loszukommen.

Ich war wegen meiner Essstörung immer mal wieder bei Psychologen*innen, habe die Therapieversuche aber immer wieder abgebrochen, weil ich noch nicht bereit war, meine Sucht ganz gehen zu lassen.

Bis wir uns und unser gemeinsames Thema gefunden haben, hat es lange gedauert. So lange, dass wir uns beinahe wieder verloren hätten. 2018 beendete ich nach neun Jahren meinen Job als Reporterin für *X:enius,* denn mich erwartete eine neue Aufgabe als Sidekick in der Personality-Show des Kabarettisten Hannes Ringlstetter im Bayerischen Fernsehen. Mit den langen Reisen und der Zusammenarbeit mit dir, Tanja, war es damit vorbei, was ich natürlich sehr bedauerte. Aber so konnte ich endlich mehr zu Hause bei meiner Tochter sein, deren Entwicklung mich voll beschäftigte – zumal ihre Einschulung bald anstehen würde. Aber meine Treffen mit dir habe ich nicht vergessen. Und der Morgen, an dem wir uns das erste Mal im Spiegel gesehen haben, wurde rückwirkend gesehen zur Initialzündung für uns beide, den Ursachen unserer Essstörungen zusammen auf den Grund zu gehen.

2
Die Monster wieder aus dem Keller holen? Echt jetzt?

Dann kam das Jahr 2018: Wir hatten uns eine ganze Weile nicht mehr gesehen und gesprochen, dennoch wusste ich, dass sich bei dir eine ganze Menge getan hatte. Ich folgte dir nämlich auf Instagram und hatte dort entdeckt, dass du mittlerweile einen ganz anderen, viel spannenderen Job hattest, als Locken in die Haare von Moderatorinnen zu drehen.

In der Tat. Ich hatte den Maskenjob für *X:enius* eine ganze Weile eigentlich nur noch aus alter Verbundenheit gemacht. Inzwischen war ich nämlich selbst auf dem Sprung ins Rampenlicht und dabei, als Model und Unternehmerin Karriere zu machen. Ich hatte mich gelöst vom Vater meines Sohnes, das Tal der Trennungstränen durchschritten und mein Blog *Kurvenrausch* gestartet: eine Online-Plattform für Frauen mit großen Größen, auf der ich mich für mehr #bodypositivity einsetze. Und zwar mit vollem Körpereinsatz. Dort zeige ich, dass auch dicke Frauen fashionable sind, und ich traue mich, Sachen zu tragen, die viele dicke Frauen normalerweise nicht anziehen würden: heiße Hosen, weiße Hosen, Bademode und durchsichtig. Und ich thematisiere immer wieder, wie es ist, sich unabhängig zu machen von der Konfektionsgröße, und wie sinnfrei der Hype um die sagenumwobene Size Zero (also eigentlich eine Kindergröße für Erwachsene) ist. Meine Arbeit ist eine Art Therapie für mich geworden und erfüllt mich mit viel Liebe, denn ich weiß, dass ich Frauen wie mir eine Stimme gebe.

Angefangen hat dein Engagement ja mit deiner Website als Visagistin – als Rougekäppchen! (Immer noch ein Brüller.)

Ja ja – als Rougekäppchen habe ich Frauen zu Schmink-Workshops und Beauty-Events eingeladen. Irgendwann habe ich mich aber gefragt: Warum kommen zu diesen Events eigentlich nie dicke Frauen? Wo sind die, die so aussehen wie ich? Irgendwo muss es doch dicke Frauen geben, die sich trotz Übergewicht gerne chic anziehen und hübsch machen! Aber keine hat den Weg zu mir gefunden. Sie trauten sich einfach nicht.

Irgendwann wollte ich nicht mehr »nur« ein Rougekäppchen sein, sondern wollte all diesen dicken Frauen Mut machen und sagen: »Hier bei mir findest du einen Schutzraum und kannst einfach mal ausprobieren, wie es ist, wenn du dich was traust. Ein neues Outfit. Ein schönes Make-up. Du darfst dir das wert sein.« Und das war der Beginn meiner Arbeit als #bodypositivity-Aktivistin – ein Wort, das ich damals so noch gar nicht kannte. Irgendwann habe ich nicht mehr nur Beauty-Events angeboten, sondern angefangen, Texte übers Dicksein zu schreiben. Denn mir ist aufgefallen, dass dicke Körper in den Medien eigentlich nicht stattfinden. Auch das Image der dicken Frau war und ist alles andere als attraktiv, erfolgreich und gepflegt. Mir war es schon immer wichtig, nicht nur ein »Fashion-Blog« zu schreiben, ich hatte schon immer mehr zu sagen als viele andere. Mir war »Nur Mode« einfach zu wenig, und so fing ich an, mir meine Gedanken von der Seele zu schreiben.

Irgendwann merkte ich, dass es für Blogger*innen wie mich ein Label von der Industrie gibt: *Plus Size Blogger*innen*. Und so rutschte ich in diese Szene hinein, und es tat sich eine völlig neue Welt für mich auf – ach was, ein ganz neues Universum. Ich entdeckte, dass es viel mehr Frauen mit meiner Konfektionsgröße gibt, und sie entdeckten mich und sich selbst in meinen Texten. Auf einmal fühlten wir uns verstanden und aufgehoben. Mit dem Blog hat sich mein ganzes Leben verändert, meine Sichtweise, meine Definition von Schönheit, mein ganzes Sein. Ich begann Dinge zu hinterfragen, vor allem auch das Schönheitsideal, das mir mit meiner Erziehung und von den Medien eingetrichtert wurde. Worte wie Selbstliebe, Selbstfürsorge oder Bodypositivity waren mir fremd und wurden mir als Kind nicht beigebracht. Ich musste sie mir hart erarbeiten und meine eigene Schönheit, die nicht dem Mainstream entspricht, erkennen.

Mittlerweile folgen dir auf Insta weit über 39 000 Menschen. Daran sieht man, wie wichtig es ist, dass du eine Frau bist, die anderen Mut macht, die aber auch selbst den Mut hat, sich verletzlich zu zeigen.

Niemand kann immer stark sein. Ohne Licht kein Schatten! Verletzlich zu sein gehört zum Leben dazu. Besonders Frauen sind viel zu oft viel zu kritisch mit sich selbst. Wenn sie dann auch noch wie ich völlig von der Norm abweichen und sich in den Medien nicht wiederfinden, fühlen sie sich so, als dürften sie gar nicht existieren. Und was die Erzählung von Essstörungen angeht, so hören wir eigentlich meistens nur Geschichten, die wie eine Art Heldenreise sind: Die Hauptfigur hat ihr Ziel erreicht und den schmerzlichen Weg bereits hinter sich. Und ist komischerweise am Ende dieser Reise schlank, erfolgreich, verheiratet, baut ein Haus und ist glücklich.

Diese Geschichte werden wir nicht erzählen, falls das jemand erwartet. Kein normaler Mensch kann sich in München oder Hamburg ein Haus leisten. Ich saß also in meiner Mietwohnung in München und bewunderte Tanja als Ledermaus, Tanja in pinkem Tüll, Tanja als heiße Braut, die sich was traut. Und ich studierte die vielen Kommentare darunter und war unglaublich stolz auf dich: eine Frau, die sich befreit, die die gesellschaftlichen und inneren Ketten gesprengt und ihr Leiden in Leidenschaft verwandelt hatte. Phoenix aus der Asche! Kein Vergleich zu der Frau mit dem gebrochenen Herzen, die nur ein unsicheres Häufchen Elend war. Das hier auf Instagram war eine ganze neue Tanja. Eine Superstar-Tanja! Eine Germanys-Next-Topmoppel-Tanja! Was für eine tolle Geschichte! Deine Entwicklung ließ mich nicht los. Ich wollte mehr wissen: Wie war es zu dieser sensationellen Verwandlung gekommen? Hattest du heimlich, ohne mir was davon zu sagen, aus einem Jungbrunnen getrunken? Oder dich neu verliebt?

Jetzt, wo wir unter uns sind, kann ich es ja sagen: Hyaluron! Alles Hyaluron! Besonders unter den Augen.

All eyes on Tanja. Ich merkte dabei, wie sehr mich deine Verwandlung berührte (ich selber würde mich nicht trauen, mich so lässig, selbstbewusst und freizügig zu inszenieren und als Model zu versuchen – zumindest nicht ironiefrei). Und ich wollte wissen, woher du sie nimmst: die Kraft. Und die Frechheit. In Ewigkeit. Yeeha! Dann kam mir die Idee: Vielleicht wollten ja viele Frauen wissen, wie Tanja diese Verwandlung geschafft hatte! Also rief ich im Frühjahr meinen Phoenix Tanja an und sagte: Wir müssen reden, Sister! Ich würde gern ein Radiofeature über dich machen und deine Arbeit als Unternehmerin, Bloggerin und Body-Positivity-Aktivistin vorstellen. Da warst du dabei!

Na klar! Ich freute mich sehr darauf, dich mal wiederzusehen. Wobei wir zugeben müssen, dass wir beide bei diesem Telefonat noch nicht geahnt haben, auf was für eine irrsinnig anstrengende Zeitreise wir uns begeben und dass wir zusammen noch mal ganz weit zurück in unsere Kind-

heit, unsere Jugend und unsere Frauwerdung eintauchen würden.

Und wie viele alte Wunden und sorgsam verdrängte Traumata wir ausgraben, beweinen und dann neu beerdigen würden. Wir würden die Monster wieder aus dem Keller holen. Und wie weh das tun würde, davon hatten wir zu diesem Zeitpunkt noch keinen blassen Schimmer. Ich wollte ja »nur« deine lupenreine Heldenreise zu dir selbst erzählen. Dass es irgendwann auch um meine eigene Geschichte gehen würde, davon war ja keine Rede.

Wenn ich gewusst hätte, wie oft wir uns weinend beim Schreiben gegenübersitzen würden, hätte ich ... nein. Ich würde es wieder tun. Wir sollten gemeinsam wie Indiana Jones den Schlüssel finden zu der geheimen Schatzkammer, in der unsere inneren Kinder immer noch eingesperrt waren. Dort, wo alles begann.

Das ahnten wir also nicht, als ich dich damals gefragt habe: Kommst du raus zum Spielen?

Na klar! Ich nehm auch mein Gummitwist und den Glitzerflummi mit.

Und ich die Straßenmalkreide, den Ghettoblaster und das Mikrofon. Ich packte also meine Tasche für die Reise nach Hamburg, um Tanja für unser Radiofeature zu interviewen. Durch unsere Vorgespräche war mir mittlerweile klar geworden, dass der Dämon der Essstörung mit am Tisch sitzen würde. Und ich spürte, dass mir das Angst machte. Angst vor der Angst. Vor den Erinnerungen. Angst, abends allein zu sein mit meinen Eindrücken und den Gedanken, die unsere Gespräche in mir hinterlassen würden. Ich musste mich also innerlich munitionieren, und so bat ich meinen Mann, ob er mich als Produzent zu den Interviews begleiten würde. So wurde aus der Reise nach Hamburg eine Art Auszug nach Ägypten – denn natürlich packten wir auch unsere Tochter, die damals gerade fünf Jahre alt war, mit ein.

Falls sich einige Hamburger*innen gefragt haben, was für ein seltsamer Tross da im Sommer 2018 an der Alster unterwegs war – die sehr große, dicke, strahlende Frau im blau-weiß gestreiften Sommermantel, danach die unfrisierte Reporterin im Schlabberlook mit Mikro in der einen und nörgelndes bis cholerisches Kind an der anderen Hand und der etwas entrückt wirkende Mann mit dem Kopfhörer und dem prominent-puscheligen Atmo-Mikrofon – das waren wir. Genau. Mir war es sehr wichtig, dass meine kleine Familie mit am Start war – als wollte ich mich meines besseren Lebens heute und meines glücklichen Status quo als Mama und Ehefrau rückversichern.

Wir saßen in Tanjas gemütlicher Wohnung, ihr Sohn war mittlerweile zu einem knopfäugigen Riesen herangewachsen, der eine absurd tiefe Stimme hatte, als er mich freundlich begrüßte, um sich dann rührend um unsere Kleine zu kümmern. Wir tranken Latte Macchiato und hatten es eigentlich sehr nett. Tanja kramte in einer Kiste mit Fotos von früher: Tanja in Afrika, Tanja bei der Erstkommunion, Tanja in der Schule. Doch plötzlich rauschte die erste Flashback-Welle durch meinen Kopf. Mir fiel ein Foto von mir ein, das damals im Kinderkrankenhaus in München-Schwabing im Kurs »Körperwahrnehmung« von mir gemacht wurde: Wir magersüchtigen Mädchen und Jungs aus der Therapiegruppe wurden damals angehalten, uns gegenseitig nackt zu fotografieren. Die Fotos sollten uns helfen, uns zu sehen, wie wir wirklich aussehen. Rückblickend eine wahrlich zweifelhafte Aktion, denn schließlich waren die meisten von uns in der Pubertät und empfanden große Scham. Ich bin mir sicher, dass das heute auf keinen Fall mehr so gemacht würde. Aber damals, in den 90er Jahren, wurde noch die psychotherapeutische Brechstange ausgepackt, um die gestörte Selbstwahrnehmung, die Magersüchtige nun mal haben, zu behandeln.

Da war sie also, die Erinnerung, und da stand sie vor meinem inneren Auge: die Caro von vorgestern. 46 Kilo auf 174 cm. Die Haare kinnlang, das Gesicht eingefallen wie das einer Spitzmaus, die Augen unendlich traurig, beinahe erloschen, die Schlüsselbeine wie ein Kleiderbügel, der Busen ein kümmerlicher Rest von dem, was da gerade erst überhaupt hätte wachsen sollen, die Beckenknochen wie die Schaufeln eines Elchs und die Beine ein dürres O. Die Rückseite ebenso traurig: ein pinker Haargummi über dem Haar, das auch dünner zu werden begann, die Wirbelsäule selbst im Stehen durch die Haut zu erkennen und der Popo so knochig, dass man glaubt, in den Enddarm schauen zu können. Ich hatte das Foto irgendwann verbrannt. Aber jetzt, bei Tanja auf dem Sofa, merkte ich, dass es davon immer ein Backup auf meiner inneren Festplatte gab.

Mir blieb kurz die Luft weg. Also schob ich die Erinnerung an die Caro von vorgestern erschrocken zu Seite. Ich entschuldigte mich kurz und verschwand auf der Toilette, denn ich wollte Tanja nicht aus dem Konzept bringen. Ich spürte, dass auch sie angespannter war, als sie zugeben wollte. Auch etwas, das uns eint: nach außen tough und abgeklärt, innen viel verletzlicher, als wir es zugeben wollen. Ich setzte mich auf die Schüssel, um nachzudenken: Das passiert also mit mir, wenn ich mit Tanja die Reise nach »Woher wir kommen und wurden, was wir sind« antrete? Ich betrachtete meine Füße, über denen sich meine Hose gewulstet hatte: So ist das, wenn man die Hosen runterlässt. Wenn man die Erinnerung wieder zulässt. Es ist, als würde ein Teil des Selbst zurückkehren. Ein Teil, den man zu hässlich fand, als dass man sich mit ihm in der Öffentlichkeit zeigen wollte. Die bucklige Verwandtschaft – das ist man selbst. Puh, ist das anstrengend. Ich spülte das Unbehagen und das innere Foto der skelettierten Caro vorerst im Klo hinunter, setzte ein bestärkendes Lächeln auf und kehrte aufs Sofa zurück. Zu dir, Tanja.

Wie sehr dich deine Vergangenheit wieder packte, das habe ich damals noch gar nicht begriffen. Erst mal hatte ich mich ja gefreut, dass wir zwei, die wir auf den ersten Blick ja unterschiedlicher gar nicht sein können, gemeinsame Sache machen. Geilo!! Und auch ich hatte ja voller Bewunderung deine Entwicklung über die sozialen Medien mitbekommen und war unglaublich stolz auf deinen Weg von der dunkelhaarigen Reporterin, die uneitel aus jedem Windrad, Labor oder Schweinestall berichtet, zu dieser schillernden blonden Late-Night-Show-Eule. Wegen dir habe ich mir extra den BR-Sender an meinem Fernseher eingestellt. Und meine vielen Kinderurlaube mit meinen Eltern in Bayern haben es mir ermöglicht, deinem bayerischen Dialekt folgen zu können, von dem du glaubst, dass du ihn gar nicht hast. Ob du nach all den Jahren noch genauso locker und frech sein würdest wie früher auf unseren Reisen?

Kaum bist du bei uns in die Wohnung gekommen, waren alle Bedenken zerstreut: Da saß genau dieselbe Caro, die ich vor Jahren wegen ihres lauten Lachens und ihres schrägen Humors so in mein Herz geschlossen hatte – nur eben jetzt mit blonden Haaren und der ganzen Familie im Schlepptau. Zugegeben – ich verspürte auch trotz aller Wiedersehensfreude eine gewisse Angst vor unseren Gesprächen, denn ich wusste, du hast einen recht sensiblen Bullshit-Detektor. Ich wusste, wenn wir über meine Essstörung reden, dann muss ich ehrlich sein. Und das ist gar nicht so leicht für mich, denn ich tendiere dazu, einen relativierenden Weichzeichner über meine Probleme zu legen: Ist doch alles nicht so schlimm. Ich war mir auch unsicher, wie viel ich preisgeben wollte. Worüber bin ich bereit zu reden? Und vor allem: Was werden meine Eltern wohl dazu sagen? Eine große Frage war für mich auch, ob die Zuhörer*innen auch wieder eine Heldenreisen-Geschichte erwarten, also dass ich am Ende der

Sendung geheilt bin, schlank und erfolgreich? Würden sie verstehen können, dass ich noch auf dem Weg zu mir bin? Dass meine Essstörung – anders als bei Caro – noch nicht geheilt ist? Dass ich irgendwo dazwischen bin und aus diesem Dazwischen meine Mission gestartet habe? Aber du hast es mir dann wirklich sehr leicht gemacht, ehrlich zu sein, weil du in viele Fragen deine Geschichte mit eingeflochten hast. So habe ich gemerkt, dass du mich verstehst und ich mich nicht schämen muss. Wir haben uns beide nackig gemacht. Zusammen ist man weniger allein.

Auf die Idee, von mir selbst auch etwas öffentlich zu erzählen, ist eigentlich meine Redakteurin Katja »die Huberin« Huber gekommen. Sie meinte: Es ist irgendwie seltsam, wenn du als blonde, schlanke Moderatorin die Geschichte von Tanja erzählst und dabei nicht thematisierst, wie sehr du all das nachempfinden kannst, was sie durchgemacht hat und immer noch durchmacht. Das war mir jedoch furchtbar unangenehm, weil ich ganz generell ungern Geschichten aus der Ich-Perspektive erzähle und keine Moderator*innen mag, die sich ins Zentrum ihrer Reportage stellen, um im Rampenlicht zu stehen. Es sei denn natürlich, es bringt die Botschaft einer Story inhaltlich voran und das Subjektive hat einen Mehrwert. Bei unserer Radiosendung war das so. Ich musste einsehen, dass sie viel stärker und aufrichtiger sein würde und auch viel mehr Menschen (nämlich dicke und dünne) anspricht, wenn auch ich die Buxen runterlasse und erkläre, warum mich deine Person und Entwicklung so berührt. Während der Aufnahmen zum Radiofeature haben wir nämlich festgestellt, dass wir sehr viel gemeinsam haben: Ganz egal, wie unsere Körper von außen aussehen, – die Verletzungen, die wir erfahren haben, die zu unseren Essstörungen – also meiner Magersucht und Tanjas Binge Eating Disorder geführt haben, gleichen sich sehr. Klar gibt es viele andere auch, die Essstörungen haben oder einfach nur unzufrieden mit ihrem Körper sind, aber es geht hier um mehr. Es geht darum zu zeigen, egal ob dick oder dünn oder das, was man normal nennt – der Schmerz dahinter ist oft der gleiche.

Unsere Radiosendung war ein voller Erfolg: Sie lief erst auf Bayern2, dann im WDR, auf Deutschlandradio Kultur und im NDR. Ich bekam Mails und Karten von Frauen, die mir schrieben, dass sie Essstörungen haben oder hatten. Die sich selbst nicht schön finden konnten. Egal, ob sie sehr, sehr übergewichtig waren oder untergewichtig. Eine junge Ärztin aus München schickte mir sogar Fotos ihrer alten Tagebücher – aus den Zeiten, als sie selbst wegen Magersucht in Therapie war. Sie hatte eine Geheimschrift entwickelt, in der sie ihre Gedanken aufschrieb, damit das, was sie fühlte, verschlüsselt blieb. Leider hat sie sich den Code nicht notiert. Ihre Gedanken von damals bleiben daher für immer ein Geheimnis, auch für sie selbst. Ich bekam Nachrichten von verzweifelten Vätern, die nicht wussten, wie sie mit ihren Frauen oder Töchtern umgehen sollten, die sich weigerten zu essen und immer dünner wurden. Ich bekam auch Nachrichten von Männern, die aus Trauer angefangen hatten, Fressanfälle zu bekommen, und sich dafür so schämten, dass sie sich danach erbrachen. Nachrichten von schwulen Männern, die in ihrer Jugend auf Ablehnung gestoßen waren, weil sie sich als homosexuell geoutet hatten. Nach langen Jahren, in denen sie sich in heterosexuellen Beziehungen verleugnet hatten, wohlgemerkt. Auch sie landeten in der Magersuchtklinik.

Manche wollten mir einfach nur sagen: Mir geht's oder ging es genauso wie euch. Manche wollten Rat von mir. Von uns. Mit jeder Wiederholung unseres Radiofeatures erhielten wir mehr Post. Irgendwann also saß ich in der S-Bahn, schaute mir die Menschen um mich herum an und dachte: Bei wem reist eigentlich alles ein Essproblem mit? Wer von euch hat, bevor er aus dem Haus gegangen ist, heute Morgen in den Spiegel geschaut und gedacht: Du siehst mal wieder echt kacke aus. Der dicke Mann da hinten, der sich hinter den dicken Kopfhörern und unter dem dicken Kapuzenpulli versteckt? Oder die sehr geschminkte und parfümierte Frau mit den künstlichen Fingernägeln, die sich alle fünf Minuten im Selfiemodus mit dem Handy abcheckt, ob noch alles sitzt? Und was ist mit dem schüchternen dünnen Teenie dahinten? Und da kam mir der Gedanke: Fast jeder hat ein Problem mit sich, jeder ist schnell dabei, sich und alle anderen zu bewerten, jeder ist mit den Hochglanz-Körperbildern auf Instagram und Co konfrontiert und hechelt diesen Idealen hinterher. Also, vielleicht sollten wir genau deshalb ein Buch schreiben, in dem wir noch mal erklären, was eine Essstörung bedeutet und was sie für eine Funktion hat für die Menschen, die sie entwickeln? Ich hab dich sofort angerufen, Tanja, und ich weiß auch noch, dass du gleich Ja gesagt hast.

Ja, denn aus meiner Community kam auch eine Menge sehr wertvolles Feedback auf unsere Sendung und teilweise auch sehr bewegte Nachrichten, die mich unglaublich berührt und zum Nachdenken gebracht haben: Ein Vater eines jungen Mädchens hat mir zum Beispiel geschrieben, dass er es super findet, dass wir beide aus zwei Perspektiven über das Thema gesprochen haben. Und dass seine Tochter so mit sich selbst hadert, und er leidet sehr darunter, wie sie sich entwertet, und weiß nicht, wie er ihr helfen kann. Viele andere Frauen haben mir geschrieben: »Du sprichst mir aus der Seele.« Oder: »Ich fühle mich erkannt.« Oder: »Ich bin dankbar, dass das Thema besprochen wird, ich leide seit Jahren darunter, aber ich traue mich nicht, es öffentlich zu machen.« Eine Mutter schrieb mir, dass sie »das erste Mal mit ihrer Tochter einen Dialog geführt hat über ihre eigene Essstörung«. Eine Followerin auf Instagram schrieb mir, dass sie dank unserem Radiofeature den Mut aufgebracht hat, ihrem Freund zu sagen, was in ihr vorging.

Das sind bewegende Stories. Und das hat mir bewiesen, dass es wichtig ist und sehr befreiend, wenn man oder frau sich traut, das Kind beim Namen zu nennen. Zu sagen, ich habe eine Essstörung, ist der erste Schritt in Richtung Heilung. Und je mehr Menschen es zugeben, desto mehr bröckeln das Tabu und die Scham rund um dieses Thema: Statistisch gesehen hat ja tatsächlich jede fünfte Frau in Deutschland eine Essstörung. Selbst die Normalgewichtigen fühlen sich zu dick, und die Schlanken finden auch immer noch irgendetwas, was ihnen nicht gefällt. Ganz zu schweigen von so stark adipösen Frauen, wie ich es bin – wir werden komplett ausgeblendet. Wir dürfen eigentlich gar nicht stattfinden. Wir sind unsichtbar für die Modeindustrie, für die Schönheitsindustrie, wir sind die Aussätzigen und kommen maximal in Beiträgen über Diabetes II und Dokus über Magenverkleinerungen vor. Diese Misere spiegelt auch meine Blogstatistik wider: Meine Blogbeiträge über meine Binge-Eating-Attacken weisen stets sehr gute Zugriffszahlen auf – das heißt, sie werden sehr häufig gelesen, aber interessanterweise trauen sich viele nicht, sie öffentlich zu kommentieren. Wenn, dann reagieren meine Leser*innen per privater Nachricht und Mail darauf. Ich bekomme häufig ganze Lebensgeschichten von ihnen zugeschickt und fühle mich wirklich geehrt, dass sie mir ihr Innerstes anvertrauen. Wie eine gute Freundin oder Schwester höre ich zu, tröste, baue auf und versuche zu helfen. Ich kann das alles natürlich nur bis zu einem gewissen Grad auffangen und immer nur so antworten, wie es meine Zeit zulässt. Aber ich gebe mein Bestes, denn ich frage mich immer: Was ist, wenn diesen Mädels niemand zuhört, wenn sie im Kreislauf aus Selbsthass, Abwertung und Diäten gefangen sind und sich niemand ihrer annimmt? Diese Fragen waren für mich essenziell und sind es auch heute noch, denn ich kenne genau dieses Gefühl nur zu gut.

Das Feedback auf unsere Radiosendung hat mir einmal mehr bewiesen, dass jedes Öffentlichmachen dieses Themas wertvoll ist: Noch immer ist es für dicke wie dünne Frauen und Männer schwer, über ihre Essstörungen zu sprechen. Speziell die Übergewichtigen fallen immer auf.

Und darum verstecken sich viele zu Hause und unter riesigen Shirts. Ich erinnere mich an eine Patientin, die ich für eine Sendung – genau wie du es gerade gesagt hast – über Magenverkleinerungen begleitet habe. Sie hat sich jahrelang versteckt in riesigen schwarzen T-Shirt-Zelten mit selbstironischen Sprüchen wie »Dünn würde ich dich nur unnötig geil machen« oder einer dicken Schildkröte – darüber stand »Chill-Kröte«. Sie hat sich auch nicht getraut, sich hübsch zu machen – mehr als schwarzer Gothic-Kajal um die Augen war nicht drin. Erst als sie durch die Operation 60 Kilo abgenommen hatte, traute sie sich, ein ärmelloses Sommerkleid zu kaufen. Sie erzählte mir, dass es das erste Mal war, dass ihre Arme die Sonne sehen durften.

Wiederum andere trauen sich nicht, überhaupt einzusehen, dass sie vielleicht ein Problem haben. Ein Bekannter von mir hat zwei sehr, sehr schlanke Töchter. Und als ich ihm von unserer Radiosendung und unserem Buchprojekt erzählt habe, sagte er, seine Töchter hätten kein Problem. Sie seien »perfekt«. Ich fragte nach, was »perfekt« sei. Und er meinte: Sie joggen jeden Abend und machen dann noch einen Workout. Ich fragte, ob er das normal finden würde. Er antwortete nur: Die haben kein Problem. Die leben eben gesund. Aber ich frage mich: Ist es normal, wenn Teenager jeden Abend joggen? Und ist es normal, dass es bereits für Kinder »skinny jeans« gibt? Der Beginn einer Essstörung – übrigens oft mit Sportsucht verbunden, gerade bei Männern – ist ja schleichend, fließend. Es kriecht ins Leben, das Monster.

Natürlich ist nicht jeder dicke Mensch essgestört, nicht alle verstecken sich, haben kein Modebewusstsein, und nicht jeder hat eine Vorerkrankung wie Diabetes – das ist mir sehr

wichtig zu erwähnen. Manche von uns haben eben etwas mehr Kuschelfläche, weil sie gern viel und manchmal eben auch nicht nach allen Empfehlungen der WHO essen. Aber eines können wir schon mal festhalten: Menschen mit einem Umfang, wie ich ihn habe, lösen sofort im Gegenüber eine Gedankenkette aus. Warum is(s)t sie so viel? Und das ist nicht immer einfach auszuhalten: Dicke Menschen haben kein Sprachrohr, kaum jemanden, der nachvollziehen kann, wie es ihnen geht, wenn sie eine Futterattacke hinter sich haben. Aber auch nicht, wie es ist, wenn man von der Gesellschaft diskriminiert wird. Dicke Menschen werden per se als faul, ungepflegt und undiszipliniert angesehen. Als würde es nicht reichen, dass viele dicke Frauen oder Männer sich zum Beispiel wegen ihrer Binge-Eating-Attacken oder ihres Zuvielseins ständig selbst heruntermachen – nein, wir bekommen auch noch Druck von der Gesellschaft und meistens von den Menschen, die uns am nächsten stehen. So war das auch bei mir. Ich kann mir nicht aussuchen, nicht aufzufallen. Ich muss also ständig damit rechnen, dass mich jemand blöd von der Seite anlabert und mein Aussehen kommentiert. Und glaub mir, wirklich jeder hat eine Meinung zum Thema Fettleibigkeit und knallt sie dir unverblümt und ungebeten, quasi ohne Filter oder Weichzeichner, um die Ohren. »Iss doch einfach weniger!« – »Du brauchst mehr Disziplin!« – »Probier doch mal Low Carb aus!« – »Trink mehr Wasser!« ... Wenn es so einfach wäre, würden alle Diäten funktionieren und wir hätten alle schlanke Oberschenkel. Es reicht nicht, einfach weniger zu essen. Die Ursachen für eine Essstörung liegen viel tiefer. Diese Scham, die ich selber ja auch gut genug kenne und immer noch spüre, macht mich wütend. Aber ich möchte diese Ohnmacht beenden: Damit muss Schluss sein!

Und darum haben wir beschlossen, dieses Buch zu schreiben. Darüber, wie wir unsere Körper wahrnehmen, wie andere sie wahrnehmen, warum sie Objekte der Projektion, der Diskussion und der Verarbeitung sind und immer auch politisch gesehen werden können. Unsere Körper sind Kampfzonen. Und wir wollten wissen, warum wir ausgerechnet mit dem Zu-viel- oder Zu-wenig-Essen versuchen, unsere Gefühle zu bewältigen und unser Ich zu konstruieren.

Einen Verlag für unser Projekt zu finden (danke an dieser Stelle!) war gar nicht so einfach, denn Klischees regieren auch den Buchmarkt: »Nette Idee, ihr zwei, aber sorry, die Bücher von Dicken gehen einfach nicht.« – »Keine Frau kauft ein Buch, auf dem eine dicke Frau drauf ist.« – »Keiner braucht ein Buch von einer schlauen Dicken oder einer traurigen Dünnen.«

Die lustige Dicke und die dumme Dünne (natürlich nur, wenn sie große Einkaufstüten hat) – das kennen und mögen »die Leute«. Aber keiner braucht eine emanzipierte Dicke und eine traurige Dünne – beide mit schlechter Kindheit. Genau um diese Klischees zu torpedieren, sind wir angetreten und haben auch schon ein super Label für uns als Autorinnenduo gefunden: Traumfrauen von gestern.

Ich kann mich damit absolut identifizieren. Da sind wir dabei, das ist prihima. Wolltest du nicht mal eine Band gründen, die so heißt?

Das waren die »biederen Bräute«. So: An alle biederen Bräute, Traumfrauen von gestern, Freaks, Nerds, Lovers and Friends, alle Mühsamen und Beladenen, Verwundeten und anders Verrutschte! Wir laden euch alle ein, den Weg, den wir gegangen sind, noch mal mit uns zu gehen. Zusammen mit uns unsere dunkelsten Ecken und Abgründe zu durchqueren. Tiefe Täler der Tränen, der Selbstzweifel, aber auch Höhenflüge und Jubelmomente. Es kann sein, dass unsere Geschichten bei euch alte Erlebnisse und Gefühle wieder hervorholen. Daher möchten wir an dieser Stelle schon mal eine Triggerwarnung platzieren. Bitte achtet auf euch. Und wenn ihr euch nicht mögt, seid gewiss: WIR lieben euch, und wir zeigen euch in diesem Buch, wie ihr es vielleicht schafft zu erkennen, wie liebenswert ihr wirklich seid.

Learnings von Caro

Warum wir mit Essen Gefühle bewältigen

Essen ist eine Vitalfunktion, aber kulturell überformt und emotional aufgeladen: Wir treffen uns zum Candlelight-Dinner, wenn wir die Grundlage fürs einvernehmliche Schäferstündchen legen wollen; wir versammeln die Freunde und Familie um eine sorgfältig gedeckte Tafel, wenn wir uns nach langer Zeit einmal endlich alle wiedersehen; und wir erinnern uns daran, wie Papa uns am Familientisch ermahnte, gerade zu sitzen und Messer und Gabel zu benutzen, man sei ja nicht mehr Höhlenmensch.
Schon der Begründer der Psychoanalyse, Sigmund Freud, hat festgestellt, dass die ersten Esserfahrungen eines Kindes die Basis sind für seine Identitätsentwicklung: Sage mir, was und wie du isst, und ich sage dir, wer du bist. Essen ist von Beginn an mit Emotionen verknüpft: Wenn ein Baby am Busen der Mutter trinkt oder im Arm des Vaters ein Fläschchen bekommt, dann spürt es Wärme und Geborgenheit. Dementsprechend behauptete der Freud-Schüler Karl Abraham, die Nahrungsverweigerung würde Hass und Ablehnung gegenüber der Mutter bedeuten. Die frühen Gender Studies der 80er sahen das anders: Essstörungen seien durch das soziokulturelle Umfeld bedingt.

Essen ist immer Selbstfürsorge und Selbstvergewisserung – und weil es so emotional konnotiert ist, eignet es sich so wunderbar (oder auch fatal), um unangenehme Gefühle abzufedern und aufzufangen: Emotionale Esser*innen essen, wenn sie Stress haben, wenn sie einsam sind oder wütend, traurig, ängstlich oder schlicht gelangweilt. Auf die Dauer merken sie nicht mehr, ob der Bauch oder die Seele hungrig ist. Und so essen viele, bis es wehtut. Oder so lange nichts mehr, bis es gefährlich wird. Klingt jetzt schon alles sehr logisch, oder?

3

Ich schau mir in die Augen, Kleine

Die Grundlage für Essstörungen ist, um es sehr vereinfachend anzugehen, immer mangelndes Selbstbewusstsein. Und auch wenn ich heute ein okayes Verhältnis zu meinem Körper habe, bin ich noch immer wesentlich unsicherer, als viele denken. Das wurde mir wieder klar, als ich mich abends nach einigen Gläsern Wein angerüscherlt einem Bekannten anvertraute, der beruflich viel mit Büchern zu tun hat: »Du, pass auf, wir schreiben übrigens ein Buch!«, sage ich. Dem Bekannten rutscht die Kinnlade auf Kniehöhe: »Warum ausgerechnet ihr?« Da sind sie: die sofortigen Versagensängste bei mir, weil ich keine TÜV-Süd-geprüfte Buchautorin bin, die im Innenfutter ihres Businessblazers zig Goldmedaillen und Zertifikate des PEN International Club eingenäht hat.

Später liege ich im Bett und ärgere mich: Warum ausgerechnet NICHT wir? Wir kennen alle Buchstaben von A wie Anorexie bis Z wie Zunehmen. Wir können einen Füllfederhalter bedienen und eine Reiseschreibmaschine. Und unsere Gewichtsschwankungen sind der Rede wert: Tanja brachte ein Spitzengewicht von 240 Kilo auf die Waage, die daraufhin explodierte. Sie schwankte zwischen Kleidergröße 64 und 46. Das sind Gewichtsunterschiede von mindestens 90 Kilo, also mehr, als ich jemals gewogen habe. Genauer gesagt: Das sind eineinhalb Caros – vor dem ersten Morgenpieseln. Und mich hat die Sucht nach dem Fliegengewicht von 39 Kilo (bei 174 cm Körperlänge) tatsächlich beinahe das Leben gekostet.

Uns geht es nicht darum zu behaupten, dass wir damit besonders krasse Fälle sind. Wir wissen: So wie uns geht es vielen. Wir können auch keine neuen, bahnbrechenden wissenschaftlichen Erkenntnisse liefern. Und auch keine Coachings à la »In 10 Tagen die Magersucht durch Handauflegen zum Deifi schicken« oder »Upgrade your ass – schlank, fit und schön mit Tanja M. bis zum nächsten Tinderdate« verkaufen. Wer sind wir und was wollen wir eigentlich, Tanja?

Wir sind eine beziehungsweise zwei von vielen. Und wir wollen für die sprechen, die keine Worte finden. Für die, die sich nicht trauen, ihre Probleme öffentlich zu machen. Wir sind ohnehin auf eine gewisse Weise öffentliche Personen – und wir wollen unsere bescheidenen Reichweiten nutzen, um zu zeigen: Es geht vielen so wie dir und mir. So, oder?

Genau, und jetzt komm ich mit meinen Gefühlen von vorgestern. Ich konnte mich ja gar nicht mehr genau erinnern, wann das alles bei mir angefangen hatte. Wann begann mein Kopf, den Rest meines Körpers zu hassen und zu terrorisieren? Da war viel Nebel und viel Verdrängung. Ich musste also zurück zum inneren Kind, zur Caro mit vierzehn Jahren. Schau mir in die Augen, Kleine. Echo, Echo, Echo. Wo bist du? Die kleine Caro war irgendwie begraben – in mir selbst. Aber ich hatte eine Idee, wie ich wieder eine Verbindung zu ihr aufbauen könnte. Ich wusste, dass im Haus meiner Eltern noch acht Tagebücher lagerten, die ich zwischen 1993 und 1997 geschrieben hatte. Darin stand alles: vier Jahre Leben in acht Büchern, dabei zwei Krankenhausaufenthalte, unzählige Therapiestunden und eine Extraportion Glück, dass ich das alles überlebt habe. In manche Bücher hatte ich Ausschnitte aus bunten Magazinen geklebt, mit Mädchen, die ich schön fand. Ich fuhr also nach Hause zu meinen Eltern – unter einem »Ich komm einfach mal so vorbei zum Kaffee«-Vorwand. Ich wollte ihnen nicht sagen, was ich eigentlich suchte.

Es ist nämlich heute noch schwer, mit ihnen über diese Zeit zu sprechen. Sie wird totgeschwiegen. Das Drama hat nie stattgefunden. Schon auf der Fahrt war ich schrecklich aufgeregt – um nicht zu viel nachzudenken, hörte ich darum wie immer, wenn ich nicht zu viel denken will, die Abenteuer der »Drei Fragezeichen«. Ich groovte mich damit wieder auf meine Kindheit ein und den Eskapismus von damals. Wobei ich gar nicht richtig zuhörte, weil ich überlegte, wo die Tagebücher wohl genau lagerten. Nach dem Kaffeetrinken murmelte ich etwas von »Muss aufs Klo« und begab mich in den ersten Stock in mein altes Zimmer. Der Baum vor dem Balkon reichte jetzt bis über die Brüstung. Auf dem Bett mit dem Staubschutz-Überwurf lungerte ein alter Teddybär herum, der mich wortlos, aber dennoch vorwurfsvoll zu grüßen schien: »Na, auch mal wieder da – so einmal im Jahr geht schon, oder?« Ich streckte ihm die Zunge heraus und begann zu suchen: Im Kleiderschrank? Fehlanzeige. Im Nachtkastl? Negativ. Dann in der alten Schrankwand aus Teeniezeiten. Ich ging die Frontrow durch: Hermann Hesse, Hermann Hesse, Hermann Hesse. Ich war wirklich ein Hermann-Hesse-Fan gewesen. Erich Kästner. Erich Kästner. Ich war auch ein Kästner-Fan gewesen. Aber keine Tagebücher. Wo hatte ich sie das letzte Mal eingeordnet, als ich eine Runde Vergangenheit atmen wollte? Denn immer, wenn ich bei meinen Eltern zu Besuch war, zog mich etwas in stillen Momenten beinahe magisch in mein Zimmer. Dann holte ich eines der Bücher hervor, hielt es in der Hand, traute mich aber nicht, es aufzuschlagen. Da erinnerte ich mich: Die oberen Reihen hatte ich doch mal doppelt bestückt! Ich kletterte auf einen Stuhl und lugte um die Ecke: Ha! Im obersten Fach lagerte noch meine heilige Fünf-Freunde-Sammlung, und hinter den »Im Alten Turm«- und »Auf Schmugglerjagd«-Büchern hatte ich noch eine zweite Reihe einsortiert. Treffer! Dahinter schliefen sie ihren Dornröschenschlaf: meine Tagebücher, sorgsam versteckt und mit Staub überzogen. Vor allem die drei Bücher, die ich in meiner Zeit im Krankenhaus und in der Psychiatrie geschrieben hatte, hatte ich die letzten Jahre gemieden wie der Teufel das Weihwasser. Ich hatte sie für mich die »dunklen Drei« getauft. Zu schmerzhaft waren die Erinnerungen, die ich nur manchmal in diesen stillen Momenten im alten Kinderzimmer zuließ.

Wollte ich das wirklich? Es war an der Zeit. Also los. Da waren sie. Irgendwie schüchtern und mit kaltschweißigen Händen griff ich ins Bücherregal – hinter »Fünf Freunde im Nebel« lagen die »dunklen Drei«. Außen bunt, innen schwarz, dachte ich. Sie rochen nach Leben von gestern und sahen seltsam neu aus. Was auch irgendwie klar war: Die Seiten waren zügig gefüllt worden, um danach nie wieder gelesen zu werden. Eine Abstellkammer für Gefühle. Ich fühlte, wie mir angst und bange und mein Herz ganz schwer wurde. Trotzdem packte ich sie sorgsam in meine Tasche und nahm sie mit – vom Vorgestern ins Heute.

Dort kamen sie aber eine ganze Weile nicht so wirklich an: Sie verstaubten weiter – nur eben jetzt auf meinem Schreibtisch in München, wurden überdeckt mit Steuerunterlagen, Moderationskarten und Geschenkpapier. Denn noch immer traute ich mich nicht hineinzuschauen. Ich wartete auf irgendwas. Auf einen Schubser des Universums, eine Brieftaube des Herrn oder einen berittenen Boten des Unterbewussten – sprich auf den Moment, in dem ich glaubte, stark genug zu sein für die Konfrontation mit meinem inneren Teenager.

Irgendwann an einem verregneten Abend, als unsere Tochter schon schlief und mein Mann mit dicken Kopfhörern an einem weiteren Welthit arbeitete (falls ihr, liebe Leser*Innen, die Songs trotzdem nicht kennt: Alle Songs meines Mannes sind für mich Welthits), war es plötzlich so weit. Es gab an diesem Abend nichts mehr zu tun. Ich hatte alles geschrieben, alle E-Mails beantwortet, alle Wäsche gebügelt und alles gewischt, und es gab keinen Ausweg mehr, keine Entschuldigung für weiteres Prokrastinieren: Heute Nacht musste es sein. Ich holte mir ein großes Glas Rotwein, nahm einen Schluck daraus und öffnete die Büchse der Pandora, also eines der kleinen Bücher aus dem Stapel. Außen geblümt in Rosa, Fliederfarben, Moosgrün und Weiß. In goldenen Lettern prangte darauf der Schriftzug »Tagebuch«. Auf der ersten Seite hatte ich mit schwarzer Tinte sorgfältig »Nr. 5« ergänzt und darunter eine berüschte Frauenhand gemalt, die ein Sträußchen Rosen und Vergissmeinnicht ins Leere reicht. Wie man sie von nostalgischen Poesie-Oblaten kennt. Ein paar Seiten weiter hatte ich an einem schönen Sommertag 1995 mit schwarzem Kugelschreiber mein Grab gemalt. Eine alte bodenlose Trauer durchfuhr mich wie ein Blitz, und ich klappte das Buch vor lauter Angst vor dieser Trauer wieder zu und nahm ein anderes zur Hand. Das mit dem gelb-grauen Einband, auf dem historische Postkarten abgedruckt sind. Darin klebt neben der Überschrift »Auf die schönen Dinge des Lebens«, die ich aus einem Frauenmagazin ausgeschnitten hatte, eine Elektrode von den 24-Stunden-EKGs, die im Dezember 1994 kurz vor Weihnachten zur Überprüfung meiner Herzfunktion gemacht wurden. Galgenhumor. Darunter hatte ich eine Pro-und-Contra-Magersucht-Liste notiert. Die Erinnerung an mein Krankenzimmer wurde wieder wach und wie unsagbar einsam und verzweifelt ich mich in diesem Moment gefühlt hatte. Im letzten grün-rot-anthrazit-gestreiften Büchlein aus dem Jahr 1996 habe ich die Seiten des kleinen christlichen Abrisskalenders eingeklebt, der in meinem Dreibettzimmer in der Psychiatrie hing. Ich hatte darauf die Tage ausgestrichen, während ich auf meine Entlassung wartete.

Ich stand auf und öffnete das Fenster, atmete die kalte, regennasse Nachtluft. Dann trank ich mir weiter Mut an und blätterte die eng beschriebenen Seiten der »dunklen Drei« noch einmal durch. Ein paar Sätze stachen mir ins Auge:

»Ich bin in einem Wahn. Jeder Wahn jagt einen neuen. Es ist die SUCHT.«

»Neulich las ich in einer Illustrierten, dass Twiggy 82 Pfund wog. Ich war eifersüchtig, weil ich 84 wog.«

»Ich bin stolz, wenn meine Nägel und Knie blau anlaufen und ich friere. Sonst stelle ich mir die Frage, ob ich überhaupt ins Krankenhaus muss. Ich bin doch gar nicht so schlecht dran. Andere kippen um.«

Jahrelang hatte ich diese Erinnerungen weggesperrt. Ein innerer Giftschrank. Und jetzt, mit vierzig, hatte ich das Gefühl, es sei an der Zeit, diese Erinnerungen wieder hervorzuholen, um sie sich mit den Augen und der Stärke von heute anzuschauen. Easy-peasy, dachte ich. Und wurde eines Besseren belehrt: Ich las die Bücher nämlich mit dem Blick einer Mutter und empfand die Caro von damals als mein eigenes Kind. Mit anderen Worten, das, was ich damals vor sechsundzwanzig Jahren geschrieben hatte, brach mir das Herz. In den acht Büchern stand alles schwarz auf weiß: meine Wut; die Gefühle der Hilf- und Machtlosigkeit; der Leistungsdruck; die Loyalitätskonflikte; der Druck, gefallen zu wollen; der Druck, mithalten zu wollen; das Funktionierenmüssen; die Versuche, cool sein zu wollen … So viel Wollen und so viele Enttäuschungen, das Weitermachenmüssen, Versagensängste, überhaupt viel Angst, Trauer, Selbsthass und irgendwann Selbstaufgabe. Und die große, erwachsene Caro-Mama saß da und weinte um die kleine Caro.

Das tat weh. Wollte ich das wirklich alles wieder ausgraben, rausholen, hinterfragen, anschauen und beweinen? Und was würde ich meinen Eltern antun, wenn ich das alles öffentlich machen würde? Wollte ich mich wirklich so nackig machen? Ja, denn nur wenn wir uns unseren Dämonen und Ängsten stellen und auch dazu stehen, dass vieles nicht ideal und traurig ist in unserem Leben, können wir unseren Weg weitergehen und uns frei machen. Und anderen zeigen, dass das geht. Das sagte in diesem Moment die große Caro zur kleinen Caro.

Tanja, bist du noch da? Was sagst du zu der Caro, die das gerade schreibt, Tanja?

Free hugs für beide Caros!! Ich bin einfach nur stolz auf euch! Hattest du eigentlich einen Namen für die Magersucht?

Höchstens Vorname Scheiß. Scheiß Magersucht. Kurz: SM. Du?

Wie Sado-Maso, auch ganz passend. Du hast also SM, deine Essstörung, in die Tagebücher verbannt. Ich habe meine Essstörung Poldi genannt und alle Tagebücher verbrannt!

Wie der kleine Drache in der Kindersendung »Hallo Spencer!«?

Genau: »Buahhhhhh – ich will dir fressen!« Er hatte auch eine Freundin, die Pummel hieß. Und ich habe auch wie so viele andere meinen Drachen Poldi in den Keller gesperrt und so getan, als würde es ihn nicht geben. Nicht so wie du, die du alles sezierst und strukturierst und auseinanderklamüserst. Ich bin eher so der Typ: Deckel drauf und Augen zu. Also saß Poldi dann einige Jahre muckelig in seinem Kellerloft und hat es sich dort bequem gemacht. Er fühlt sich dort wohl, der kleine grüne Allesfresser. Wir sind schon lange zusammen. Und ich gebe zu: Es ist schwer, ihn wegzuschicken. Ich möchte jetzt aber von Herzen, dass er geht. Ich weiß: Es ist für mich an der Zeit, diesen gefräßigen Gesellen langsam an das Leben ohne mich zu gewöhnen.

Oder dich an ein Leben ohne ihn?

O Mann, schon fängst du wieder an, alles zu sezieren. Du bist echt ...

Ich weiß, nach Sigmund Freud bin ich eher der anale Charaktertyp – penibel, ordnungsliebend und zwanghaft.

Excuse my French: Anal ist für'n Arsch. Wie auch immer. Ich rufe: Flieg, Poldi!

Aber dazu müssen wir vorne anfangen und erzählen, wie Poldi zu dir kam.

TEIL 2

Die Angst, niemals zu genügen – unsere Kindheit

4

Zu groß, zu dick, zu laut, zu alles – Tanjas Kindheit

Wenn Caro das jetzt hier so unverblümt und ehrlich aufschreibt, dann habe ich das dringende Bedürfnis, sie in den Arm zu nehmen und ihr zu sagen, dass alles wieder gut wird. Ich möchte der kleinen Caro von früher etwas Stärke und Mut zusprechen und ihr sagen: Du bist nicht allein. Das möchte ich allen Frauen sagen, denn viele von uns weinen allein. Weil wir stark sein wollen, ohne Fehler, weil wir uns hinten anstellen und unsere eigenen Bedürfnisse wegsperren und zum Teufel schicken wollen. Ich hatte auch solche Tagebücher wie Caro, habe aber irgendwann als junge Frau beschlossen, dass mein Leid und meine Eskapaden, feuchte Teenieträume und Worte voller Selbstzweifel und Schuldzuweisungen nicht für die Nachwelt bestimmt sind. Ich habe meine Tagebücher in einer kleinen Zeremonie im Lagerfeuer am See verbrannt und beschlossen, einen Deckel auf den Schmerz zu machen. Quasi entsorgt und den Schmerz vernichtet.

Klappt aber nicht. Denn das bloße Verbrennen meiner Emotionen hat nicht dafür gesorgt, dass es mir besser ging. Ganz im Gegenteil. Ich habe durch das Wegsperren meiner Gefühle dafür gesorgt, dass der Berg des »Nicht-Fühlen-Wollens« nur noch größer wird.

Die Wurzel allen Übels liegt für viele essgestörte Menschen in ihrer Kindheit. Ich begebe mich also wie Caro auf Spurensuche. Alles auf Anfang. Alles von vorne. Wie die kleine Caro hole auch ich die kleine Tanja aus meiner Erinnerung ab. Ich hole die Fotobox aus dem Wohnzimmerschrank und fange an, in den Bildern zu stöbern.

Ich sehe mich auf Klassenfahrt, in der dritten Klasse, auf dem Deich stehend. Artig aufgestellt wie die Zinnsoldaten in einer Reihe, zum Abmarsch bereit. Meine Haare wehen im Wind, ich habe sie mir nicht zum Pferdeschwanz gebunden, wie es mir meine Mutter aufgetragen hatte. Ich kleine Rebellin. Ich trage ein giftgrünes Ensemble bestehend aus Shorts und ärmellosem Hemdchen. Ich sehe meine Beine. Und ich werde traurig. Denn alle Menschen in meinem Umfeld haben mir damals gesagt, dass ich viel zu dicke Beine für diese giftgrünen Shorts habe und dass mein »Entenarsch« in diesem Outfit besonders unvorteilhaft zur Geltung kommt. Da war ich acht. Ich gehe durch die Fotos und bekomme Flashbacks. Ich frage mich, wie ich die ständige Bewertung meines Körpers ausgehalten habe. Und ich war damit so allein! Keiner war da, der sich mit den großen Gefühlen der kleinen Tanja beschäftigen konnte oder sie gar verstand.

Auch heute, just in diesem Moment, während ich dieses Buch schreibe, ist niemand da, der mich umarmt, mich bestärkt, mir Mut zuspricht, mich beschützt und mir sagt, dass ich das schaffe. Heute bin ich erwachsen und soll mir das alles selbst geben können. Es fällt mir weiterhin schwer. Meinem Sohn kann ich diese Sorgen und Gefühle natürlich nicht aufbürden. Er ist dafür nicht der richtige Ansprechpartner. Und ich habe noch heute dafür keine hundertprozentige Lösung: Wie geht man damit um, wenn einem ständig alle sagen, dass man zu viel is(s)t?

Schon immer war ich also »zu groß« und »zu laut« und »zu viel«. Sprich: Wenn ich zurückdenke an meine Kindheit, dann kann ich mich nicht daran erinnern, mich jemals *nicht* mit meinem Körper beschäftigt zu haben. Zumindest kann ich nicht sagen, dass ich mich jemals normal gefühlt habe. Niemals! Und allein diese Tatsache macht mich wütend, sauer und selbst heute mit vierzig Jahren unfassbar traurig. Caro, bist du noch da? Ich muss mal kurz tief durchatmen, einen Schluck Kaffee nehmen, und dann schreibe ich weiter.

Alles klar. Geht's jetzt besser?

Ich habe einen großen Becher Kaffee intus, habe ein paar Tränen verdrückt und merke, dass der Druck jetzt etwas weniger ist und ich bessere Laune habe. Ich habe nicht gedacht, dass mich das Schreiben meiner Geschichte dann doch so mitnimmt, aber – ich habe keine Angst, sie zu erzählen.

Oder vielleicht hast du es gewusst?

... und wieder verdrängt? Wäre so typisch für mich.

Du machst das prima. Let it go, let it go! Du Hamburger Eiscremekönigin.

Richtig. Ich bin eine Hamburger Deern, und seitdem ich auf der Welt bin, bin ich groß. Und damit ganz anders als meine Eltern. In der Nacht vom 30. auf den 31.12.1979 lag meine kleine, zierliche Mama im Bergedorfer Bethesda-Krankenhaus und brachte aus ihrem schlanken Körper mich großes Kind hervor. »Wo hatten sie das denn versteckt?«, wurde sie direkt gefragt, als die Ärzte mich sahen. Ich war 54 cm lang, blond, hatte große Augen und war 3,5 Kilo schwer.

Moment. Das ist ja eigentlich ganz normal. Ein ganz normales Babygewicht.

Ja, aber meiner Mutter, die eher normal groß und sehr zierlich ist, wurde damals schon gesagt, dass ich ein Brummer bin. Es wurde also ab Minute eins auf dieser Erde meiner Mom gesagt, dass sie ein zu großes Kind hat. Dazu muss ich sagen, dass meine Mama knapp 168 cm klein ist – die Frage scheint mir also irgendwie berechtigt. Aber irgendwie auch bezeichnend für mich. Denn ich war schon immer ein bisschen pummeliger und mehr und größer als die anderen. Als meine Eltern, als mein Bruder, als alle, die mich kennen. Ich fühlte mich von Anfang an, als würde ich nicht dazugehören. Als wäre ich adoptiert, von einem anderen Planeten oder als ob irgendetwas mit mir nicht stimmen würde. Wie ein Kuckuckskind, das meiner Mutter irgendwie untergejubelt wurde. Oder bei der Geburt vertauscht. Aber da ich im Gesicht meinem Vater sehr ähnlich bin, war das auch keine Option.

Aus Erzählungen weiß ich, dass meine Mutter nach der Geburt lange geschlafen hat und kaum etwas von der Silvesterknallerei mitbekam. Sie war erschöpft oder besser gesagt: »völlig k.o.«. So wie auch ich nach der Geburt meines Sohnes. Während meine Mama also den Schlaf der Gerechten schlief, hatte mein Papa mich als Erster auf dem Arm und hat sich um mich gekümmert. Von da an war ich #daddysgirl, Papas Puschi und ganzer Stolz. Das ist bis heute so geblieben.

In meiner Kindheit ging es recht beschaulich zu. Ich wuchs sechs Jahre meines Lebens in Bergedorf in einem Baubetrieb auf. Unser Haus war direkt neben der Firma, wo mein Papa stellvertretender Chef und selber Maurer und Polier war. Meine Mutter war gelernte Schneiderin, die mit Anfang zwanzig aus einem kleinen Zwölf-Häuser-Dörfchen bei Danzig gemeinsam mit ihrer riesigen Familie nach Deutschland umsiedelte. Anfang der 70er Jahre lernte sie nicht nur meinen Papa kurz nach ihrer Ankunft in Hamburg kennen, sondern absolvierte auch eine Umschulung zur Altenpflegerin. Nach meiner Geburt und der meines Bruders wurde sie dann Hausfrau und sollte es lange Zeit bleiben.

Mein Vater ist ein Kriegskind, 39er Jahrgang, und bezeichnet sich selbst als Kellerkind, weil er sich während der Luftangriffe verstecken musste. Er reiht sich ein in die drölfzigste Ahnenreihe von Hanseaten und ist ein Hamburger Original, wie es im Buche steht. Hanseaten reden meistens nicht viel, aber mein Vater hatte trotzdem immer und überall einen flotten plattdeutschen Spruch auf der Tasche. Mit diesen Sprüchen, Blumen und Schokolade (mit Nüssen) hat er das Herz meiner deutsch-polnischen Mama erobert – Schoko war Mangelware damals in Polen. Er lernte meine Mama, seine zukünftige Frau mit dem eleganten schwedischen Nachnamen, beim Transportieren ihrer Möbel kennen. Ich frage mich, ob er sich wohl zuerst in ihre schönen Augen verliebt hat oder in die hübschen Beine. Meine Mama trug damals so kurze Röcke, dass ich anstelle meiner Oma ihr einen Pullover drumgewickelt hätte. Rock oder Gürtel – die alles entscheidende Frage, mit der ich heute noch meine Mutter ärgere. Sie findet das nicht witzig – ich schon!

Bei uns zu Hause gab es also das klassische Rollenbild eines hart arbeitenden Mannes und das einer liebevollen, aufopfernden Hausfrau und Mutter. So habe ich es viele Jahre gesehen, und so hat es nach außen auch gewirkt. Na ja, dass bei uns zu Hause meine Mama die Hosen anhat, ist eigentlich jedem klar, der die beiden kennt. Das würde selbst mein Papa so unterschreiben. Eine toughe, strukturierte Mutter, ein starker Papa mit einer rauen Schale und einem butterweichen Kern. Das sind meine Eltern! Und ich?

Ich bin ein Trotzkopf, schon immer gewesen. Als Kleinkind habe ich zwar mit Puppen gespielt, aber viel interessanter war es, mit meinem Papa LKW zu fahren, riesige Reifen zu waschen, Sand zu verladen und den Betonmischer anzustellen. Das war ein Lärm und so was von genial! Rattatazong, rattatazong! Ich hatte keine Sandkiste wie andere Kinder in meinem Alter – ich hatte immense Sandberge, durch die ich mich buddeln durfte, und das jeden Tag. Die semmelblonde Tanja lief also mit ihrem Puppenwagen über den Hof, zwischen Lastern, großen Sandbergen und allerlei Bauschutt, immer mit Schäferhund Marco im Schlepptau. Meine Eltern hatten sich Marco kurz nach meiner Geburt zugelegt, der mit mir gemeinsam dem Hof unsicher machte. Unser Doggy und ich, wir waren unzertrennlich. Er biss meiner Oma Sophie regelmäßig ihre teuren kleinen Lederschuhe kaputt und kaute jeder meiner Mützen den Bommel ab. Mir selbst tat er nie etwas, obwohl ich ihn ziemlich geneckt haben soll. Marco wohnte draußen auf der Terrasse in einem Riesenzwinger, den mein Papa extra für ihn gebaut hatte: zwischen Geranien, vielen anderen Blumensorten, deren Namen ich nicht kenne, einer Hollywoodschaukel und Wachstischdecke mit Plastikweintrauben dran zum Beschweren. Meine Eltern schufen sich ihre kleine Idylle, ihre kleine heile Welt am Hamburger Stadtrand und fühlten sich dort wohl.

Die Arbeitskollegen meines Vaters schäkerten in ihrer Pause mit mir herum und hatten sichtlich Spaß. So ganz anders, als es sich für ein Mädchen gehört. Ich erinnere mich, dass einer der Kollegen mir aus Spaß die blonden langen Zöpfe abschneiden wollte. Andere ließen mich in ihrem Bagger mitfahren und ihn steuern. Irgendwie ist es heute noch so, dass ich das Steuer, also die Kontrolle, ungern aus der Hand gebe. Ob dafür bereits im Kleinkindalter das Fundament gelegt wurde? Der LKW ist schuld daran, eindeutig. Ich war immer sehr neugierig und interessiert, und ich glaube auch ein wenig vorlaut.

Ich habe keine schlechten Erinnerungen an diese Zeit neben dem Betrieb meines Vaters. Ich erinnere mich an ein Gefühl von Freiheit und Unbeschwertheit. Die Gegend war damals kaum bebaut, es gab große Bäume zum Klettern,

Hühner in der Nachbarschaft, die ich fast jeden Tag fütterte, und einen kleinen Tante-Emma-Laden, wo ich, obwohl ich gerade mal drei Jahre alt war, schon alleine Brötchen holen durfte – mit meinem kleinen silbernen Fahrrad. Ich fand mein Leben dort spitze, aber weil es das Haus von Papas Chef war, fühlte sich meine Mutter dort irgendwie fremdbestimmt. Es war eben nicht ihres. Und mit dem Chef sollte man es sich nicht verderben.

Als ich vier Jahre alt war, kam noch mein Bruder dazu. Und zwei Jahre später zogen wir aus Bergedorf raus in ein Neubaugebiet am Stadtrand, in eine Vierzimmerwohnung. Auf einmal gab es nicht mehr so viel Platz und keinen Hund mehr. Mein geliebter Marco war auf einmal weg. Ebenso meine Freiheit und der ganze Spaß. Die neue Wohnung gehörte zwar nicht Papas Chef, aber es gab auch hier Regeln und eine Hausordnung, an die man sich halten musste. Ich hatte zwar mein eigenes Zimmer, für das ich mir eigens schicke neue Möbel und die tolle Puppentapete aussuchen durfte, aber es war urplötzlich alles anders.

Als lauthals mitsingendes, musikbegeistertes Kind, erinnere ich mich, wie ich meine Hörspielkassette anstellte und nicht mehr so laut hören durfte. Dabei war der Titelsong von Bibi Blocksberg lange mein Lieblingslied. »Bibi Blocksberg, die kleine Hexe, kann so manches, wovon ihr träumt ...« – »Unsere Wände haben Ohren«, sagte meine Mama. »Hier kann man alles hören.« Boah, war das nervig.

In der neuen Wohnung gab es kein schnelles Laufen, kein Trampeln, Hüpfen, Springen oder gar Singen mehr. Vieles, was ich immer gern gemacht hatte, war auf einmal blöd und zu laut. Und meinen Papa bekam ich auch nicht mehr so viel zu sehen: Er arbeitete weiter im gleichen Baubetrieb, aber ich konnte nur noch selten mit, was mich traurig stimmte.

Papa stand morgens mit blecherner Musik aus seinem kleinen schwarzen Radiowecker auf und kam meistens erst abends gegen 19 Uhr nach Hause. Seine Arbeit war körperlich sehr anstrengend, und er war dementsprechend müde, wenn er abends durch die Tür kam, um mich zu drücken und zu fragen, wie mein Tag denn so war.

Ich weiß noch, dass ich meinen kleinen roten Alf-Rucksack packte – mit allen meinen Puppen und den wichtigsten Kuscheltieren – und zu meiner Mama sagte, dass ich jetzt gehe. Ich will hier nicht mehr wohnen. Ich will wieder zurück in die alte Idylle. »Das geht nicht«, war ihre knappe Antwort. Und: »Geh raus zum Spielen!« Das war die beste Idee. Denn draußen warteten viele andere Kinder zum Spielen – und das war tatsächlich ein großes Trostpflaster und auch ein Umzugsgrund für meine Eltern. Um uns herum waren noch viele Baustellen, matschige Wiesen und nur sporadisch eingerichtete Geschäfte. Alles war ganz neu, und wir waren eine der ersten Familien, die damals nach Neu-Allermöhe gezogen sind. Es gab unzählige Spielplätze mit hohen Klettergerüsten und viele Seen, künstlich angelegte Fleete und eine neue Grundschule, in der ich ein paar Monate nach unserem Umzug eingeschult wurde. In die Innenstadt nach Hamburg – der Bergedorfer fährt immer nach Hamburg, wenn er die Innenstadt meint – gelangte man in 18 Minuten.

Ich lebte mich ein und wurde ein typisches Vorstadtkind: irgendwie behütet, mit zwei hart arbeitenden Eltern, einem kleinen, süßen und manchmal nervigen Bruder, einmal Urlaub im Jahr. Mein Hund Marco war zwar ohne Vorwarnung im alten Haus geblieben, dafür zog ein Wellensittich namens Budschi ein, aus dem später ein Wellensittich namens Fanny wurde. Sprich: eine normale Hamburger Familie mit den typischen konservativen Werten, Schrebergarten, einem ordentlichen Zuhause, einem Neuwagen mit Garagenplatz, sonntäglichen Kirchbesuchen, immer sauberer Kleidung – und mit einer Tochter mit überraschend großem Mundwerk.

Mit meinem Körper hatte ich mich zumindest bis zur Grundschule nicht sonderlich beschäftigt. Der Körper und ich waren einfach da. Zwar hatte mal eine Tante erwähnt, dass ich ja ein bisschen mopsig wäre, aber das würde sich schon verwachsen. Dass ich mehr war als alle anderen, wurde mir so richtig zum ersten Mal bewusst, als ich in die Schule kam. Direkt am ersten Grundschultag wurde ich von einer meiner Mitschülerinnen so doll geschubst, dass ich mir Schürfwunden zuzog und weinend nach Hause kam. Sie nannten mich »dicke Kuh« und »fette Sau« oder einfach nur »Fetty«. Ich kann ihre Stimmen heute noch hören. Ich wurde beim Schulsport ausgeschlossen, als Letzte in die Mannschaften gewählt – es sei denn, es war Völker- oder Volleyball angesagt. Da konnte ich brillieren. Als wir Schwimmunterricht in der dritten Klase bekamen, durfte ich mir anhören, dass ich mit meinem Köpfer vom Einerbrett das gesamte Wasser aus dem Schwimmbecken sprengen würde. Der Spießrutenlauf ging in der Umkleidekabine weiter, wo ich mich stets in der hintersten Ecke umzog. Ständig drehte sich alles um mein Äußeres, und ich begann zu verstehen, dass ich wohl anders und nicht »normal« bin. Aber das Verrückte: Obwohl ich selbst gehänselt und ständig gepiesackt wurde, war ich immer jemand, der die Schwächeren verteidigte. Und weil ich so groß und »stark« war, konnte ich das auch ganz wunderbar umsetzen. Ungerechtigkeit war für mich ein absolutes No-Go! Und hat mich jemand geärgert, gab es immer Kontra. Ich ließ mir rein gar nichts gefallen. Im Außen wirkte ich damals bereits sehr stark, obwohl ich manchmal als Große auch gerne mal klitzeklein gewesen wäre. Jemand, der mich beschützt und in den Arm nimmt, wäre super gewesen. Wenn ich geweint habe, dann meistens alleine und für mich.

Ich merkte also, dass ich anders bin, und mein Körperbewusstsein war urplötzlich verschoben. Was mir heute absurd erscheint, wenn ich mir die Fotos von damals anschaue. Heute sehe ich ein großes, blondes Mädchen, das vielleicht ein bisschen pummelig ist. Und tatsächlich war ich ja auch groß: Mit neun hatte ich bereits Schuhgröße 40. Und zur Kommunion trug ich das ausrangierte Hochzeitskleid meiner Tante, weil es in meiner Größe nichts gab. Wir hatten mehrere Geschäfte durchforstet, aber die Kleider waren mir schlichtweg auch zu kurz. Das Kommunionkleiddrama kostete meine Mutter und mich viel Kraft und Nerven. Egal, welchen weißen Fummel mit Tüllgardinenbesatz ich anprobierte: Ich sprengte einfach alle Größen – allein durch meine Körperlänge. Meine Mutter stand immer wieder da und begutachtete mich, um dann den Kopf zu schütteln. Das nächste wurde mir in die Kabine gereicht – wieder nichts. Hier ging der Knopf nicht zu, da der Reißverschluss. Da zwickte der Ärmel, da das Röckchen. Es war die Hölle. Aber statt mir zu sagen, die Kleidergrößen sind falsch, bekam ich gespiegelt, dass ich falsch bin. Und fühlte mich elend. Aber wer bestimmt eigentlich, was »normal« und »Standard« ist? Gott sei Dank sind die Katholiken in Hamburg in der Minderheit, so musste ich mich in der Schule nicht mit allzu vielen vergleichen und austauschen über das Drama des Kommunionkleidchens.

Auch die Lehrer in der Grundschule haben keinen Hehl daraus gemacht, dass ich nicht ihr Lieblingsschulkind war: Denn ich war nicht nur sehr groß, sondern auch laut. Ich hatte immer viele Fragen, war wissbegierig und hatte Hummeln im Hintern. Meine Klassenlehrerin gab mir ständig das Gefühl, dass ich nicht in ihr Weltbild passe. Kommentare wie »Das ist nichts für Mädchen wie dich«, »Du bist zu laut«, »Kannst du dich bitte ordentlicher und sauberer verhalten«,

»Schau mal, wie schön xy das kann. Du bist nicht gerade die Begabteste« klingen mir heute noch in den Ohren.

Auch meine Handarbeitslehrerin ist mir besonders in Erinnerung geblieben: Sie hat mich nach mehreren Zwischenfragen meinerseits einfach mal kräftig am Ohr gezogen mit den Worten »Sei jetzt endlich still!«. Ich weiß noch heute, wie ihr Tonfall war und ihr Gesichtsausdruck. Ich war sechs Jahre alt und bekam von einer angeblichen Pädagogin mitgeteilt, dass ich gefälligst nicht so laut sein soll: »Mädchen verhalten sich nicht so! Das tut ein liebes Mädchen nicht.« Während ich das so schreibe, würde ich ihr am liebsten selbst mal kräftig am Ohr ziehen: »Pädagogen verhalten sich nicht so! Das tut eine liebe Lehrerin nicht!«

Damals traute ich mich trotz meiner große Klappe nicht, meinen Eltern etwas davon zu erzählen. Aber ich hatte verstanden: Angepasste Mädchen bekommen bessere Noten. Das war keine Einbildung, sondern brutale Realität. Die Lieblingsmädchen waren die zarten, leisen, angepassten mit Schleife im Haar. Sie hatten zwar auch eine freche Klappe, aber nur, wenn keiner der Lehrer vor Ort war. Sie wurden besser behandelt und bevorzugt. Noch heute bin ich der festen Überzeugung, dass es einen Lehrerführerschein und regelmäßige Kontrollen geben sollte und dass nicht jeder diesen Beruf ausüben dürfte. Egal also, wo ich war – auf dem Pausenhof, in der Klasse, beim Handarbeitsunterricht oder in der Umkleidekabine mit meiner Mutter –, es war ein Spießrutenlauf, und ich hatte das Gefühl, dass man sich für mich nur schämen konnte.

Nur meine Oma Sophie hat so gut wie nie mit mir über das »Dicksein« gesprochen und mich einfach so genommen, wie ich war. Oma war schon über achtzig, als ich geboren wurde. Eine kleine, zierliche, vornehme hanseatische Dame mit Kristallgläsern, teurem Porzellan, alten Poesiebüchern und einem Radio, das aussah wie ein großer quadratischer Kasten. Für sie war ich ihr Liebling, ihre Puschi, und sie umarmte mich zur Begrüßung immer so herzlich und fest, dass ich lachen musste.

Ich erinnere mich gerne an Besuche in ihrer Bergedorfer Altbauwohnung. Da thronte ich vergnügt in ihrem Ohrensessel im Wohnzimmer, verspeiste ihre selbst gebackenen perfekten Marmeladeplätzchen (die perfektesten der Welt) oder frische Pfannkuchen, das Röhrenradio dudelte im Hintergrund, Oma Sophie löste Kreuzworträtsel, und ich durfte endlich all die vielen Fragen stellen, die mir einfielen. Meine Oma hatte beide Weltkriege miterlebt und konnte mir viele Geschichten darüber erzählen. Wie mein Papa Kohle »mopsen« ging unten am Güterbahnhof, dass sie kilometerlang für frische Milch und Brühe durch den Wald liefen, dass eines Tages ihr Lieblingskrämerladen verschwunden war und darüber, dass einige ihrer Freunde nicht mehr aus dem Krieg zurückkamen. Oma Sophie berichtete, wie sie in den 1920er Jahren tanzen ging und ihren Emil, meinen Opa, kennenlernte, und wie wichtig es ist, dass man sich liebhat. Sie war eine so sanfte und zärtliche Frau, dass ich sie noch heute mit über vierzig Jahren schmerzlich vermisse. Und es ist schade, dass ich sie nur vierzehn Jahre meines Lebens an meiner Seite haben durfte. Aber sie hat trotzdem unheimlich viele Spuren auch in meinem Alltag hinterlassen: Ihre teuren Porzellantassen stehen heute prominent platziert in meinem Schrank, ein Schränkchen von ihr begrüßt mich jeden Morgen in meiner Küche, und mein größter Schatz ist ihre Marmeladeplätzchendose. Wie sie versuche auch ich es, mir immer alles hübsch zu machen, und wie sie frisiere ich mir meine Haare sehr sorgfältig. Nur für mich. Es vergeht kein Tag, an dem ich nicht an sie denke.

Ihre Wohnung war mein »Safe Space«, mein Rückzugsort. Ein Ort ohne Vorurteile, ohne großartige Regeln, ein Ort der Ruhe und Gelassenheit, den ich unbedingt brauchte. Denn hier konnte ich Kraft tanken und eine Auszeit nehmen von der Welt, die mich ständig kritisierte und anders haben wollte. Und diesen geschützten Raum brauchte ich auch – vor allem, als ich auf die weiterführende Schule kam. Aber dazu später, erst mal musst du von deinen ersten Jahren berichten. Du warst doch auch so ein Vorstadtkind. Was hat dich damals geprägt?

5

Schön brav sein – Caros Kindheit

Es war so ähnlich wie bei dir, aber noch viel ländlicher. Es waren die Achtziger: Ich lebte in einem properen kleinen Dorf bei Neu-Ulm an der Donau. Der Bus in die Stadt fuhr nur einmal pro Stunde und hieß passenderweise »Bauerbus« – und tatsächlich gab es damals dort auch noch viele Landwirte. Der letzte Bauerbus zurück aufs Dorf startete um 19:30 Uhr am Ulmer Bahnhof. Mal länger im Café Brettle sitzen, damals ein Treffpunkt vieler Schüler*innen, war also ein Ding der Unmöglichkeit. Das Leben im Dorf war dementsprechend ein bisschen wie auf einer einsamen Insel. Und solange ich in die Grundschule ging, war die Welt für mich auf dem Dorf auch ganz in Ordnung. Ich hatte eine beste Freundin, und wir waren eigentlich den ganzen Tag alleine draußen unterwegs. In unserer Sackgasse, auf dem Spielplatz in der Parallelstraße, auf dem Kirchberg, wo wir auf die alten Obstbäume kletterten und wo wir im Winter Schlitten fuhren. Und manchmal trauten wir uns sogar alleine in den Wald.

War deine Familie auch so eine ordentliche und anständige Familie wie meine? Mit der Mama, die zu Hause war, und dem Vater, der arbeiten ging?

So ähnlich – nur dass meine Mutter immer berufstätig war. Nach außen hin waren wir eine sogenannte »intakte Familie« der oberen Mittelschicht wie aus dem Katalog der Bausparversicherungen: Einfamilienhaus, Doppelgarage, darin zwei Mercedesse, im Garten zwei Kinder. Der Sohn sehr athletisch, Mitglied des Ruderclubs, die Tochter ein Klavier- und Ballettmädchen. Das gehörte einfach dazu. Das macht »man« so als bürgerliche Familie.

Vorweg: Ich liebe meine Eltern von Herzen, und sie haben ihr Bestes gegeben. Ich bin heute fein mit ihnen und froh, dass ich sie habe. Je älter ich werde, desto besser verstehe ich mich mit ihnen und merke, wie ähnlich ich vor allem meinem Papa bin. Aber als wir noch unter einem Dach zusammenlebten, war das alles nicht so einfach. Meine Eltern pflegten – anders als heute – damals eigentlich kaum enge und wirkliche Freundschaften – mein Vater isolierte uns weitestgehend: Die anderen im Dorf waren ihm meist zu schlicht, entfernt lebende Familienmitglieder eigentlich auch. Vor allem, wenn sie nicht seine politischen Auffassungen teilten. Mein Vater wurde durch seine Lebensgeschichte schon früh zu einem sehr politischen Menschen, der sich mit viel Elan für seine Überzeugungen, die ich nicht immer teile, einsetzt. Meine Eltern arbeiteten viel: mein Vater im Außendienst für eine Firma, meine Mutter in ihrem Büro im Keller, das sie hasste, weil es dort so kalt und dunkel war. Ich war ein Schlüsselkind und viel auf mich selbst angewiesen. Die eine Oma, die noch lebte, war weit weg in Westfalen und später nach einem Schlaganfall zwei Jahre im Pflegeheim, wo sie dann nach zwei schlimmen Jahren verstarb. Die Nachbarn kümmerten sich eher um den akkuraten Schnitt ihrer Hecken, die als Sichtschutz für ihre Gärten dienten, und auch die Mutter meiner besten Freundin aus der Nachbarschaft war vor allem froh, wenn wir uns selbst beschäftigten.

Die Eltern von damals waren keine »Spieleltern«. Meine Mutter arbeitete als Steuerberaterin, und ich wusste: Wenn die Tür zu ihrem Büro verschlossen war, dann durfte ich auf keinen Fall stören. Ein paar Mal schaute ich doch sehnsüchtig durch den Türspalt, erntete dann aber von ihren Klienten vorwurfsvolle Blicke. Das heißt: Meine Mutter war zwar physisch anwesend, aber trotzdem nicht für mich da. Spaß machte ihr der Job und der ganze Rest irgendwie auch nicht. Aber das Haus musste ja bezahlt werden. Mittags gab es deswegen oft etwas Schnelles: Quarkspeisen oder Milchreis. Danach musste sie schnell wieder zurück in ihr Büro im Keller, um die

Buchführung für irgendeinen Herrn Soundso zu erledigen. Eine Zugehfrau half meiner Mama, den Haushalt zu erledigen.

Sie teilte schon früh ihre Unzufriedenheit mit mir: die viele »Arbeiterei«, die Sehnsucht nach mehr Geselligkeit, nach Reisen in ferne Länder. Die Angst vor Konflikten mit meinem Vater. Donnerstags nahm sie mich mit zu ihrem Ausflug in die Hotelsauna im Dorf. Das war ihr wöchentliches Highlight. Und meines auch, denn da hatte ich Mama ein paar Stunden für mich. Nur in die Bar durfte ich am Ende nicht mit, wo sie sich mit anderen »Saunisten« traf, um Wein zu trinken. Das war's dann aber auch schon wieder mit den Kontakten: Irgendwie waren wir Aliens.

So wie ALF. Wobei ich mir den nicht in der Sauna vorstellen will.

ALF konnte immerhin nach Melmac telefonieren – ich hätte nicht gewusst, wen ich wo anrufen soll. Als meine Freundin aus dem Nachbarhaus dann auch noch wegzog, fühlte ich mich völlig verlassen. Zu den anderen Kindern im Dorf fand ich nicht den richtigen Draht – mein Vater erklärte mir das oft damit, dass ich nicht Schwäbisch schwätzen würde. Wobei er darauf stolz war: Denn er wollte aus Prinzip nicht dazugehören, sich bewusst von den »Schwobeseggeln« abgrenzen.

Das hat mit seiner Geschichte zu tun, die auch mich sehr geprägt hat. Es ist mir wichtig, sie kurz zu skizzieren, weil sie zeigt, wie furchtbar Krieg, Flucht und Vertreibung sind für die Menschen, die diese Erfahrungen durch- und überleben mussten. Die seelischen Verletzungen und Traumata werden oft von Generation zu Generation weitergegeben. Ob bewusst oder unbewusst. Mein Vater stammt aus Ostpreußen. Den Besitz hatte die Familie verloren, er war mit Schwester und Mutter auf der Flucht vor der Roten Armee durch Blut gewatet, hatte Vergewaltigungen und Misshandlungen mitansehen müssen, ist mit Granaten durch die Gegend geflogen.

Sein Vater kehrte aus der Kriegsgefangenschaft nie zurück. Die Mutter landete alleinerziehend und bettelarm in Thüringen. Dort wartete die nächste Diktatur auf sie. Mein Vater flüchtete also ein zweites Mal, diesmal vor der SED und der Stasiherrschaft, und landete in Ulm. Und fühlte sich dort nicht besonders willkommen. Weil Menschen, insbesondere Kinder, grausam sein können und leider sehr häufig Angst haben vor allem, was sie nicht kennen, nannten sie ihn Hurenflüchtling, und die Stadtverwaltung bürgerte ihn dann auch noch aus Versehen aus. So schwor er sich, für immer auf der bayerischen Seite der Donau, also in Neu-Ulm zu bleiben. Ulm betrat er nur unter Protest. Nach dem Maschinenbaustudium hatte er eine Zeit lang bei einer Firma in Westfalen gearbeitet, wo er meine Mutter kennengelernt hatte. Dann führte ein Jobangebot ihn aber wieder zurück nach (Neu-)Ulm. Also wieder zurück zu den »Schwobeseggeln«.

Auch meine Mutter lehnte Schwäbisch als Dialekt ab. Als sie mit Mitte zwanzig und frisch verheiratet beim Finanzamt in Neu-Ulm zu arbeiten begann, weinte sie bittere Tränen. Sie verstand kein Wort.

Das wäre mir vermutlich auch so gegangen als norddeutsche Deern. Hast du überhaupt verstanden, dass dein Vater sich bewusst abgrenzt von dem Ort, an dem ihr lebt? Als Kind will man ja einfach dazugehören.

Für mich als Kind waren das viel zu viele Informationen. Und die (deutsche) Geschichte war mir viel zu grausam. Ich hätte tatsächlich gern dazugehört, aber ich war eben qua Familiengeschichte und Sprache ein Sonderling, saß also viel allein an einem kleinen Tisch, malte Wachsmalkreidebilder auf das Büroschmierpapier meines Vaters und hörte die Abenteuer der Fünf Freunde auf Kassette. Ich flüchtete mich in das Paralleluniversum von Julian, Dick, Anne, George und Timmy dem Hund, zeichnete den Blick aus Georges Fenster im Felsenhaus und klebte ihn an meine Zimmertür, damit ich das Gefühl hatte, dort zu wohnen. An meinen Nachmittagen draußen in der Sackgasse und im Wald hoffte ich auf einen geheimen Gang oder einen vergrabenen Schatz. Meiner Mutter war es wichtig, dass ich Klavier- und Ballettunterricht erhielt.

Du hast doch wie ich auch einen Bruder. Der interessanterweise wie auch mein Bruder keine Essstörung bekommen hat, obwohl er aus derselben Familie kommt. Jungs gehen oft anders um mit Problemen. Wie war euer Zusammenleben auf dem Dorf?

Da gab es nicht so viel Zusammen. Denn mein Bruder ist zehn Jahre älter als ich; so kam er damals als Spielgefährte nicht in Frage. Wenn ihm die Decke auf den Kopf fiel, seilte er sich ab und fuhr mit seinem Rennrad und später seinem Mofa in die Stadt. Als mein Vater in Rente ging, war er schon aus dem Haus: als Zeitsoldat bei der Bundeswehr. Wehrdienstverweigerung wäre bei uns nicht in Frage gekommen. Da mein Großvater väterlicherseits, früher Hotelier in Ostpreußen, im Krieg natürlich auch bei der Wehrmacht war, war der Militärdienst für meinen Vater Ehrensache. Ich glaube, er wäre selbst gern zum Militär gegangen, obwohl er in seinem ganzen Wesen eher der »Typ ziviler Ungehorsam« ist. Doch über nichts habe ich meinen Vater je mehr lachen sehen als über die Geschichten meines Bruders aus der Kaserne. Am meisten liebte unser Vater die Stories eines alten ostpreußischen Generals, der bei Outdoor-Übungen gerne hoch zu Ross aufs »Schlachtfeld« galoppierte und damit alles lahmlegte. Überhaupt Uniformen, Dienstgrade, Hierarchien – all das faszinierte meinen Vater. Vermutlich erinnerte ihn das an den Preußenkönig, den »alten Fritz«, und damit irgendwie auch an den anderen Fritz – seinen Vater.

Preußens Glanz und Gloria – sie wurde bei uns jeden Tag kultiviert – samt preußischem Wertekanon: Pünktlichkeit, Ordnung, Fleiß, Leistung, Disziplin. Das war schließlich was ganz anderes als die schwäbische Spätzle-ond-Salat-Mentalität. Aber Spätzle sind eben nicht so herrlich kriegsentscheidend: »Und wenn du den Hof fegen musst«, bläute der Vater dem Bruder ein, »dann machst du das gefälligst ordentlich!« Die Idee von Preußen war in unserer Familie die identitätsstiftende Ersatzreligion und die heilige Messe das Königsberger-Klopse-Essen. Meine Mutter bereitete sie nach Omas Originalrezept. Aber immer war es nicht gut genug. Zu wenig Zitrone. Zu wenig Pfeffer. Die Kartoffeln nicht mehlig genug. Es war ein Scheitern mit Ansage: Denn auch die besten Klopse der Welt können nicht den Hunger nach dem verlorenen Zuhause stillen. Und meine Mutter war zum Scheitern verurteilt. Die Klopse waren falsch. Ihre Art, die Spülmaschine einzuräumen, war falsch. Ich empfand das Prinzip Ehe als falsch.

Schon als Kind hatte ich den Wunsch, meine Eltern glücklich machen zu wollen. Die erlittenen Verletzungen heilen zu können. Aber wie sollte das gehen? Auf jeden Fall, indem wir Kinder in erster Linie funktionierten und dem Familiennamen zur Zierde gereichten. Wenn ich doch mal »frech wie Rotz« war und widersprach, dann gab es Strafen. Unter anderem Zimmerarrest. Meine Mutter trug die Entscheidungen meines Vaters eigentlich immer mit, denn sie hatte keine Lust, einen Streit vom Zaun zu brechen, und genauso Respekt vor seinem Poltern. Ich weiß nicht mehr, was ich genau getan hatte, aber ich erinnere mich noch daran, wie mein großer Bruder mir einmal meine Zimmertür aufschloss und mir aus Mitleid einen Blaubeerjoghurt in mein Zimmer hineinreichte. Einmal sah ich es überhaupt nicht ein, warum ich im »Karzer« sitzen musste – das Wort hatte ich aus den Schulgeschichten meines Vaters gelernt –, zumal meinem Zimmerarrest auch kein zeitliches Limit gesetzt war. Da mein Zimmer im Souterrain lag, riss ich also einfach das Mückengitter aus dem Fenster und kletterte den Hang vor dem Fenster hoch. Das wiederum imponierte meinem Vater sehr, weil es ihn an ihn selbst erinnerte, wie er damals den eisernen Vorhang durchbrach. Da hatte ich noch mal Glück gehabt.

Leistung bringen, Fleiß, Arbeit, Eins mit Stern – das war wichtig. Als ich in der Dorfgrundschule im Zeugnis stehen hatte, dass ich meine Hausaufgaben besonders schön gestaltete und quasi übererfüllte, weil ich mich vom normalen Unterricht »unterfordert« fühlte, war mein Vater richtig stolz. Ich war schon damals ein kleiner Supernerd – mit dicker, bunter Kinderbrille, für die ich natürlich auch gehänselt wurde.

Der Übertritt aufs Gymnasium war eine Selbstverständlichkeit. Ich nahm jeden Morgen den Bus um 7:03 Uhr. Mein Vater stand mit mir auf, kochte mir dicken Haferbrei, so wie sein Vater das wohl auch für ihn getan hatte, und schmierte mir gewaltige Pausenbrote. Zuneigung lief bei uns immer über Versorgung mit Essen. Aber auch wenn ich mit circa 100 Gramm Salami (also Liebe nur mit Nitritpökelsalz) und dick Butter ausgerüstet war: Das Eingewöhnen an der neuen Schule und vor allem das neue Lernpensum klappte trotzdem nicht wie geschmiert. Meine Schulnoten rauschten in den Keller. Dreier, Vierer, auch mal ein Sechser war dabei. Nun machte auch meine Mutter Druck. Sie zeigte offen Enttäuschung über mein Versagen. Anteilnahme, Verständnis für die Umstellung oder ein »Wie kann ich dir helfen?« – Fehlanzeige. Latein war der Killer für mich – weil ich überhaupt nicht verstand, was wir da taten. Ich kann mich noch gut daran erinnern, wie ich nach Hause kam und zu meiner Mutter sagte: »Heute haben wir etwas gelernt, das heißt Dativ.« Ich hatte überhaupt kein Gefühl dafür, was zum Geier das sein könnte. Ob Dativ Füße hat oder nach Pfefferminze schmeckt.

Einige Synapsen kamen mit der Zeit dann dazu, und ich lernte zu lernen. Und auch wenn ich im Schulsport schon immer eine Niete war, belegte ich als Wahlfächer am Nachmittag Handball und rhythmische Sportgymnastik. Denn die beliebten Mädchen waren immer die Hand- oder Volleyballerinnen und die dünnen Dinger mit dem Flatterband. Ich wollte einfach be- und geliebt sein: in der Schule und zu Hause. Eine Zeit lang ließ sich das auch noch vereinbaren, weil dazu gute Noten gehörten. Intellektualität und humanistische Bildung waren schließlich die heiligen Kühe bei uns. Aber es reichte nicht, wenn ich gut war, das gab mir mein Vater zu verstehen. Wenn ich eine Zwei in einer Klassenarbeit hatte, konstatierte er: »Das ist gut. Wie viele Einser gab es?« Und wenn ich eine Eins bekam, fragte er: »Wie viele Einser gab es sonst noch?« Ich verinnerlichte also: Du musst immer besser sein als die anderen. Wenn ich mal die einzige Eins mit nach Hause brachte, war das selbstverständlich, denn ich war ja »seine Tochter«, Daddy's Girl. Dann zahlte ich auf die Familiendachmarke ein. Und er war sehr stolz. Und ich wollte ja, dass er stolz ist auf mich. Ich speicherte auf meiner inneren Festplatte also ab: Liebe und Anerkennung ist etwas, das ich mir erarbeiten muss. Nur wenn ich Spitzenleistungen abliefere, bin ich es wert, geliebt zu werden. Wie streng waren deine Eltern, was deine Noten angeht?

6

Angst vor der Pause – Tanjas Schuljahre

Also meine Eltern waren zwar auch streng und es wurde vorausgesetzt, dass ich gute Noten mit nach Hause bringe und mich in der Schule gut benehme. Aber Druck haben mir beide diesbezüglich nicht gemacht. Ich war auch wie du vor allem damit beschäftigt, meinen Platz in der Schulgemeinschaft zu finden und dazuzugehören. Was nicht so einfach war – vor allem nicht, als ich auf die Realschule kam.

Denn da ging das Hänseln wegen meiner Größe und meiner Pummeligkeit munter weiter. Dieselben mit Schleifen herausgeputzten Läster-Lehrer-Lieblingsmädchen kamen erneut mit mir in eine Klasse, und es kamen – o Graus – weitere hinzu. Die großen Pausen waren ein reiner Spießrutenlauf: Ich kassierte von den Kids aus den anderen Klassen viele Sprüche wie »Deutsche Panzer rollen wieder«, »Hasslette«, »Fettarsch«, »Schwabbel«, »Fettes Schwein« oder Bonmots wie »Du hast einen Arsch wie ein Brauereipferd«.

Je mehr ich zunahm, desto mehr kamen die Sprüche – und nun nicht nur von meinen Mitschülern, sondern auch von meiner eigenen Familie – auch von meinen Eltern. Ich hatte nun irgendwie überhaupt keinen Ort mehr, an dem ich mich sicher und angenommen fühlte. Ich schleppte mich jeden Morgen mit Bauchschmerzen in die Schule – immerhin fand ich irgendwann zwei beste Freundinnen, mit denen ich viel unternahm und meine Sorgen teilen konnte. Dann kam die Pubertät – und die hormonellen Aufs und Abs unterwarfen nicht nur meine Laune extremen Schwankungen, sondern auch mein Gewicht. Es ging hoch und runter wie eine Achterbahnfahrt. Ich hatte mehr denn je das Gefühl, dass ich einfach in diese normale, angepasste Welt, in der jeder schön artig in der Reihe gehen und gefälligst in eine vorgefertigte Schublade passen soll, nicht hineingehöre. Neidisch schaute ich meinem Bruder und seinem sorglosen und genussvollen Umgang mit Essen zu: Er blieb von dieser ganzen Gewichtskirmes verschont, aß ganze Pizzen, kaufte jeden Tag Süßigkeiten beim Lottoladen um die Ecke, trank Saft oder Cola und war trotzdem immer schlank. Bis heute hat er kaum einen Hintern in der Hose (I love you, flach-popoiges Bruderherz). Eine von meinen beiden Best Friends wechselte von der bright side zur dark side – zu den von mir so verhassten Schleifenmädchen, die ihre Schleifen mittlerweile gegen bauchfreie Tops getauscht hatten. Auf einmal war sie nicht mehr meine beste Freundin. Sie wollte jetzt zu den Cool Kids gehören, und die Coolen – das waren die schlanken Mädchen.

Ich wollte auch dazugehören und cool sein und nicht mehr erleben, dass sich jemand von mir abwendet, weil ich zu dick bin. In den Sommerferien der achten Klasse machte ich also die erste richtige Diät: Jeden Morgen startete ich mein Sportprogramm im Bille-Bad in Bergedorf. Dort zog ich sieben Mal die Woche pünktlich um sieben Uhr für zwei Stunden meine Bahnen. Wieder zu Hause gab es nur Knäckebrot. Ich wollte um jeden Preis schlank sein. Meine Eltern waren hin- und hergerissen: Einerseits fanden sie es ganz gut, dass ich abnehmen wollte, andererseits waren sie in Sorge, weil ich so wenig aß. Sie rieten mir, dass ich doch »einfach normal« essen sollte: also drei Hauptmahlzeiten und eine Kaffeepause mit Gebäck. Aber was war normal bei einer Hauptmahlzeit: ein Teller oder zwei? Mir fehlte das Gefühl dafür. Und zu Hause war die Regel: Iss deinen Teller leer, sonst scheint morgen die Sonne nicht. Aber mach nicht zu viel auf den Teller! Ich fühlte mich beim Essen wie ein Versuchskaninchen im Labor, das die ganze Zeit unter Beobachtung steht. Sobald ich die Gabel hob und den Mund aufmachte, starrten alle. Das ist noch heute in gewisser Weise so. Damals war ein Scheitern meiner Diät keine Option, schließlich hatte ich meine neue future Topform – typisch große Klappe – angekündigt. »Wie wirst du dann aussehen?«, hatten mich die Schleifen-Girls, die jetzt Bauchfrei-Girls waren, gefragt und lächelten spöttisch unter ihrem viel zu starken Make-up. Dann warfen sie ihre Walla-Walla-Haare, die so lang waren wie der Schweif eines Pferdes, über die Schulter. Ich wieherte innerlich dazu – ich hätte sie Wendy-Mädchen nennen sollen. Wie würde ich aussehen am Ende des Sommers? »Ich werde wie Susi aussehen«, gab ich zur Antwort.

Moment, Tanja: Wer zum Geier ist Susi? Muss ich sie kennen? Habe ich da was verpasst?

Nein, nein. Susi war ein Mädchen aus meiner Klasse, eine elfenhafte Spanierin mit der schwärzesten und wallaigsten Walla-Walla-Mähne von allen. Eigentlich bestand sie nur aus Haaren, Glutaugen und ein bisschen Popo. Mein Vorhaben war natürlich rückblickend ein kompletter Irrsinn: Niemand auf der Welt – und schon gar nicht ich, eine hanseatische nordisch by nature Deern – kann so aussehen wie Susi. Außer Susi selbst.

Das ist beinahe Philosophie: Nur Susi kann wie Susi sein. Dein Projekt war also zum Scheitern verurteilt.

Selbstverständlich. Als ich nach den Sommerferien zurück in die Schule kam und natürlich nicht wie Susi aussah, gab es großes Gelächter, und ich schämte mich trotz der vielen verlorenen Pfunde für meine dämliche Ansage. Tragisch: Anstatt mich für meinen Gewichtsverlust zu feiern, hasste ich mich damit noch mehr und wollte weiter abnehmen. Mein Gewicht konnte ich immerhin kontrollieren, meine Körperlänge nicht – wie sehr habe ich mir damals gewünscht, ein paar Zentimeter kleiner zu sein. Dann hätte ich mich besser verstecken können. Ich fragte mich sehr oft, warum ich so riesig sein muss. Warum ich nicht wie Susi und Bibi und Tina, und wie sie alle hießen, sein kann. Die Wendy-bauchfrei-Girls haben es so einfach, dachte ich. Sie wackeln in ihren engen Jeans herum, sind vornerum zu allen lieb und bitchen hinterrücks – und ihre Methode funktioniert. Einfach mit der Masse mitlaufen, ohne eigene Meinung und ohne unangenehm aufzufallen.

Und trotzdem wollte man zu diesen Girls gehören. Auch wenn das Projekt Susi gescheitert war, hast du das Diäthalten nicht aufgegeben.

Nein, ich war ja noch nicht am Ziel. Ich biss also die Zähne zusammen und hungerte weiter – und der Plan ging auf: Meine Wangenknochen kamen zum Vorschein, und ich passte in meine Levis-Jeans, was damals mit dreizehn Jahren mein großes Ziel war. Bis vierzehn hielt ich die Diät durch – und war kaum noch mopsig. Und ob du es glaubst oder nicht: Auf einmal wurde ich wahrgenommen. Positiv. Und etwas Unglaubliches passierte: Das selbst ernannte It-Girl meiner Schulklasse klingelte an unserer Haustür und fragte, ob ich Zeit hätte. Es war wie ein Ritterschlag. Räusper: »Hiermit ernenne ich sie offiziell zum Mitglied der Schleifen-Wendy-Bitchy-Girls.«

Du hast bauchfrei in der Aufzählung vergessen!

Pardon: »Hiermit ernenne ich sie offiziell zum Mitglied der Schleifen-Wendy-bauchfrei-Bitchy-Girls. Clubregeln: Wir essen nicht nach Sonnenuntergang, tragen grundsätzlich immer die falsche, viel zu dunkle Make-up-Farbe im Gesicht und lieben bauchfreie Tops. Du erkennst uns außerdem an den Plastikschnullern, die wir an Lederbändern um unseren Hals tragen.« O Gott, sollte das jemand von denen lesen, sie werden sich sofort wiedererkennen und mich haten. Stichwort Hate: Die große Enttäuschung aber war, dass ich mich trotz aller verlorenen Pfunde nicht richtig einschätzen konnte und mich immer noch als zu mopsig empfand.

Das heißt: Dir ging es so wie mir, dass du zwar schlank warst, dich aber IMMER NOCH als zu dick empfunden hast?

Ganz genau. Ich wusste jetzt zwar, dass ich abnehmen kann, aber in meinem Kopf war ich weiterhin »der rollende deutsche Panzer«. Immerhin aber gehörte ich nun zu den Wendy-Girls, durfte mit ihnen abhängen, gemeinsam in die ersten Jugenddiscos gehen und mich cool fühlen. Ich hole mir die dünnste knallrote Regenjacke von Diesel (only the brave), trug darunter einen dicken Zopfpulli, dazu eine schwarze Radlerhose, lila British Knights Turnschuhe und pinke Stulpen. Und das alles im tiefsten Winter! Ich schwöre bei Gott: Was bin ich dankbar, dass es davon keine Fotos gibt. Ich toupierte mir die Haare, legte ebenfalls zu viel Schminke auf und tat so, als wäre ich eine von ihnen. Die größte Bestätigung für meine Abnahme bekam ich, als mein Jugendschwarm mir hinterherpfiff und mich in meinem kurzen Minirock und den zu hohen und zu engen Schuhen nicht erkannte.

War das der Junge, wegen dem du so einen mega Liebeskummer hattest?

Genau: der Schwarm aus der Parallelklasse. Ein junger Mann, so schön, leicht gebräunt, mit strahlenden Zähnen und einer großen Klappe. In der Schuldisco hatte ich jedes Mal mit einem dicken Kloß im Hals und Tränen in den Augen in der Ecke gesessen, weil er mit einer anderen tanzte und mich nicht mal wahrnahm. Ich kann mich noch genau daran erinnern, wie verletzt ich war und heulend in meinem Zimmer saß und zu Backstreet Boys in mein Kissen schluchzte. Es war der erste richtige Liebeskummer in meinem Leben. Weil ich als Koloss der Klasse größer und schwerer war als sogar manche Jungs, war mir klar, dass ich für ihn das Monster vom Mars bin und er mir nie auch nur einen Kuss schenken würde. »Ich will, dass mein Fett verschwindet!« An diese Worte, die ich damals in mein Tagebuch geschrieben habe, erinnere ich mich noch sehr genau. Dünn wäre er ganz bestimmt ein Fan von mir. Dachte ich. Und sollte damit auch recht haben: Im Herbst nach meiner Sommerdiät stiefelte ich mit einer meiner neuen Rauchfrei-Freundinnen irre aufgebrezelt in einem kurzen Kleid an unserer In-Pizzeria vorbei, in der Monsieur arbeitete. Ich war in Topform. Und dann tatsächlich, plötzlich geschah es, R. pfiff mir und meiner Freundin wild hinterher, allerdings ohne mich zu erkennen. Einerseits war sein Pfiff ein Triumph und andererseits nur bitter. Denn es war der ultimative Beweis, dass nur das Äußere zählt, dass ich schlank alles erreichen kann und dass Männer sich für mich nur interessieren, wenn ich der Norm entspreche. Ich dachte in diesem Moment: Damals in der Schuldisco hättest du alles von mir haben können, du Blödmann. Aber damals wie heute hast du mich nicht erkannt. Na warte, dachte ich.

Als wir bei meiner Freundin ankamen, bestellten wir uns eine Familienpizza und erwähnten, dass R. sie bitte ausliefern sollte. Als ich die Tür aufmachte, brannte ich innerlich ein Tischfeuerwerk ab und die Geigen fingen an zu spielen. Ich fühlte mich so sexy and free, um es mit deinen Worten zu sagen, liebe Caro.

Sexy and free. Wichtige Frage an dieser Stelle von meiner Seite: Habt ihr Salami bestellt oder Hawaii?

Ich hasse Hawaii, wenn Hawaii nur aus der Dose ist. Ich bin mir daher ziemlich sicher, dass es Salami-Pizza war.

O Gott, ist das sexy alles. Und hat er sich als Dessert angeboten?

Leider nein, aber der Gesichtsausdruck, als er mich erkannte, war erste Sahne, mit Kirsche obendrauf und Streusel. Ich hab ihm dann Trinkgeld gegeben – ChakkaChakka –, und das wars dann auch. Mehr hab ich mich nicht getraut.

Ach, eine schöne Geschichte! Wie ging es dann weiter bei dir?

Die schlanke Phase war von kurzer Dauer. Ich landete immer wieder im Strudel aus Diät, Sport und erneutem Gewichtstsunami. Und dann ging es außerdem los mit den ersten Fressanfällen.

Wie kam es dazu?

Es war in etwa der Zeitraum, als ich mit besagter Projekt-Susi-Diät angefangen hatte und das erste Mal Applaus erntete. Ich war besessen davon, Komplimente, Anerkennung und Zustimmung anderer zu bekommen. Doch an diesem

Abend hielt ich das Hungern nicht mehr aus. Mit knurrendem Magen schlich ich mich im Dunkeln in die Küche. Ich musste leise sein, um ja nicht meine Eltern zu wecken.

Auf die Idee, mir einfach ein Butterbrot zu schmieren, kam ich nicht. Das Verbotene und Süße war interessanter und erfüllender. Alles in mir rief: *Ich will Zucker! Ich will Fett.* Die Süße in mein Leben ziehen, die mir fehlte. Oder die ich nicht sehen konnte? Leise öffnete ich die große Schublade und schnappte mir eine große Schüssel, dann einen Löffel und schließlich die Drei-Liter-Packung Vanilleeis, die wir im Gefrierschrank hatten. Kurz dachte ich: Was, wenn ich erwischt werde? Alle sagten ja immer, ich sei komisch, was das Essen angeht. Ich ticke da nicht richtig. Dieser immense Appetit, den das Kind hat, das kann doch nicht normal sein. Ich kann nicht normal sein. Ich bin nicht normal. Scham überkam mich. Umso trotziger riss ich die Eispackung auf. Die können mich alle mal. Mein Herz klopfte. Es war, als würde ein Staudamm brechen: Aufgeregt schaufelte ich so viel Eis in meine Schüssel, wie es eben in der Aufregung möglich war, und packte mucksmäuschenstill die Packung zurück ins Eisfach. Dann verzog ich mich mit meiner Eisschüssel in mein stilles Kämmerlein und schaufelte es gierig in mich hinein. Ich wollte einfach nur diesen süßen sahnigen Geschmack im Mund spüren und mich für einen Moment besser fühlen. Nach Tagen voller Entbehrungen, des Sichzusammenreißens und des Ignorierens von Hungergefühlen wollte ich einfach wieder essen und loslassen. Wollte meine Gefühle betäuben, mich still bekommen und mir meinen Mund stopfen, meine Emotionen herunterschlucken. Ich wollte nicht anders sein, ich wollte einfach nur dazugehören, in den Arm genommen und geliebt werden für das, was ich bin. Ohne Wenn und Aber! *Ich will nicht das brave, angepasste, leise Mädchen sein – ich will wild und frei sein dürfen. Und darum esse ich jetzt alles einfach auf.*

Es war der absolute Adrenalinkick, denn wenn meine Mutter mich erwischen würde, dürfte ich mir eine Standpauke anhören: »Du wirst immer dicker – jetzt reiß dich mal zusammen!« Sätze, die ich schon oft gehört hatte und die mich verletzten und die ich mir doch selbst ständig sagte – immer und immer wieder. Bis heute. Worte, die sich so tief in meine Seele eingebrannt haben, dass es mir auch mit vierzig Jahren schwerfällt, sie loszulassen. Mir war natürlich klar, dass ich sie sowieso am nächsten Tag zu hören bekommen würde. Auf meinen Bruder konnte ich die plötzliche Eisschmelze im Gefrierfach ja nicht schieben. Obwohl der heute noch problemlos alles essen kann. Und mein Papa ist kein großer Eisfan – der liebt eher Lakritz. Irgendwann war die Schüssel leer, und ich war es auch. Der gute Moment ist bei solchen Fressanfällen nämlich immer nur von kurzer Dauer. Danach kommen das schlechte Gewissen, die Ablehnung der eigenen Person, der laute innere Kritiker und ein nicht enden wollendes Gefühl von Versagen.

Wie haben deine Eltern reagiert, als sie die Eisschachtel gefunden haben am nächsten Tag?

Natürlich haben sie es bemerkt und mir Vorwürfe gemacht: Was soll das? Hast du dich wieder vollgestopft? Enttäuschung. Überforderung. Frustration. Aber was sollten sie tun? Ich glaube, sie waren mit mir und meinem Essverhalten völlig überfordert, und vor allem meiner Mutter passte es gar nicht, dass ich das makellose Image der Familie torpedierte. Meine schöne, attraktive, schlanke dunkelhaarige Mutter – und ihr blondes, stures, lautes und dickes Kind.
Im Grunde war ich so wie die Struwwelliese aus dem Märchenbuch, das ich als Kind geschenkt bekommen hatte. Auch ihr sagten alle, dass sie nicht so neugierig, frech und laut sein

soll. Ich habe immer wieder versucht, mich anzupassen, aus der Struwwelliese ein ordentliches, hübsches und in sich ruhendes Mädchen mit Bluse und Perlenohrringen zu machen. Es ging immer wieder nach hinten los. Jahrzehntelang dachte ich: Ich bin falsch. Und habe angefangen zu essen, um mich zu trösten und um meine Gefühle herunterzuschlucken. Anstatt darüber zu reden, habe ich mir mit Essen den Mund gestopft, und ich arbeite bis heute daran, dass ich aus diesem Kreislauf herauskomme. Die Kritik an mir, an meinem Körper, meinem Dicksein, meiner Größe zieht sich wie ein roter Faden durch meine gesamte Kindheit und Jugend. Ich hatte nie das Gefühl, dass ich und mein Körper zusammengehörten, eins waren. Vielmehr erschien es mir oft so, als würde ich morgens wie ein Kapitän auf die Brücke eines Supertankers treten und Kurs für den nächsten Zielhafen anlegen. Meine Sehnsüchte und die Antworten meines Körpers darauf waren nicht in Einklang zu bringen. Und mit niemandem habe ich darüber reden können – auch nicht mit meinen Eltern. Da war es recht simpel: Dick war da. Dick wurde kritisiert. Und das war es dann.

Ich bewundere dich unglaublich, weil ich weiß, wie schwer es dir fällt, das so aufzuschreiben. Und ich verstehe nur allzu gut, wie groß in diesen Hungerphasen die Sehnsucht ist, alles einfach mal loszulassen und den Druck, die Disziplin, das Sich-Zusammenreißen zum Teufel zu schicken. Wie ein Überdruckventil. Das ist eigentlich der größte Unterschied zwischen Magersucht, Bulimie und Binge Eating: Magersucht bedeutet, sich so zu disziplinieren, bis nichts mehr von einem selbst da ist und das Selbst nur noch aus Zusammennehmen bzw. Abnehmen besteht. Bulimiker*innen und Binge Eater*innen lassen wenigstens ab und an noch mal die Sau raus. Die Abgründe und die Tiefe des Falls sind aber dieselben.

Wie hat sich bei dir das dann in der Pubertät weiterentwickelt?

Okay. Let's go on the road to nowhere.

Learnings von Tanja

Binge Eating

Die »Binge Eating Disorder« ist anders als die Magersucht: Es geht nicht um das Verzichten auf Nahrung, sondern ums komplette Gegenteil. »Binge Eater« nehmen innerhalb kürzester Zeit übermäßig viel Nahrung zu sich und versuchen sie dann auch nicht wie Bulimiker*innen über Abführmittel oder Erbrechen wieder loszuwerden. Das Essen bleibt also im Bauch – und aufgrund der regelmäßigen Essattacken ohne Gegenmaßnahme neigen Betroffene meistens zu Übergewicht. Frequenz und Dauer der Fressanfälle sind unterschiedlich: Die Attacken können mehrmals täglich stattfinden oder wöchentlich oder mehrere Wochen dauern. Die »Völlerei« ist mit sehr viel Scham verbunden, und darum finden die Anfälle nie in der Öffentlichkeit statt, sondern immer im Verborgenen und hinter geschlossenen Türen. Die Gründe für das Zuvielessen, also das »bingen«, sind sehr unterschiedlich, aber für alle gilt: Binge Eater*innen versuchen mit exzessivem Zuvielessen ihre negativen Gefühle zu verdrängen und sie durch Nahrung zu betäuben. In den Futterattacken suchen sie Trost, Wärme, Geborgenheit und vorübergehende Befriedigung.

Die Binge-Eating-Störung ist eine ernstzunehmende Krankheit, die anders als Magersucht und Bulimie noch nicht so bekannt ist und öffentlich diskutiert wird. Einfach weniger essen reicht nicht, um eine »Binge Eating Disorder« zu kurieren. Ohne eine Therapie und die Auseinandersetzung mit der eigenen Geschichte und den Emotionen geht es meist nicht.

7
The road to nowhere – Caros Pubertät

Auch bei mir kamen die Neunziger mit ihren Boybands und einer Überdosis Sehnsucht und Sexualhormonen. Im Radio hatte ich ein Lied gehört, das mir gefiel: »Step by Step oh Baby, gonna get to you göhöhöhöhörl!« schmetterte die Boygroup »New Kids on the Block«. Ich kaufte mir von meinem Taschengeld eine BRAVO und packte das Poster von Joey, dem Babyface aus der Band, in eine Klarsichtfolie. Er ersetzte meinen alten Teddy. Aufklärung durch Boygroup – meine Mutter hatte einmal einen Versuch unternommen, mir den Unterschied zwischen Jungs und Mädchen zu erklären, da war ich aber noch viel zu jung gewesen. Ich erinnere mich gut daran, wie peinlich ihr es war, als ich bei einem Spaziergang am Bodensee »Penis« und »Vagina« brüllte. Zwar hatte ich meine Eltern und meinen Bruder oft nackt unter der Dusche gesehen, aber das war etwas anderes. Sexualität im Sinne von liebe- und lustvoller Zuwendung – darüber las ich nur in der BRAVO. War das bei dir auch so?

Absolut! Die BRAVO und Doktor Sommer waren die Aufklärer für mich und meine Cousinen. Wir haben sie heimlich unterm Schreibtisch gelesen. Hast du sie ganz offen auf deinem Schreibtisch liegen gehabt? Meine Eltern fanden die Zeitschrift »komisch«.

Meine auch. Aber sie hatten zu wenig Zeit und Muße, um genau zu gucken, was ich den ganzen Tag treibe. Ich habe die Zeitschrift von meinem Taschengeld gekauft und heimlich in meinem Zimmer gelesen. Aber ich geierte mit meinen Freundinnen damals so laut, dass klar war, dass wir nicht mehr die Kindersendung »Am Dam Des« auf ORF1 gucken. Der Clown Enrico und Helmi vom Kinderverkehrsclub waren endgültig abgelöst von Artikeln mit Überschriften wie – die habe ich mir gemerkt – »Fischschuppen am Penis?«.

Das ist grausig.

Fürwahr. Aber ich hätte Joey auch mit Schwimmhäuten am Hoden genommen. Wobei es bei der Liebe in Gedanken blieb und bei Tagträumereien, in denen er mich abholen würde – mit dem Helikopter aus Boston. Hat er leider aber nie gemacht. War wohl doch zu weit. Oder er hatte kein Netz. Wobei: Handys waren damals ja noch nicht. Und dann war ja auch schon Grunge an der Tagesordnung, und ich samt meiner harmlosen Boyband-Schwärmerei und meinen guten Noten zur Befriedung der Heimatfront war mal wieder uncool: Beavis und Butthead und Nirvana waren angesagt. Und die Jungs und Mädels in meiner Klasse begannen zu rebellieren. Die Jungs wollten so vollendet kaputt aussehen wie Kurt Cobain und die Mädchen so virtuos abgefuckt wie der neue Stern am Modelhimmel Kate Moss (Liv Tyler war damals noch nicht auf meinem Radar, das Aerosmith-Video mit ihr kam erst etwas später raus). Kate war auch für mich die kindliche Kaiserin aus Michael Endes Klassiker »Die unendliche Geschichte«. Ich wollte genauso aussehen wie sie – so dünn, dass die Jeans um die Beine schlabbern und die Hüftknochen wie Kleiderbügel hervorstechen. Aber je mehr ich abnahm, desto mehr empfand ich mich wie ein Elefant im Porzellanladen: zu laut, zu schwer und zu ungeschickt. Also ähnlich wie das Feedback, das auch du bekommen hast, Tanja. War Kate Moss für dich auch so wichtig?

Ich erinnere mich auch an einen 30-Sekunden-Werbeclip Anfang der 90er mit Kate Moss. Sie war unglaublich dünn und elfengleich, mit Augenringen, extrem dünnen Ärmchen, ei-

nem dünnen Schlabberkleidchen mit Spaghettiträgern, die damals so in waren, und sie hauchte für Calvin Klein immer wieder »OBSESSION«. Theoretisch habe ich die Faszination begriffen, aber ich muss gestehen, dass ich den Hype um Kate nie verstanden habe.

Nicht? Kate Moss' Obsession-Werbung war ein wirklich gewagter Werbecoup – denn sie sah so jung aus, als ob »Mann« noch mit dem Gesetz in Konflikt kommen würde, wenn man sich körperlich auf sie einlassen würde. Sie war die klapprige Lolita der Gegenwart, die englische Ausgabe der American Beauty Queen, die wie eine Rose in einem vollgepissten Londoner Hinterhof erblüht und in deren großen, unschuldigen Augen sich die Ranzigkeit der Welt spiegelt und doch zu glitzern beginnt, sodass alle Kevin Spaceys der Welt sich die Finger nach ihr ablecken. Ich bestaunte sie in den bunten Magazinen, die meine Mutter immer kaufte: Wenn Kate Moss einen Pappbecher mit Bier in der Hand hielt, wurde er zum glamourösen Accessoire. Sie war für mich das bildschöne Gesicht der »wasted youth«: Wie gern hätte ich mich mit den coolen Druffis, also den Suff- und Partynasen aus der Schule, beim Dorffest lässig weggeballert! In mein Tagebuch schrieb ich damals über die Clique meines Schwarms aus der Parallelklasse: »Immer wenn ich diese Jungs sehe, fühle ich mich hin- und hergerissen. Einerseits würde ich gern dasitzen und Bier saufen, rumgröhlen und Heavy Metal mit ihnen hören, andererseits aber bin ich doch wieder die brave, Klavier spielende Latein-Streberin. Brav und bieder.«

Ich geriet also in einen massiven Loyalitätskonflikt: Ich wollte dazugehören, war aber von Haus aus unfrei. Die Coolen aus meiner Schule besoffen sich in ihren Flanell-Holzfällerhemden, rauchten Zigaretten und gingen pogen, also eine Mischung aus wild tanzen und sich dabei wehtun, in der Ulmer Kneipe »Saustall«, und die Mädchen lackierten sich die Fingernägel schwarz, hatten Fußmassageroller unter der Schulbank, titulierten den Musiklehrer als Arschloch und sammelten Verweise. In diesem Wettbewerb konnte ich mit meiner ängstlichen Angepasstheit keine Wurst vom Teller ziehen. Einige Girls aus meiner Klasse wurden zudem auch schon richtig kokett und flirty. Und sie trugen die neu entwickelten Insignien ihrer frischen Sexualität stolz vor sich her. Meine erotischen Ambitionen hatten sich über das Poster-Abbusseln von Babyface Joey nicht sonderlich weiterentwickelt. Zwei Klassen über mir war Christoph, genauso milchgesichtig und blondgelockt wie Joey, und meine Freundin und ich beförderten ihn heimlich zu unserem »Love Interest« und verbrachten fortan die Pausen damit, ihn kichernd und gackernd zu beobachten. Meine Lateinlehrerin, die wiederum uns dabei beobachtete, suchte daraufhin entrüstet das Gespräch mit meinen Eltern: Ihr Kind ist frühreif! Das war mir alles vielleicht peinlich. Kannst du das verstehen, Tanja?

Natürlich, und ich erkenne mich in der Geschichte auch wieder, aber darauf kommen wir später noch zu sprechen. Also, auch deine Lehrerin war stocksteif und konnte das alles nicht locker sehen.

Sie nicht und schon gar nicht meine Eltern. Sie überbrachten mir die Nachricht mit todernstem Gesicht und erhobenem Zeigefinger. Ich schämte mich in Grund und Boden und speicherte ab: Es ist nicht normal, sich für Jungs zu interessieren. Ich darf das nicht. Etwas ist falsch mit mir.

Kurz darauf bekam ich zum ersten Mal meine Menstruation – und verstand überhaupt nicht, was da mit mir passierte. Erst mal hielt ich mich für inkontinent, weil das Blut noch nicht rot, sondern braun war. Wieder schämte ich mich tierisch, denn meine Mutter schimpfte mich, was denn mit meinen Unterhosen los sei. Dann fiel der Groschen bei ihr, und mit verzweifeltem Blick drückte sie mich an sich: »Ich hatte gehofft, dass du davon noch länger verschont bleibst!«

Es war offensichtlich also etwas Schlimmes und Ekliges, seine Periode zu bekommen. Ich wünschte mir, dass mein Körper einfach so bliebe, wie er bis vor einem Monat gewesen war. Scham. Genau das war es, was ich empfand, wenn ich an mir heruntersah: die ersten Busenansätze, die ersten Haare unterm Arm. Ich empfand meinen ganzen Körper als Schambereich. Ich fühlte mich eklig und auch zunehmend isoliert. War ich früher noch – wie übrigens viele Magersüchtige – zur Klassensprecherin gewählt worden, weil ich einen guten Draht zu den Lehrern hatte, war ich nun in jeder Hinsicht uncool – und auch beim Schulsport eine der letzten auf der Langbank, die ins Handballteam gewählt wurden.

Meine Weltbild war binär: Sollte ich eine Zero sein, also eine Null, wie sie beim Sänger der von mir verehrten Smashing Pumpkins auf dem Shirt prangte, oder sollte ich weiter für meinen Vater die Number One sein, die nur Einser mit nach Hause bringt? So viel Sollen und keine Ahnung, was ich eigentlich wollte. Ich fühlte mich leer. Wie ein CD-Rohling, auf den jeder seine Dateien aufspielen kann. Aus Angst vor dem Zorn meines Vaters und weil ich meine ohnehin unzufriedene Mutter nicht weiter belasten wollte, entschied ich mich für Leistung – Lernen war etwas, was ich konnte. Die guten Noten gaben mir als Mensch einen Wert. Und auch, dass ich ein, zwei Kilo abgenommen hatte, brachte mir positives Feedback. Also nahm ich weiter ab, »zur Sicherheit«. Dann könnte ich ja eines Tages auch mal wieder richtig reinhauen beim Essen und es genießen, sagte ich mir. Der Tag, an dem ich das in die Tat umsetzen würde, kam aber nie.

Ich hungerte also und lernte und joggte. Und wurde ganz langsam immer einsamer und trauriger – und immer dünner. Aber das Gefühl, wenigstens mich unter Kontrolle zu haben in einer Welt, in der ich nirgendwo Halt fand, das machte mich stark. Meine alten Jeans begannen um meine Beine zu schlabbern, und das machte mich stolz. Und ich träumte, wenn ich abends mit knurrendem Magen im Bett lag, von einer perfekten Zukunft: Dann war ich die

Königin der rhythmischen Sportgymnastik, die Primaballerina, die preisgekrönte Abiturientin, die an einer Eliteuni in den USA studierte. So hatte ich mich auf den Weg in die Magersucht begeben. Ohne dass ich wusste, dass es diese Krankheit überhaupt gibt.

Dass es so etwas gab, erfuhr ich etwas später von unserer Klassenlehrerin. Denn auch ein anderes Mädchen aus meiner Klasse hatte sich in diesen Teufelskreis begeben. Um sie zu schützen, nenne ich sie hier Sabrina. Ihren echten Namen kann ich natürlich nicht schreiben. Sabrina landete ungefähr ein halbes Jahr vor mir in der Klinik. In dieser Zeit erbte ich ihren Platz als Klassensprecherin und verkleinerte meine Konfektionsgröße auf Size Zero. Als die arme Sabrina nach ein paar Wochen der wenig erfolgreichen Therapie in die Klasse zurückkam, hatte sie zwar ein paar Kilos zugenommen, aber ihr Grundproblem noch lange nicht gelöst. Es entbrannte ein unausgesprochener Wettbewerb zwischen uns, bei dem es um Leben und Tod ging: Wer ist die Dünnere? Wer nimmt schneller ab? Wer wird die Königin der Magersucht? Ein Wettbewerb, in dem wir beide nur verlieren konnten, aber der Tod ist ja etwas Surreales, etwas Vages, etwas nicht Greifbares.

Die Sucht war unser Korsett: Sie gab uns furchtbar unsicheren Mädchen Struktur und Halt. Sabrina wollte die einzige Magersüchtige in der Klasse sein, denn das machte sie zu etwas Besonderem. Nicht zu etwas besonders Schönem, darum geht es ja irgendwann gar nicht mehr. Sag einer/einem Magersüchtigen »Du siehst gut aus«, und sie oder er wird vor Selbsthass zu Staub zerfallen. So etwas sagen ja nur die tumben Normalmenschen.

Die arme, optisch etwas »normaler« gewordene Sabrina kehrte also zurück, und da war ich: die überraschend abgemagerte Caro, die mit knochigem Hintern auf ihrem Klassensprecherposten hockte. Ich war zu einer unerträglichen Konkurrentin geworden. Sabrina versuchte also, mich mit abschreckenden Horrorbriefchen von der Magersucht abzubringen: »Deine Haare fallen aus, deine Regel wird ausbleiben, du frierst immer, und irgendwann bleibt dein Herz stehen!« Ich zeigte die Briefe meiner Mutter, die wie auch ich noch immer nicht wahrhaben wollte, dass ich eine ernstzunehmende psychische Erkrankung hatte. Ich genoss das Mitleid und die plötzliche Fürsorge: Meine Mutter organisierte ein moderiertes Gespräch beim Beratungslehrer. Ich schwor Stein und Bein, dass ich nicht magersüchtig war. Aber natürlich gehört es meistens dazu, dass Magersüchtige es nicht wahrhaben wollen, dass sie eine Essstörung haben. Schließlich empfinden sich Magersüchtige ja als zu dick – was sie natürlich nicht sind. In mein Tagebuch notierte ich: »Irgendwie hab ich den Eindruck, dass eher meine Eltern einen ›Psychobieger‹ benötigen. Ich weiß nicht, was das Problem bei mir sein soll? Ich möchte doch nur so gern schlank sein. Die Models in den Katalogen wirken alle so zart und leicht. Ich komme mir immer so unförmig, plump, wie ein Trampel vor. Ich stelle mich im Schulsport so ungeschickt an. Kann nicht Geräteturnen, keinen Handstandüberschlag. Die anderen blicken das voll. Aber ich mit meiner Brille. Ich bin zu blöd fürs Gymnasium, ich sehe aus wie ein Bauerntrampel. Ich bin der Loser vom Dienst. Ich hasse mich.«

Ich leugnete also, dass ich ein Problem hatte, aber durch die Gespräche mit dem Beratungslehrer waren meine Eltern sensibilisiert und alarmiert. Vor allem mein Vater tat sich schwer zu akzeptieren, dass seine doch sonst so vorbildliche Tochter, »die alles so gut macht«, psychisch krank ist. Und natürlich war es absolut undenkbar, dass er und meine Mutter und die Dynamik unserer Familie an meiner psychosomatischen Erkrankung ihren Anteil hatten. Wer ist schuld an so etwas? Da zeigt jede*r gern mit dem Finger auf den/die andere*n. Das Problem musste auf jeden Fall irgendwie zügig »in den Griff« zu kriegen sein. Und von Papas Warte aus natürlich in erster Linie von mir. Ich sollte einfach wieder zunehmen. Sie ermahnten mich: »Nun iss endlich vernünftig!«

Aber mein Körper war das Einzige, was ich kontrollieren konnte. Alles andere – die Wutausbrüche meines Vaters, die Unzufriedenheit meiner Mutter, das Beliebtheitsranking in der Schule – nicht.

Ich wollte doch einfach nur so zart sein wie die Gymastikelfen in meiner Klasse.

Mein Vater kaufte eine Waage, um mein Gewicht zu kontrollieren. Was natürlich völlig kontraproduktiv war, denn nun wurde ich noch zwanghafter. Ich driftete ab in die bizarre Numerologie der Magersucht: Body Mass Index, Untergewicht, Kalorienzählen, Jeansweiten, wie viel Gramm weniger als gestern, als letzte Woche, wie viel werde ich morgen haben. O Gott, ich habe einen Apfel gegessen, es war ein viel zu großer Apfel! Und dann Selbstverleugnung: Ich bin ja nicht krank. Nicht schlimm krank. Andere sind viel schlimmer. Ich weiß nicht, was aus Sabrina geworden ist. Denn bald kam ich ins Krankenhaus und kehrte danach nicht mehr in diese Klasse zurück, sondern wechselte die Schule.

Und was meinst du, Tanja? Ich glaube, der größte Unterschied zwischen deiner und meiner Essstörung ist der, dass ich wirklich fast draufgegangen bin und dem ganzen Spuk ein im wahrsten Sinn des Wortes »natürliches Ende« bevorstand. Du konntest dich mit Poldi, so hast du ja deinen Schutzpanzer genannt, ganz anders einrichten.

8

Schwere Knochen – schweres Herz

Ja, der Poldi war und ist ein treuer Begleiter für mich. Aber das Bewusstsein: Ich habe verdammt noch mal eine Essstörung!, das konnte ich erst mit Anfang dreißig wirklich einsehen und aussprechen. Dass mein Fett lange eine Schutzschicht war und zu einem gewissen Teil auch noch ist, das habe ich erst wesentlich später verstanden. Problembewusstsein – Fehlanzeige. Und das ist hausgemacht. Psychologische Hilfe? Ach, das ist doch nicht nötig! Zum Quacksalber gehen doch nur die »Verrückten«, die »mit einem Vogel«. Das hat meine Mama immer gesagt.

Ich wollte natürlich nicht die Verrückte in der Familie sein, wobei ich insgeheim oft glaubte, dass ich es eigentlich bin: Ich hatte immer den Eindruck, dass ich zu viele Gefühle habe. Zu laut empfinde. Und dass ich so viel Liebe brauche, dass ich nie den Hals vollkriegen kann. Zu Hause wurde jedoch so gut wie nie über Emotionen oder Probleme gesprochen, dafür war keine Zeit. Die Wahrheit ist: Dafür nahm sich niemand Zeit. Wir haben sie einfach unter den Teppich gekehrt, und zwar so lange, bis der Teppich unter der Decke klebte. »Alles nur Geschwafel.«

Dabei hätte es so viel gegeben, über das wir hätten reden müssen. Aber die Einsicht wäre für meine Eltern zu viel gewesen, glaube ich. Mein Vater war unter der Woche ohnehin kaum greifbar und freute sich, wenn er sich am Abend einfach erholen konnte. Ich weiß nicht, ob er es jemals als Druck empfunden hat, dass er uns alle mehr oder weniger allein ernähren musste. Ich meine, es wäre ein Gespräch wert, das ich mit ihm unbedingt führen möchte, in einer ruhigen Minute. Mein Papa ist jetzt schon 81, also sollte ich es wirklich tun.

Meine Mutter war als Hausfrau und Mutter völlig ausgelastet mit Kochen, Waschen, Bügeln, Putzen und Kindererziehen. Ich kann mich nicht daran erinnern, dass sie irgendwann mal nichts gemacht hat. Mal Fünfe gerade sein lassen, das gab es für sie nicht. Als Älteste von acht Geschwistern hat sie früh Verantwortung übernehmen müssen. So richtig aus dieser Rolle rausgehen und eine Runde Netflix und Chill genießen – das gibt es bei ihr eigentlich nie. Sie nimmt sich immer zusammen. Ich denke, dass Mama eine Fassade aufrechterhalten wollte – wie so viele andere Familien auch.

Der Spruch »Was sollen denn die Nachbarn denken« ist mir bis heute vertraut. Und diese Sorge, was die Nachbarn von einem denken, die hat sie aus ihrem Geburtstort Ostrózki. Diese Dorfmentalität, das »Jeder-kennt-jeden«, hat meine Mutter quasi mit der Muttermilch aufgesogen. In Ostrózki, damals hieß es noch Osterholz, wussten die Nachbarn sofort, wenn jemand Blödsinn gemacht hatte. Meine Mutter erzählt mir heute noch mit einem gewissen Stolz, dass der Hof der Familie immer »sauber« und »vorzeigbar« war – ganz besonders zu den deutschen Zeiten, als mein Urgroßvater noch der Bürgermeister war, samt Familie, Angestellten und Kindermädchen auf seinem Hof residierte und mit Zylinder, weißen Handschuhen und Frack in seiner Kutsche durchs Dorf gefahren wurde. Meine deutschen Vorfahren damals wurden zwangseingegliedert und zu Polen gemacht. Die Heimat meiner Mutter sollte auch für mich eine große Rolle spielen. Das ist mal ein Cliffhanger, Caro, oder?

Kleines Kaff – große Bedeutung? Da bin ich jetzt wirklich gespannt.

Ich würde sogar sagen: noch kleineres Kaff und tatsächlich unter »Places in the middle of nowhere« bei Facebook gelistet. Lange hatte ich Ostrózki und den großen Hof mit dem Rotklinker-Haupthaus nur aus Erzählungen meiner Mama und meiner Oma gekannt. Als sich 1989 die Grenzen wieder öffneten, kamen immer mal wieder irgendwelche Großonkels, Großcousins und Co. zu uns zu Besuch, tranken Unmengen Wodka, rauchten völlig ungeniert in unserer Nichtraucherwohnung und sprachen mit meiner Mama polnisch.

Ich wurde neugierig und wollte mehr vom Leben meiner Mutter wissen. Wollte den Hof sehen, auf dem sie aufgewachsen ist, der auch heute noch in dritter Generation vom Cousin meiner Mutter betrieben wird. 1995 war es dann so weit, und ich fuhr aufgeregt mit meiner Cousine Melanie im kleinen Golf meines Großonkels Bolek mit rasender Geschwindigkeit das erste Mal nach Polen. Und wurde mit meinen deutschpolnischen Wurzeln konfrontiert. Aus einem ursprünglich einmalig geplanten Urlaub wurden für mich drei spannende Jahre: Ich verbrachte sämtliche Ferien zwischen meinem 15. und 18. Lebensjahr in Ostrózki und wurde jedes Mal ein bisschen erwachsener.

Urlaub im Nirgendwo. Bitte bleiben Sie, es gibt hier nichts zu sehen.

Wenn man sich die Google-Maps-Luftaufnahme anschaut, kann der Eindruck tatsächlich entstehen. Es war dort weder very fancy noch irgendwie besonders schön. Aber obwohl dort nichts ist, war Ostrózki mein polnisches Bullerbü. In diesem Paradies konnte ich mich zwar anfangs nur mit Händen und Füßen verständigen, weil meine Mutter mir nie Polnisch beigebracht hatte, aber auch das störte mich wenig. Ich fühlte mich frei, ohne große Kontrolle von zu Hause, und fand es spannend, mich auf den Spuren der Kindheit meiner

Mutter zu bewegen. Und außerdem gab es dort Jungs – ein nicht unerheblicher Thrillfactor.

Ich schlief mit den Hofhunden im Heu, saß stundenlang vor Lagerfeuern, besuchte die Dorfdiscos, saß nachts mit meinem Schwarm im Hochstand im Wald oder im Zelt und knutschte heimlich. Ich verliebte und entliebte mich wieder und wieder, fuhr im Dorf ohne Führerschein Auto und landete prompt im Maschendrahtzaun der Nachbarin meiner Großtante. Ich war mutig, wild, frech und frei – ganz so, wie ich es in meinem ersten Zuhause gewesen war. Und ich war dabei wahnsinnig zufrieden. Immer wenn ich in Ostrózki war, war ich glücklich – und nahm auch ganz aus Versehen rasant ab. Das Leben war zu spannend und erfüllend, als dass ich über Essen nachgedacht hätte – und so hatte ich dort auch keine Binge-Eating-Attacken. Ich war einfach ich.

Und wie haben die Locals auf dich reagiert? Warst du eingemeindet oder eher die spannende Räuberbraut aus der Hansestadt?

Letzteres. Die Dorfjugend fand es genauso spannend, ein Großstadtkind wie mich zu sehen, wie ich mich für ihre Landidylle begeistern konnte. Jeder im Ort und auch in den benachbarten Dörfern kannte mich – und ich genoss diese Aufmerksamkeit sehr. Ich ging abends alleine aus zum Billardspielen oder saß mit den Jungs im Feld. Angst, dass mir etwas passieren könnte, hatte ich keine. Ich knutschte und fummelte, machte erste sexuelle Erfahrungen und tanzte mir in den Discos die Seele aus dem Leib.

Also wie in dem furchtbaren Technoschlager, den wir mal auf Dreh gehört haben: sexy and free!

Nein, viel schlimmer: Es war Scooter. How much is the fish.

1,50 Euro.

Eher 1,50 Promille. Ob meine Mutter damals auch so auf den Putz gehauen hat? Sie hat das nie en détail erzählt, aber wenn sie über ihre Heimat spricht, dann immer mit einer gewissen Wehmut. Doch dem noblen Ruf meines Bürgermeister-Urgroßvaters wurde ich offensichtlich nicht gerecht. Denn meine sexy and free Ferientage in Ostrózki blieben nicht lange geheim: Kaum war ich eine Woche zu Hause, wurden meine »Schandtaten« per stiller Post aus der alten Heimat zu meiner Mutter weitergereicht. Sie durfte sich anhören, dass ich die Schlampe des Dorfes sei und mich »durchvögelte«. So richtig in Frage gestellt hat sie diese Anschuldigungen leider nie, was ich ihr bis heute übel nehme, sondern sie beschimpfte mich.

Das erinnert mich an die »Ihre Tochter ist frühreif«-Standpauke.

Ja, und sie hat wie bei dir auch bei mir eine ähnliche Verunsicherung hinterlassen: War ich wirklich so schlimm? War es schlimm, mit Jungs abzuhängen? War es irgendwie »unsittlich«, erste Erfahrungen zu sammeln? Tanzen zu gehen, jung und ausgelassen zu sein und das Leben zu lieben? Okay: Dass ich einmal so viel Karamellbier getrunken habe, dass mir schwindelig wurde, das hätte ich mir sparen können. Vielleicht habe ich auch das ein oder andere Mal zu viel Wodka probiert – aber ich musste doch auch erst lernen, wo meine Grenzen sind. Wieder zu Hause, war ich wütend über die Gerüchte, regte mich darüber auf, dass meine Mutter mich als Schlampe ansah, und aß wieder alles durcheinander. Es war ein ständiger Kreislauf aus Zu-viel-Essen und Hungern. Aus ständigem Bewertetwerden und sich selbst bewerten. Aus Abnehmen und Wiederzuzunehmen. Ein turbulentes Auf und Ab, emotional und auf der Waage, das an meinen Kräften zehrte.

Also bist auch du – so wie ich damals – in einen Loyalitätskonflikt geraten, der dich kaputtgemacht hat?

Exakt. Nach außen tat ich alles, um dem »anständig, sauber und ordentlich«-Image meiner Familie zu entsprechen, aber ich hatte begriffen, dass ich meine »How much is the fish – Rock'n'roll in Polen«-Seite nur verdeckt ausleben durfte – so wie auch meine Fressattacken. Alles, was mir Spaß machte und wo ich auf den Putz hauen konnte, fand heimlich statt. Nur wenn die Eltern nicht hinschauten, traute ich mich zu rebellieren. Ich klaute zum Beispiel den Schrebergartenschlüssel aus unserem teuren, aber hässlichen Messingschlüsselkasten (den haben meine Eltern heute noch) und hing abends mit meinen Freundinnen im Garten ab, um Erdbeersekt zu trinken (wie ich das trinken konnte, bleibt mir weiterhin ein Rätsel). Den Schlüssel hängte ich später heimlich zurück, und niemand merkte etwas. Meine Freundinnen und ich gingen auch oft tanzen, in einer polnischen Disco, aus Nostalgiegründen. Und für diese Ausflüge mit Erdbeersekt und fancy Klamotten brauchte ich natürlich Geld – mehr als meine Eltern mir gaben.

Ich fing mit 15 also an zu jobben: Drei Mal die Woche arbeitete ich im Krankenhaus auf der Neugeborenenstation und brachte den werdenden Müttern ihre Mahlzeiten. Irgendwie bezeichnend, dass auch mein erster Job etwas mit Essen zu tun hatte. Auf einem Servierwagen karrte ich abgepacktes Vollkornbrot und portionierten Aufschnitt in die Zimmer. Ich erinnere mich noch an den »Schweineeimer«, in dem alle Essensreste landeten und den ich nach getaner Arbeit wegbringen musste. Ürgs. Ich trug einen weißen Kittel, weiße quietschende Birkenstocklatschen, meine Haare als blonden Bob und sah aus wie die Unschuld vom Lande.  Meinen harmlosen Look wusste ich mir nach getaner Arbeit zunutze zu machen: Weil mir auch das selbst verdiente Geld nicht reichte, um mein Partyleben zu finanzieren, fing ich an, Kleidung zu klauen. Mit der Zeit wurde ich immer dreister, kannte die Ladendetektive und wusste, nach wem sie Ausschau hielten. Das war nach allen Regeln des racial profiling meistens nicht ich, sondern eher südländisch aussehende Kunden. Mich schwedenblonde junge Frau – so hieß meine Haarfarbe aus der Tube damals – verdächtigte so schnell niemand. So hatte ich auf einmal die schönsten Klamotten.

Meiner Mom sagte ich, dass ich im Ausverkauf ein paar Schnäppchen ergattert hatte. Little did she know. Das ging ungefähr ein halbes Jahr so. Ich zog wöchentlich in der Innenstadt meine Runden, wurde dann aber letztendlich doch irgendwann erwischt und landete auf der Polizeistation. Ich erinnere mich noch gut, wie kackendreist ich damals war. Ich fragte tatsächlich, ob ich hier rauchen darf?! I mean – was ging in meinem Teenager-Hirn bitte vor?

Nach dem Verhör wurde ich wieder nach Hause geschickt und bekam ein paar Wochen später eine Vorladung, zu der meine Eltern mich begleiten mussten. Als sie die Vorladung in der Hand hielten, fielen sie aus allen Wolken. Die Gardinenpredigt war die mit der Goldkante: »Du bist echt unfassbar! Du hast doch nicht mehr alle Tassen im Schrank! Du kommst ins Heim! So was macht man nicht! Wir schämen uns für dich! Das glaube ich jetzt nicht! Wer hat dir so was beigebracht? Das kommt davon, wenn man mit den falschen Freunden verkehrt. Ab jetzt ist Schicht im Schacht!«

Bei der Polizei saß ich da wie ein begossener Pudel. Ich schämte mich so, ich wäre am liebsten im Boden versunken. »Wollen Sie die Aussage im Beisein Ihrer Eltern machen oder ohne sie?«, fragte die Polizistin. Ich wählte ohne sie. Aus Scham einerseits, aber es war irgendwie auch wieder ein Akt der Rebellion. Was den beiden überhaupt nicht gefiel. Ich bekam zum Glück keinen Eintrag und musste auch keine Sozialstunden oder Sonstiges ableisten. Ich hatte verdammtes Glück, und die Polizistin sagte mir, dass sie mich hier nie wieder sehen will. Das hat sie dann auch nie wieder.

Scham ist bis heute ein zentrales und wichtiges Gefühl für mich. Scham und Schuld. Und diese beiden Trolle machten mir auch mein kleines Bullerbü in Polen kaputt. Bei meinem letzten Urlaub in Ostrózki wurde ich Opfer eines sexuellen Übergriffs. Auch dieses Erlebnis ist ein Grund für den Panzer, den ich mir zugelegt habe. Das wusstest du nicht, Caro.

O Gott, nein, das wusste ich nicht. Aber ich weiß, dass so ein traumatisches Erlebnis für viele Mädchen mit Essstörungen Thema ist. Was ist dir damals passiert?

Wir waren eine Gruppe von Jungs und Mädchen, die abends in der Dorfdisco waren, so circa vier Kilometer entfernt. Ich weiß, dass ich Alkohol getrunken hatte, aber ich schwöre bei Gott, nicht zu viel. Mir war immer wichtig, dass ich im Vollbesitz meiner geistigen Kräfte bin. Ich erinnere mich nicht mehr an alles ganz genau, weil ich sehr viel verdrängt habe. Aber ich weiß noch, dass ich ein schwarzes Kleid mit einem weißen T-Shirt darüber trug. Wir hatten gemeinsam lustige Stunden verbracht, und ich wollte die letzten 500 Meter nach Hause zu Fuß laufen, denn es war so ein schöner, lauer Sommerabend. Die Grillen zirpten, und ich weiß noch, dass die frisch gemähten Wiesen so unglaublich gut rochen. Glühwürmchen leuchteten an den Feldwegen, der Himmel war sternenklar. Ein Junge aus dem Dorf bot mir an, dass er mich die paar Meter um die Ecke nach Hause fahren könnte: »Es geht ganz schnell«, sagte er. »Dann brauchst du nicht den Weg mit deinen hohen Schuhen über das Kopfsteinpflaster im Hof zu gehen.« Das klang plausibel! Ich weiß noch, dass er sich mit einem breiten Grinsen und einem Handschlag von seinem Kumpel verabschiedete, bevor er ins Auto stieg. »No hodz«, sagte er zu mir. Was so viel bedeutet, wie: »Na komm schon, los.« Ich dachte mir nichts weiter bei dem großen Grinsen, bis ich merkte, dass er anstatt links zum Hof rechts in den abgelegenen Wald fuhr und fest davon überzeugt war, dass er jetzt mit mir Sex haben würde. Er stellte die Sitze nach hinten und fing an, an mir herumzufummeln. Ich fragte: »Was soll das? Wir sind doch so was wie Freunde.« Und ich suchte meine polnischen Vokabeln in meinem Kopf zusammen: »Ja to ne che!« Das heißt: Ich will das nicht. Ich wehrte mich mit Händen und Füßen. Doch er drückte mich nach hinten, und obwohl er um einiges kleiner war als ich, war er unfassbar stark. Er drückte mich in den Sitz und machte seine Jeans auf. Ich redete panisch unentwegt weiter, machte ihm klar, was für Folgen ungeschützter Geschlechtsverkehr haben kann, und fragte ihn, fast monoton, ob er denn Kinder wolle. Das war das Einzige, was mir in meiner Not immer wieder in Polnisch durch den Kopf schoss und wieder und wieder aus meinem Mund kam. Ich schrie ihn an und schaffte es irgendwann, ihm einmal kräftig in die Weichteile zu treten. Da ließ er von mir ab, zwang mich aber trotz seiner sichtlichen Schmerzen dazu, ihn mit der Hand zu befriedigen. Ich hatte kein Zeitgefühl, wie lange das alles gedauert hat. Ich kann mich auch nicht mehr an alles detailgetreu erinnern, aber ich weiß, wie ich mich danach fühlte. Wie ein Haufen Elend, wie ein Stück Scheiße, dreckig und benutzt. Kurz davor, einfach zu schreien, und völlig aufgelöst. Gott sei Dank kam es nicht zum Äußersten.

Ich konnte so nicht nach Hause zu meiner Tante gehen, das funktionierte für mich nicht. Ich wollte schreien, weinen, meine Klamotten verbrennen, mich ganz schnell duschen und einfach nur weg von hier. Überall an mir klebte sein Geruch – eine kaum auszuhaltende Mischung aus Bier und billigem Aftershave. Ich kriege heute noch Gänsehaut, wenn ich so eine Mélange irgendwo rieche. Also klingelte ich bei meiner Freundin im Dorf und schilderte ihr, was passiert war. Ich sagte ihr, dass ich zur Polizei muss, dass ich nicht weiß, wie ich da hinkommen soll. Ich kann die Sprache nicht perfekt sprechen. »Kommst du mit?«

Sie wollte nicht und meinte, ich solle es gut sein lassen. Ich entschied mich dann auch aus Angst dagegen: Es hätte mir ohnehin keiner geglaubt, und ich fragte mich auch: Was wird meine Mutter sagen und von mir denken? Ich stellte meiner Freundin viele wirre Fragen, trank eine Tasse Tee bei ihr, heulte wie ein Schlosshund und ging schließlich irgendwann zurück zum Haus meiner Tante und erzählte ihr – NICHTS. Ich wusste nicht wie. Stattdessen ging ich unter die Dusche und wusch all den Dreck, all die Emotionen und meine Scham weg. Ich schrubbte und schrubbte und quietschte fast vor Sauberkeit, als ich fertig war. Das Kleid stopfte ich in eine Tüte und schmiss es weg. Ich packte voller Wut und Traurigkeit meine Koffer, denn am nächsten Tag sollte ich nach Hause, nach Hamburg fahren.

Mein Cousin brachte mich am Folgetag mit seinem Traktor zur Bushaltestelle. Als wir uns verabschiedeten, fragte er mich, ob mir denn das »Ficko Fago mit J.« Spaß gemacht hätte. Er lachte dabei, und ich weiß, dass er sich nichts Böses dabei gedacht hat. Er war fünfzehn und dachte, dass er sich einen Spaß erlaubt. Aber mir stand das Entsetzen ins Gesicht geschrieben. J., der Idiot, hatte voller Stolz erzählt, dass er mich mal so richtig »gefickt« hätte, und diese Nachricht verbreitete sich bereits wie ein Lauffeuer im Dorf. Ich stand fassungslos an der Bushaltestelle, grinste meinen Cousin an und sagte: »Tschüs, bis zum nächsten Mal.« Ich kam nie wieder.

Das ist jetzt mehr als dreiundzwanzig Jahre her, und seitdem bin ich nie wieder dort gewesen. Ich habe meinen Eltern nichts erzählt und habe lange gebraucht, um diesen Ort, den ich als junges Mädchen so sehr in mein Herz geschlossen hatte, wieder zu vergessen. Ich wollte dort niemals mehr hin – ich schämte mich zu sehr, dabei habe ich NICHTS getan! Mir fehlten der Zusammenhalt, die Freiheit und das unbeschwerte Leben im Dorf. Ich ließ diesen Teil zurück und wurde erwachsen. Ich suchte mir neue Freunde und ignorierte die Fragen und Briefe meiner Freunde aus dem Dorf, warum ich nicht mehr komme: Wieder schluckte ich meine Gefühle herunter und gab mir insgeheim selbst die Schuld. Verstehst du das, Caro? Verstehst du mich?

Mehr noch: Ich fühle mit dir. Und es tut mir wahnsinnig leid, und es macht mich wütend, weil so viele Frauen sich schuldig fühlen. Wenn frau wie Dreck be- und misshandelt wird, dann spricht die Kinderseele in ihr: Ich muss ja ein böses Mädchen sein, dass sich mal wieder falsch benommen hat, sonst würde mir ja so etwas nicht angetan. Und grober Rape-Culture-Unfug à la »Kein Wunder, wenn die sich so aufreizend anzieht« ist Wasser auf die inneren Mühlräder. Wusstest du, dass eine Eurobarometer-Umfrage aus dem Jahr 2016 ergeben hat, dass immerhin 27 Prozent der befragten Europäer der Ansicht sind, eine Vergewaltigung sei gerechtfertigt, wenn die Frau betrunken oder auf Drogen ist oder jemanden mit zu sich nach Hause genommen hat oder versäumt hat, klar Nein zu sagen? Das ist zutiefst verstörend, finde ich. Wenn eine Frau in ihrer Kindheit oder Jugend Opfer von Misshandlungen und/oder sexuellen Übergriffen wurde, dann hat sie statistisch gesehen ein mehr als doppelt so hohes Risiko, an einer Essstörung zu erkranken. Die einen versuchen sich dann alle weiblichen Rundungen wegzuhungern, damit sie nicht attraktiv für Männer sind. Die anderen legen sich einen Panzer zu, der sie schützt. Je schlimmer der Missbrauch, desto ausgeprägter die Essstörung. Ich habe von einer Bekannten, die so ein Missbrauchsmartyrium als junges Mädchen überlebt hat, einmal gehört, dass sie durch ihre dicken Oberschenkel den Weg zu ihrer Vagina einfach versperren wollte. Insofern hat dieses Erlebnis vermutlich deinen Umgang mit Essen eher zementiert, oder?

Mein Essverhalten war nach dem Übergriff in Ostrózki einer steten Achterbahnfahrt unterworfen. Ich schaffte es zwar auch immer wieder, phasenweise abzunehmen, nahm danach aber auch wieder zuverlässig und noch mehr als vorher zu – ein Teufelskreis, aus dem ich keinen Ausweg wusste. Jahre habe ich gebraucht, um zu begreifen, warum das bei mir alles so ist, wie es ist. Jahrzehntelang bekämpfte ich nur das Symptom und zog immer wieder wie eine wackere Kriegerin in die nächste Diätschlacht, in das nächste brandneue Ernährungskonzept, in das nächste Magic-Weightloss-Programm. Doch nichts klappte dauerhaft.

    Manchmal fühlt es sich auch heute noch an, als müsste ich unfassbar schwere Lasten auf meinem Rücken tragen. Als wären es nicht nur meine Lasten, sondern auch die der Frauen vor mir. Meine schweren Sorgen und Ängste – verschlossen in meinem Herzen. Während ich also hungerte und dann wieder viel zu viel aß und meine Diäten-Jojo-Effekt-Karriere steil bergauf ging, hast du aufgehört zu essen, liebe Caro. Wie ging es denn dir in der Pubertät, als dein Körper fraulicher wurde?

9

Eingesperrt in der Todeszone

Das kann ich ganz klar benennen: Ich hasste meinen Körper. Ich fand ihn einfach nur abstoßend. Während sich die anderen Mädchen über ihre wachsenden Busen freuten und die Jungs darauf mit exponentiell wachsendem Interesse reagierten, quälte ich mich zum Joggen, um Kalorien zu verbrennen, lernte Lateinvokabeln und versteckte meinen klapprigen und immer frierenden Körper unter riesigen Wollpullovern, Snowboardjacken und hinter meiner verhassten Kinderbrille. Überhaupt flüchtete ich mich in meine vergangene Kinderwelt. Ich malte Tigerenten in mein Tagebuch, hörte zum Einschlafen die alten Fünf-Freunde-Kassetten und wünschte mir, dass mein inneres Martyrium irgendwann von selber aufhören würde. Jeder Tag fühlte sich an wie ein nie aufhörender Kampf mit mir selbst, ein 24-stündiges Zähnezusammenbeißen und Durchhalten bis … ja, bis was? Bis zum Tod? Ich war gefangen in einem System der Paranoia, in einer Festung des Zwangs und wollte allen zeigen, dass ich es nicht mehr ertrage: den von mir internalisierten Perfektionismus, die Spannungen in der Klassengemeinschaft und die Spannungen in meiner Familie. Und mich selbst.

Schon die kleinsten völlig normalen Auseinandersetzungen in der Schule warfen mich in meinem Anspruch, alles richtig machen zu wollen, emotional völlig aus der Bahn: Im November 1994 bekam ich in der Schule einen Verweis, weil ich einer Mitschülerin während der Klassenarbeit vorgesagt hatte, und mein Deutschlehrer wollte mir eine Sechs wegen fehlendem Leistungsnachweis geben: Ich hatte vergessen, die daheim brav erledigten Hausaufgaben einzupacken. Wegen einer Unachtsamkeit den mir hart erarbeiteten Schnitt zu versauen war ein Debakel für mich. Da stand er also, der Deutschlehrer, und schrie mich an, ließ all seinen Frust über die Pubertiere, die nicht so recht seinem Unterricht folgen wollten, seine Wut über den eigenen Kontrollverlust und den mangelnden Respekt der Klasse ihm gegenüber an mir aus.

Männer, die mich anschreien, und das Ohnmachtsgefühl, das das bei mir hinterlässt, das vertrage ich damals wie heute nicht. Heute weiß ich mich zu wehren. Damals aber fühlte ich mich den brüllenden Autoritäten, also meinem Vater und meinen Lehrern, völlig ausgeliefert. Mit jedem Brüller zerbrach etwas in mir, und ich fühlte mich immer noch mehr als Versagerin. Die Schuldgefühle lösten, wenn ich dann allein war, autoaggressive Schübe aus: Ich schlug aus lauter Selbstverachtung auf meine Beine ein oder zerkratzte mir die Arme, bis sie bluteten. Danach schämte ich mich für meinen Ausbruch.

Schuld und Scham: zwei mächtige Dämonen. Ich wusste, dass das so nicht lange weitergehen würde. Meinem Tagebuch vertraute ich mich an: »Ich bin müde geworden. Wie eine alte Frau. 90 Jahre und doch noch 15. Im Fernsehen sitzen Rentner, die behaupten, sie hätten die Kraft der zwei Herzen. Ich sitze in meinem Zimmer und meine, ich habe kein Herz mehr. Ich bin nur müde.« Auch mein behandelnder »Nervenarzt«, so inserierte er damals noch im Branchenbuch »Gelbe Seiten«, den meine Eltern in ihrer Überforderung konsultiert hatten, um mein Problem in den Griff zu kriegen, fand, dass es besser sei, wenn ich stationär behandelt würde. Am 7. Dezember 1994 schrieb ich nur knapp: »Ich komme in München in die Klinik. Übermorgen.«

Ich hatte noch zwei Tage Zeit, mich in der Schule zu verabschieden – von meinen Mitschülerinnen und vor allem von der Lehrerin, die mich in den »Sonderkurs für ausgewählte Schüler – Kreatives Schreiben« geholt hatte. Dass ich dort aufgenommen worden war, hatte mich sehr stolz gemacht – für ausgewählte Schüler, Elite quasi. Das war genau das, was meinen Vater stolz machte. Und mir bewies es, dass mein »Output« stimmte und ich ja doch irgendeinen Wert haben musste. Nun musste ich aber dem geliebten Kurs Auf Wiedersehen sagen.

Die Verabschiedung von meiner Lehrerin hat mich damals sehr beeindruckt. In mein Tagebuch schrieb ich: »In der Schule ging ich zu ihr und informierte sie, dass ich nicht mehr ins Kreative Schreiben kommen könne. Sie schrie: ›Nein!‹ Ich sei eine Stütze und ein wichtiges Mitglied im Kurs. Ich erklärte, ich müsse ins Krankenhaus. Sie rief wieder: ›Nein! Das geht nicht. Warum denn?‹ Ich: ›Frau S.! Ich habe die Magersucht!‹ Sie: ›Nein! Jetzt brauche ich erst mal einen Stuhl, auf den ich mich setzen kann. Ich Volltrottel habe das nicht bemerkt!‹ Ihr standen Tränen in den Augen, sie umarmte mich ganz lange vor allen Schülern. Dann erzählte sie, sie habe die Fresssucht. Zitat: ›Da sitzen wir uns gegenüber, schreiben Gedichte und lügen uns an.‹ Ihre Tochter hat auch die Magersucht und ihre zweite Tochter Bulimie. Ich war von den Socken.« Ich bin auch immer noch von den Socken, dass sie das in dieser Situation zugegeben hat. Der Satz ist hängen geblieben bei mir: »Da sitzen wir, schreiben Gedichte und lügen uns an.« So war es ja irgendwie auch lange bei uns, Tanja. Beziehungsweise haben wie die eigentlich wichtigen Themen gemieden, um die Fassade aufrechtzuerhalten.

Ja, und ich bin froh, dass wir das nicht mehr machen. Ich will ehrlich sein, mit anderen darüber sprechen und meine Gefühle zulassen. Darum ist mir dieses Buch auch so wichtig, weil wir unbedingt über Essstörungen sprechen müssen. Jedes fünfte Mädchen in Deutschland ist essgestört. Das ist eine Zahl, die höchst alarmierend ist. Unsere verkappten Ideale geben allen Menschen das Gefühl des Nicht-genug-Seins: Ob es Schönheitsideale sind oder der allgemeine Erfolgsdruck. Scheitern ist irgendwie keine Option. Wir müssen alle erfolgreich, unabhängig und gut drauf sein – und dabei natürlich blendend und blutjung aussehen. Aber jetzt reg ich mich

schon wieder so auf. Wie ging es weiter bei dir, du armes klappriges Schlossgespenst?

Anfang Dezember kam ich auf die Kinderstation im Krankenhaus in Schwabing, wo sich alles traf, was nicht gesund war und einem das Herz brach: Kinder mit Epilepsie, Babys mit Sehstörungen und in ein paar Zimmern eben wir Mädchen, und der eine unglaublich sanfte und klassische Gitarre spielende Junge mit Magersucht und/oder Bulimie. Mein Teddybär und ich bekamen ein Bett in einem Fünferzimmer angewiesen, stellten unsere Habseligkeiten auf ein schmales Wandbrett und warteten, dass die anderen aus der Therapiestunde bei der einen Psychologin, die für uns alle da war, zurückkamen. Wir hatten einen Gemeinschaftsraum, in dem wir auch zusammen essen sollten und in dem jeder ein paar Lebensmittel seiner Wahl in abschließbaren Fächern unterbringen durfte. So hatten wir neben ein paar Packungen Müsli auch bald ein paar Kakaomotten und Maden zu Gast. Ich habe rückblickend den Eindruck, dass die Klinik damals völlig überfordert war mit uns essgestörten Kindern: Gerade was die Nahrungsaufnahme angeht, waren wir ziemlich uns selbst überlassen. Zwar wurden wir dazu angehalten, jeden Tag – je nach individuellem Körpergewicht – ein bis zwei Flaschen Fresubin, also hochkalorische Astronautennahrung (damals erhältlich in den Geschmacksrichtungen Vanille, Schoko, Nuss und Müsli) zu trinken, um alle nötigen Vitamine zu erhalten und eine Grundsicherung unseres Gewichts zu gewährleisten, aber einen strikten Essensplan, mit dem wir wieder gelernt hätten, wie und was »normal essen« ist, gab es nicht. Bis auf die Stunden bei der Therapeutin gab es auch niemanden, der oder die eine Spezialausbildung für Essstörungen hatte und als Ansprechpartner für uns zur Verfügung stand.

Wenn ich das lese, wird mir ganz anders. Meinst du, es lag daran, das man damals einfach noch keinen richtigen Plan hatte, was den Umgang mit Essstörungen angeht?

Das kann ich nicht beurteilen, und ich möchte auch meinen Einzelfall nicht generalisieren. Aber das, was ich damals dort erlebt habe, war wirklich nicht ideal. Wir waren mit den absolut netten, aber was unser Krankheitsbild angeht, einigermaßen ahnungslosen Pflegekräften im Wesentlichen uns selbst überlassen. Raus an die frische Luft durften wir nicht. Durch die Fenster sahen wir die kalten vorweihnachtlichen Dezembertage vorübergehen. Jeder Tag begann damit, dass wir zum Wiegen antreten mussten, damit kontrolliert werden konnte, ob wir schon zugenommen hatten. Wir mussten uns dafür immer ganz ausziehen, weil zuvor schon so manche Patienten kleine Gewichte in ihren Taschen versteckt hatten, um die Ärzte und sich selbst zu betrügen. Erst danach gab es Frühstück, denn ein weiterer alter Magersuchtstrick bestand darin, sehr viel Wasser zu trinken, um der Kontrollwaage vorzugaukeln, dass man nicht doch wieder heimlich auf Diät gegangen war. Ein Liter Wasser – ein Kilo mehr. Aber nach dem Pieseln war eben das Kilo schon wieder perdu.

Je nach Ergebnis auf der Waage war die Stimmung. Meistens weinte mindestens eine von uns, weil sie zugenommen hatte. Magersucht ist eben eine Suchterkrankung – und mehrere Magersüchtige auf einem Haufen bedeutet einen tödlichen Konkurrenzkampf, wer die Dünnste im ganzen Land ist. Das würde zwar keine zugeben. Aber mehr denn je begann ich dort, mich mit den anderen zu vergleichen.

Nach dem Wiegen und dem Frühstück ging das Therapieprogramm los: In der Gruppenstunde erzählte ein gerade mal zehn Jahre altes Mädchen, dass sie sich kleine Beutel in den Halsausschnitt ihrer Shirts genäht hätte, um beim Essen mit der Familie hinter der Serviette das halb zerkaute Essen dort hineinzuspucken.

So wollte sie ihre Eltern in dem Glauben lassen, dass sie eigentlich ganz normal aß. Wir anderen waren beeindruckt von derlei Erfindergeist. Einige von uns fragten sich, warum sie nicht selbst auf so eine geniale Idee gekommen waren. Ich bezweifle allerdings, dass die Eltern des Mädchens das nicht doch beim Waschen der Kleidung bemerkt haben. Schließlich war sie nun ja auch genau wie wir im Krankenhaus gelandet. Ein andermal mussten wir uns gegenseitig filmen, um die Wahrnehmung unserer Körper zu korrigieren. Denn Magersüchtige sehen sich ja nicht realistisch, wenn sie in den Spiegel schauen. Ich fühlte mich hässlich und elend dabei und schämte mich in Grund und Boden – weil ich mir im Vergleich zu den anderen dick vorkam. An meiner falschen Wahrnehmung änderte sich also nichts. Und noch heute habe ich kein Gefühl dafür, wie ich aussehe. Wie geht es denn dir da eigentlich, Tanja?

Ich habe auch heute noch Probleme mit meiner Körperwahrnehmung. Allerdings andersrum. Tatsächlich nehme ich mich heute gar nicht mehr als so dick wahr, wie ich eigentlich bin. Manchmal finde ich das sogar praktisch. Mein Körpergefühl unterliegt Schwankungen. Manchmal geht ein Fenster auf, und ich spüre mich wieder. Wenn ich dann aber merke, wie schwer ich bin, dann möchte ich weinen. Ich wünschte, dass meine Wahrnehmung nicht so verzerrt wäre. Woher kommt diese Wahrnehmungsstörung?

Wenn ich das wüsste! Es gehört aber zum Krankheitsbild und macht natürlich Außenstehende wie Eltern und Freunde, die einen realistischen Blick haben, völlig wahnsinnig. Ich habe meine bis heute verzerrte Wahrnehmung nun aber einfach angenommen und bin mir bewusst, dass ich die Stellen, die ich nicht so sehr mag, selektiv und ganz besonders intensiv sondiere und beobachte. Vor allem meine Oberschenkel und meinen Po – und seit ich vierzig geworden bin, auch mein (Hänge-)Kinn. Aber heute bewegt sich das in einem sehr entspannten Rahmen. Ganz anders damals – da war ich wirklich besessen, verglich mich permanent mit anderen: Egal, wie dürr ich war, es kam mir noch immer zu viel vor. Vermutlich wäre mir mein Hintern auch noch zu viel gewesen, wenn er statt konvex konkav gewesen wäre, also praktisch nicht existiert hätte.

All das hätte ich gern meiner neuen Therapeutin in München anvertraut. Aber wir wurden nicht so recht warm miteinander. Ich konnte kein Vertrauensverhältnis zu ihr aufbauen, nachdem sie mich in einer der ersten Stunden als zynisch bezeichnet hatte, was ich als Beleidigung empfand. Wir beließen es also bei einer Art nüchterner Vertragsverhandlung. In mein Tagebuch schrieb ich damals: »Gestern hat Frau Dr. F. mit mir geredet. Man muss 7000 Kalorien essen, um 1 Kilo zuzunehmen. Sprich 1000 Kalorien pro Tag in einer Woche. Wenn ich zunehme, darf ich vielleicht bald wieder heim.« Mal ganz abgesehen davon, dass meine Rechnung schlichtweg falsch war, da 1000 Kalorien pro Tag eine strenge Diät sind, verstand ich also noch immer nicht, dass das Dünnsein nur ein äußeres Zeichen meines inneren Leidens war. Und ich unterschätzte, wie schwer es mir fallen würde, das Dünnsein aufzugeben. Am 19. Dezember 1994 jammerte ich in meinem Tagebuch: »Gestern habe ich zwei Stück Apfelkuchen gegessen. Trotzdem habe ich nicht zugenommen. Ich wiege 43,1 Kilo. Je mehr ich abnehme, desto dicker komme ich mir vor. Die Magersucht ist nicht besser, sondern schlimmer geworden.« Ich ahnte noch nicht, wie schlimm sie noch werden würde. Der Dezember verging, das neue Jahr kam, und ich arbeitete daran, meine Suchtkrankheit und mich theoretisch besser zu verstehen, dabei aber im Wesentlichen einfach so dürr bleiben zu können, wie ich war: »Die Magersucht war eine Trotzreaktion. Ich wollte Protest zeigen, mich ablösen von meinen Eltern. Doch durch die durch die Anorexie entstandenen Kontaktschwierigkeiten mit Freundinnen suchte ich die Nähe zu meinen Eltern noch extremer. Die Magersucht ist also: Trotz und Ablösung, aber gleichzeitig Rückzug nach Hause und Schutz vor Streitereien mit daheim. Dazu bringt sie mir noch Selbstachtung durch die Gewalt über meinen Körper. Durch mein mangelndes Selbstbewusstsein probiere ich, es jedem, vor allem meinen Eltern, recht zu machen, damit ich gelobt werde. Der einzige Weg, davon loszukommen, ist MEIN Weg. Ich muss mich selber mögen. Ich brauche Freundinnen als Vertrauenspersonen und muss mich auch mit deren Problemen auseinandersetzen. Und ich habe auch gelernt, wie ich mich am besten verhalte, wenn ich mir zu dick vorkomme. Ich darf nicht darauf hören, wie ich mich sehe (denn ich sehe mich falsch), sondern ich muss hören, wie ich mich fühle.« Mit diesen theoretischen Einsichten glaubte ich die Kurve zu kriegen und gaukelte mir vor, jetzt geheilt zu sein.

Am 9. Februar brach ich die Therapie ab, und meine Eltern holten mich wieder nach Hause. Um mein Umfeld zu ändern und aus der Klassengemeinschaft herauszukommen, in der ich nicht so recht Anschluss gefunden hatte, wechselte ich die Schule. Die einzige, die in Frage kam, war das Humboldt-Gymnasium, eine recht elitäre Lateinschule mit vielen Kids aus Bildungsbürgerfamilien, die bei »Jugend musiziert« brillierten. Als Magersüchtige wurde ich von vielen schief angeschaut. Etwas stimmt doch bei der nicht, dachten sich viele. Die Außenseiterrolle, die ich damit schon wieder einnahm, machte also nichts besser.

Und natürlich hatte sich auch bei uns zu Hause nichts verändert: Schon beim ersten Streit mit meinen Eltern beschloss ich also automatisch, wieder abzunehmen. Um sie zu bestrafen. Um mich zu bestrafen. Als mein Vater meinen erneuten Gewichtsverlust realisierte, schimpfte er mich aus und drohte, mich sofort wieder einzuweisen. Meine Mutter weinte. Aus den 44 Kilo wurden 43, dann 42, 41, 40. Nachts plagten mich Horrorträume, morgens schmerzte mein Po, weil die Knochen selbst im Bett durch die Haut drückten. An Schule war nicht mehr zu denken. Meine autoaggressiven Zustände wurden immer manischer, und der Hausarzt schlug Alarm, weil ich durch die Unterernährung Wasser im Herzbeutel hatte und akute Herzinfarktgefahr bestand. Meine Eltern hatten mir nach der

Zeit in München eine neue Therapeutin in Ulm besorgt. Sie verschrieb mir Neurocil, ein starkes Beruhigungsmittel, und überwies mich als Notfall in die Psychiatrie.

Am 13. Juni 1995 kam ich also wieder in die Klinik. Dieses Mal nach Augsburg, ins Klinikum Josefinum – zunächst auf die organische Station, wo ich mit Infusionen und Fresubin aufgepäppelt wurde, denn angesichts meines lebensbedrohlichen Untergewichts war ich gar nicht therapierbar, was mein Seelenleben anging. Auch essen musste ich jetzt. Nicht mehr nur klein geschnittenen Apfel mit Wasser und Milch übergossen und mit etwas Zimt gewürzt – das war das Einzige gewesen, was ich noch gegessen hatte –, sondern Suppe und Braten, Semmeln und Aufschnitt. Normal eben. Normal sein, so wie alle anderen auch, nicht mehr magersüchtig, das musste ich aushalten lernen. Eine extrem hohe Dosis Neurocil und das Antidepressivum Aponal halfen mir dabei.

Es war eine bewusste Entscheidung der Klinik, mich von allem zu isolieren und ruhigzustellen. Das hieß kein Fernsehen, keine Telefonate mit zu Hause, kein Briefwechsel, kein Besuch – nur ein bisschen Radio durfte ich hören. Die meisten Magersüchtigen verschlafen diesen für sie sehr schweren Teil der Therapie weitgehend. Ein warmer Entzug, dachte ich. Schwester Korentina im Josefinum erklärte es mir anders: als eine Art Winterschlaf, bei dem alles Alte abstirbt und das Neue wach wird. Eine schöne Vorstellung, funktionierte bei mir aber leider nicht, denn trotz der hohen Dosis Neurocil war ich meistens wach und erlebte diesen Teil der Therapie so zum großen Teil mit: ein Martyrium, weil ich so unendlich allein war mit mir und meinen Gedanken.

Mein Kreislauf war durch das viele Liegen im Bett und das Beruhigungsmittel so im Keller, dass ich beim Toilettengang mehrmals ohnmächtig wurde. In meinem Tagebuch beschrieb ich diese peinliche und demütigende Situation: »Ich war mit heruntergelassenen Hosen von der Toilette gerutscht und in die Ecke gekippt. Eine Schwester und ein Arzt trugen mich ins Bett. Wieder war ich weg.

Ich wachte erst wieder auf, als sie meine Füße hochlagerten. Die Schwester sagte gerade: ›Die macht die ganze Station verrückt.‹ Der Arzt: ›Die wird schon wieder.‹« Offensichtlich nervte ich die Schwestern mit meiner »überflüssigen« Krankheit. Ich durfte nun also auch nicht mehr aufs Klo, sondern bekam einen Pipitopf und wurde gewaschen. Ich schämte mich.

Puh, das ist brutal ehrlich. Ich muss mal kurz verschnaufen, Caro. Ich habe meinen Kaffee zur Seite gestellt und weine, während ich diese Zeilen schreibe. Weine zehn Minuten wie ein Schlosshund, weil ich in den dunkelsten Teil deiner Seele gesehen habe, und möchte dir einfach nur sagen, wie gut es ist, dass du darüber schreibst – auch wenn es krass emotional ist. Ich habe das große Bedürfnis, die kleine Caro zu umarmen.

Danke. In der Isolation habe ich gemerkt, wie wichtig das Radio sein kann für Menschen, die einsam sind. Darum arbeite ich heute noch immer so wahnsinnig gern als Radiomoderatorin und hoffe, auf diese Weise Menschen, die sich isoliert fühlen, ein bisschen Sonnenschein zu schicken. Aber wieder zurück in die Zeit, in der ich noch nicht davon zu träumen wagte, eines Tages gutgelaunt in einem Hörfunkstudio Sunshine Reggae zu predigen, sondern noch in meiner inneren Dunkelkammer festsaß: Auch in Augsburg bekam ich eine Therapeutin. Sie vereinbarte mit mir ein Zielgewicht von 46 Kilo. Wenn ich das erreicht hätte, dürfte ich auf die psychiatrische Therapiestation. Die Tage allein im Zimmer vergingen unendlich langsam. Ich weinte viel, weil ich trotz aller Querelen mit meiner Familie wahnsinniges Heimweh hatte. Am 22. Juni 1995 schrieb ich in durch die Medikamente sehr kleiner und krakeliger Schrift in mein Tagebuch: »Ich klingele relativ oft nach einer Schwester und sage, ich müsste aufs Klo oder ich hätte Durst, weil ich mir ansonsten so isoliert vorkomme, dass ich manchmal ehrlich befürchte, wahnsinnig zu werden. Ich halte das alles nicht mehr aus. 10 Tage dämmere ich nun schon vor mich hin. Morgen kommen Mama und Papa, und ich darf sie nicht mal sehen. Ich habe den Arzt um 500 ml mehr Fresubin gebeten, damit ich schneller zunehme. Trotz allem liebe ich wieder das Leben. Der jetzige Zustand erscheint mir wie der Verbindungstunnel.« Mit meinem Tunnelblick beobachtete ich, wie mein Körper jeden Tag ein bisschen mehr wurde. Ich hatte meinen Oberarm mit Daumen und Mittelfinger umfassen können, das klappte schon nach zwei Wochen nicht mehr, aber zur Belohnung durfte ich dann auf die Therapiestation, eine Art betreute Wohngruppe.

Anders als im Schwabinger Krankenhaus war ich dort die einzige Magersüchtige: Die anderen waren Missbrauchsopfer, Mädchen, die versucht hatten, sich umzubringen; vernachlässigte Mädchen aus Alkoholikerfamilien; Mädchen, die nach zu viel Drogen angefangen hatten, Stimmen zu hören; ein Mädchen, das aus irgendeinem Grund sich weigerte zu sprechen. Die Erzieher*innen hatten alle Hände voll zu tun mit uns und mussten sehr streng und konsequent sein, um den Laden im Griff zu behalten. Anders als in Schwabing wurde mir das Essen portioniert, und ich wurde beim Essen überwacht: Sie passten mit Argusaugen auf, dass ich auch die ganze Mahlzeit aufaß, so wie sie serviert worden war (unvergessen, wie es einmal ein grauenvolles »Cordon Bleu Hawaii« gab und nach langer Diskussion klar war, dass auch die Dosenananas und die Dekozuckerkirsche gegessen werden müssen). Zum Mittagessen musste ich jeden Tag auch noch eine Flasche Karamalz trinken, damit mein Zuckerspiegel stimmte. Ich trinke eigentlich alles, nur mit Malzbier kann man mich jagen. Ich mochte es schon damals nicht und hasse es bis heute. Auch hier versuchte ich das Team zu überreden, ob es nicht etwas anderes sein könnte. Aber es half nichts: Wenn ich nicht mitmachte, würde ich keine Lockerungen meines Status quo genehmigt bekommen. Zum Beispiel, dass ich Briefe empfangen oder schreiben durfte. Also würgte ich die verhasste schaumige braune Plörre mit zugehaltener Nase und mit Tränen in den Augen herunter und hoffte darauf, nach vier Wochen wieder rauszukommen. Was völlig utopisch war, denn natürlich drehte sich mein Denken noch immer nur um mein Gewicht, wie ein Tagebucheintrag aus dieser Zeit beweist: »Ich weiß, ich muss von dem Kilodenken loskommen. Ich weiß, ich muss mich so akzeptieren, wie ich bin (gestern mit einem Gewicht von 46,5 Kilo), aber ich will nicht mehr als allerhöchstens 52 Kilo wiegen. Doch die 51er-Marke will ich erreichen, das habe ich meiner Therapeutin gesagt, denn mit diesem Gewicht habe ich noch die Menstruation gehabt, und sie gehört dazu, wenn ich erwachsen werden will, und das möchte ich nun von ganzem Herzen. Ich habe Haarausfall bekommen. Ich habe Kopfweh. Ich habe Heimweh. Ich habe Durst. Ich habe Magersucht. Aber bin schon viel gesünder als vor drei Wochen.«

Wenn ich heute diese Zeilen lese, dann ist mir sonnenklar, dass noch ein verdammt langer Weg vor mir lag. Ich war aber, anders als bei meinem Klinikaufenthalt in München, wo ich kein richtiges Korrektiv hatte, absolut kooperationsbereit. Mir war klar: Wenn ich jetzt nicht die Kurve kriege, dann werde ich es nie schaffen und irgendwann an dieser Krankheit sterben. Ich versuchte also meinen krankhaften Ehrgeiz umzupolen. Neues Ziel: gesund werden. Wirklich gesund. Schritt für Schritt erkämpfte ich mir mehr Freiheiten: dass ich bei der Kunsttherapie teilnehmen durfte und bei Gruppenausflügen, dass ich einmal die Woche mit meinen Eltern telefonieren durfte, dass ich einen freien Nachmittag allein in der Stadt verbringen durfte, dass ich das Wochenende über wieder nach Hause durfte. Mehr leben dürfen. Das Aponal wurde ausgeschlichen und das Neurocil abgesetzt. Nun war ich endlich auch wieder voll da und konnte beim Ping-Pong-Spielen auf der Station den Ball treffen. Dank einer Hormontherapie und meines stetig steigenden Gewichts bekam ich auch meine Periode wieder – und diesmal freute ich mich von Herzen darüber, denn ich spürte, dass ich leben und vielleicht eines Tages Kinder bekommen wollte. Ich überlebte die furchtbar zähen Musiktherapiestunden, (»Liebe Carolin, spiel 30 Minuten lang auf diesem riesigen afrikanischen Xylophon. Ich nehme das auf, wir hören es uns dann gemeinsam an und reden darüber, was du dabei empfunden hast!« – »Ich habe Hass empfunden.«) Ich erlebte, wie andere aus der Therapiestation abhauten und von der Polizei zurückgebracht wurden. Ich erlebte, wie ein Mädchen der Entlassung entgegenfieberte, am Abend davor jedoch ihre Psychose zurückkehrte. Sie hörte wieder Stimmen, wurde auf unbestimmte Zeit wieder auf Medikamente gesetzt und musste im Krankenhaus bleiben. Ich erlebte, wie Mädchen ins Isolierzimmer eingesperrt wurden, um sicherzugehen, dass sie sich nichts antaten. Ich lernte, dass es gute Tage gab und schlechte, an denen ich wieder die alten Dämonen in mir spürte. Aber ich lernte, mit diesen Rückschlägen umzugehen.

Der Sommer verging, und ich verstand die Dynamik in meinem Elternhaus besser: dass mir zu Hause die emotionale Wärme gefehlt hatte und ich durch die Magersucht mehr Zuwendung und Aufmerksamkeit bekommen hatte. Dass vieles unsicher war und ich mich wie eine Schiffbrüchige in einem Meer gefühlt hatte. Die Magersucht war das Einzige, was ich kontrollieren konnte. Eine traurige Geschichte, aber ich lernte, sie zu beweinen und anzunehmen. Mir wurde klar, dass Intellekt und Geist bei uns völlig überhöht wurden. Ich kam mir oft vor wie die Figur von Neschnem-Kopf Otto. Einer der Protagonisten in »Urmel fliegt ins All«, das ich als Kind gelesen habe. Das Urmel fliegt mit Professor Tibatong zu dem fernen Planeten Futura, wo die schlauen und zivilisierten Kopfmenschen leben, die sich aus Essen nichts machen. Die Bedrohung für das Urmel kommt durch die tumben Bauchmenschen, die das Urmel und die Schweinedame Wutz schlachten und verspeisen wollen. Und so hatte ich auch nur Kopf sein wollen – erhaben über die niedrigen menschlichen Bedürfnisse – und hatte mit der Zeit völlig überzogene Erwartungen an mich, aber auch an die anderen entwickelt.

Ich versuchte, diese Hybris loszuwerden und die Schönheit des Mittelmaßes zu entdecken. Dazu gehörte auch Gelassenheit, eine schwere Übung, die ich natürlich erst mal mit null Gelassenheit, sondern wieder mit überzogenem Ehrgeiz und Ungeduld anging. Sich zu ändern, das geht nicht von heute auf morgen. Aber es geht: Ich lernte meine Ungeduld besser in den Griff zu bekommen, mich auch mal zu entspannen und mit mir allein zu sein. Ich lernte auch, nachdem mich die Erzieher darauf aufmerksam gemacht hatten, wie viele Tics ich rund um das Schlachtfeld »warme Mahlzeit zu sich nehmen« entwickelt hatte, was mir wahnsinnig peinlich war: Ich versuchte also ab sofort nicht mehr, die Panade vom Fisch zu zupfen, um darunter noch ein paar Brocken zu verstecken und heimlich zu entsorgen. Ich hörte auf, die Fettstücke aus der Wurst zu puhlen, um Kalorien zu sparen. Ich aß irgendwann auch die Komponenten einer Mahlzeit (z. B. Gemüse, Nudeln, Fleisch) nicht mehr ausschließlich hintereinander in einer bestimmten Reihenfolge, um das Kalorienhaltigste fürs Ende aufzusparen und vielleicht doch noch drumherum zu kommen, sondern alle zusammen. Und ich fuchtelte auch nicht mehr ewig mit Messer und Gabel herum, um das Ende der Mahlzeit hinauszuzögern. Ich aß irgendwann einfach, bis ich satt war. So wie alle anderen auch – irgendwann sogar ohne Reue und mit Genuss.

Als das geschafft war, durfte ich zur Belohnung sogar wieder in die Schule gehen: ein weiterer Schritt in Richtung Normalität. Als Gastschülerin des Peutinger-Gymnasiums in Augsburg sollte ich versuchen, wie ich mit Prüfungssituationen und Leistungsdruck zurechtkommen würde. Dieses Projekt machte mir große Angst, weil es gar nicht so einfach war, ganz allein vor all diesen Jungs und Mädchen zu stehen – ich kannte ja niemanden. Die Klasse bestand zum großen Teil aus Punks und Coolcheckern – ich als Einser-Lateinerin, die aus der »Klapse« daherkam, wurde misstrauisch beäugt. In der Pause schloss ich mich oft auf dem Klo ein, damit keiner merkte, dass ich niemanden zum Reden hatte. Aber irgendwann nahmen sich ein, zwei Mädchen meiner an, die fragten, woher ich käme, und die mich in der Pause mit integrierten. Ich bin ihnen bis heute unendlich dankbar für ihre Offenheit und ihr großes Herz. So sollten wir allen Fremden begegnen.

Nachdem ich auch die drei Monate in der fremden Klasse überlebt hatte, war mir klar, dass mich so schnell nichts mehr umhauen konnte. Ich war viel stärker geworden, nicht nur um die Hüfte, sondern auch mental. Und das musste ich auch sein, wenn ich wieder nach Hause zurückkehren wollte. Im Laufe der Familientherapie hatte ich verstanden, dass sich meine Eltern nie ändern würden und dass ich sie und ihre Art des Zusammenlebens nicht besser machen konnte. Der einzige Mensch, den ich retten musste, war ich selbst.

Schritt für Schritt emanzipierte ich mich von meinem Zuhause und damit auch von meiner Krankheit. Die Einträge in meinem Tagebuch drehten sich immer weniger um meinen Körper und mein Gewicht, sondern um Briefe, die ich von Klassenkameraden aus Ulm erhalten hatte, und viel um einen bestimmten Jungen, der mich hatte wissen lassen, dass er mich vermissen würde. Sprich: Mein Tagebuch las sich nun auf einmal wie das eines ganz normalen Teenies.

Am 10. November 1995 war es dann so weit. Ich notierte: »Der Tag meiner Sehnsucht ist erreicht: Heute werde ich entlassen! Es ist ein komisches Gefühl.« Nach diesem Eintrag schrieb ich zwei Jahre lang nichts mehr in das Buch, das für mich so lange der einzige Ansprechpartner, Vertraute und Therapeut gewesen war. Ich hatte nun beschlossen, den Schritt hinaus ins Leben zu wagen, und nach den langen Jahren, in denen ich vor allem um mich selbst und mein Innenleben gekreist hatte, im Außen zu bleiben. Der Neschnem-Kopfmensch Caro verließ die Kommandostation Kopf, entdeckte sein Bauchgefühl und folgte seinem Herzen. Natürlich dauerte es noch sehr lange, bis ich mich nicht mehr so sehr vom Applaus von außen abhängig machte, aber zumindest schaffte ich mir mehr Freiräume, traute mich auch, groben Unfug anzustellen und Konflikte mit meinen Eltern einzugehen. Sogar tätowieren ließ ich mich – eine damals mega angesagte Sonne rund um den Bauchnabel. (Zumindest versuche ich heute allen, die dieses unglaublich hässliche Tattoo sehen, zu erklären, dass es damals cool war, in den unglaublich hässlichen 90er Jahren.) Das Geld dazu verdiente ich zusammen mit einer Freundin mit ein paar Auftritten als Gogo-Tänzerin in einer Disco. Wer hätte das gedacht, dass das klapprige, bleiche Mädchen mit der Kinderbrille zwei Jahre später in Latex-Hotpants und Plateaustiefeln in einem Käfig zappelt und zu indiskutabler Bummbumm-Musik das wilde Tier spielt?

Im Ernst? Das wusste ich nicht und brech mal kurz weg vor Lachen. Wie genial ist das denn!? Gab es bei dir auch Scooter oder eher Progressive Attack? Ich habe peinlicherweise versucht, mal in so einem Gogo-Käfig zu tanzen, als ich 17 und völlig betrunken war. Frag nicht nach bitte!

Was da gespielt wurde? Culture Beat natürlich und The Prodigy. Hauptsache, Ammdidibamm und Ommdidibomm sind am Start. Ich finde, wir könnten eine gemeinsame Käfignummer, falls wir auf Lesereise gehen sollten mit diesem Buch, in unser Programm integrieren und damit alle Hugendubel- und Thalia-Filialen zwischen Cuxhaven und Calw zum Beben bringen. Ich muss mir dann aber vielleicht noch mal so ein Fellhöschen und so einen Push-up-BH besorgen wie damals. Der musste sein, um meinen doch noch recht kleinen Busen etwas beeindruckender wirken zu lassen. Unvergessen: Die Verkäuferin im Laden beäugte mein Dekolleté und schwäbelte: »Des isch ja maximal 70 AA. A-A, verstehsch? Wie hingeschissa!« Ich war entrüstet. Ein Jahr vorher wäre ich froh gewesen, keinen Busen zu haben. So änderte sich mein Blick auf mich.

Was für eine Unverschämtheit!

Yep. Ähnlich entrüstet war ich, als mein Vater mein Tattoo entdeckte. Er fragte voller Wut, ob mir auch jemand mein Hirn tätowiert hätte. Aber nun war mir die Bewunderung meiner Peergroup, also meiner Freunde, wichtiger als seine Schelte. Ich wollte mein eigenes Leben starten, mit meinem Wertesystem und meinen Prioritäten. Priorität Nummer 1: Schule zu Ende bringen. Zwar hatte ich freiwillig die neunte Klasse wiederholt, um Stress zu vermeiden. Doch schon in der zehnten Klasse reichte es mir dann eigentlich schon wieder. Glücklicherweise bekam ich die Möglichkeit, die elfte Klasse zu überspringen, weil meine Noten ziemlich in Ordnung waren. Und so machte ich trotz der langen Zeit in der Psychiatrie 1999 mein Abitur und zog hinaus in die Freiheit nach München zum Studium, wo ich viel Zeit damit verbrachte, auszuprobieren, wer und wie ich sein wollte. Viele aufregende Jahre lagen vor mir, die ich mit wunderbaren neuen Freunden teilen durfte. Ohne die Zeit im Josefinum hätte ich das alles nie erleben dürfen. Dafür danke ich dem Klinikteam von ganzem Herzen.

Learnings von Caro

Anorexia Nervosa – warum essen die anderen so wenig?

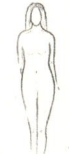

Die Gründe für eine Anorexie sind vielschichtig und sehr häufig familiär bedingt: Manche von uns haben gelernt, keine Grenzen haben zu dürfen, oftmals liegt ein zu enges Verhältnis zu einem Elternteil vor, bei Mädchen oft zur Mutter. Manche von uns haben gelernt, dass wir nur der Liebe wert sind, wenn wir Leistung bringen. Manche von uns wurden sexuell missbraucht.
Die Magersucht und das Immer-dünner-Werden haben

entsprechend viele verschiedene Funktionen: Zum Beispiel wollen wir uns nicht zur Frau entwickeln, sondern verleugnen unsere Sexualität, indem wir uns körperlich zum Kind zurückhungern.

Obwohl das Abnehmen sehr viel Stärke und Kraft verlangt, zeigen wir doch durch das Dünnsein, dass wir sehr schwach und nicht belastbar sind. Es ist ein Signal: Belaste mich nicht. Siehst du denn nicht, dass ich zusammenbreche? Kranke werden geschont.

Eine andere Funktion der Magersucht ist natürlich auch die des Protestes. Wenn kein Platz und keine Akzeptanz für die sich entwickelnde Persönlichkeit mit all ihren Schwächen und Stärken da ist, dann bleibt als einziger Ort der Rebellion der eigene Körper. Nichts kann Eltern so zusetzen wie die Nahrungsverweigerung ihres Kindes. Es führt ihnen ihre Machtlosigkeit vor Augen.

So paradox das klingen mag: Anorexie ist eine eigentlich sehr schlaue Reaktion der Seele auf die Missstände in einer Familie – und der Gesellschaft. Nur ist es immens wichtig, dass der/die Patient*in rechtzeitig therapiert wird, um den Reflex »Ich bin unglücklich, ich esse nichts« umzukodieren in »Ich bin unglücklich, ich rede darüber und löse das Problem«. Denn nur dann besteht eine Chance, dass die Krankheit nicht chronifiziert. Eine kanadische Studie hat gezeigt, dass sich mit zunehmender Dauer die Gefahr erhöht, dass die Erkrankung sich verfestigt und Veränderungen im Erbgut stattfinden, die Angstreaktionen, Sozialverhalten, verschiedene Funktionen des Gehirns und des Nervensystems sowie das Immunsystem langfristig beeinflussen. Je früher also die Magersucht therapiert wird, desto besser (vgl. https://www.kinderaerzte-imnetz.de/news-archiv/meldung/article/magersucht-gefahr-der-chronifizierung; Abrufdatum 21.7.2020). Wenn eine ambulante Therapie keine zügige Besserung bringt, sollte unbedingt eine stationäre Aufnahme erwogen werden. Bei schweren Fällen wird dort eine Zwangsernährung eingeleitet, aber solange die eigentlichen Gründe für die Erkrankung nicht gelöst werden und der Patient/die Patientin nicht aufrichtig bereit ist, gesund zu werden, ist das nur Symptombekämpfung. Dann sind die in der Therapie zugenommenen Kilos nach ein paar Monaten wieder weggehungert. Viele der schweren Magersuchtsfälle werden wieder und wieder eingeliefert und aufgepäppelt: ohne Erfolg. Die Anzahl der Todesfälle aufgrund von Magersucht und Bulimie ist laut Statistischem Bundesamt seit den 90ern deutlich gestiegen. Allein 2017 starben 78 Menschen in Deutschland an diesen Essstörungen.

10

Wohin mit Poldi?
Wie Tanja mit ihrer Essstörung umgeht

Ich habe ja dank meiner recht vitalen Resilienz tatsächlich noch mal die Kurve gekriegt. Was ist mit dir, Tanja? Warum hast du dir nie therapeutische Hilfe geholt?

Nie stimmt ja nicht. Ich bin immer mal wieder bei einer Therapeutin gewesen. So richtig geholfen hat mir das aber nicht. Vermutlich, wenn ich ganz ehrlich bin, habe ich einfach immer irgendwann aus Scham und Angst meine Sitzungen abgebrochen.

Wovor hast du Angst?

Ich hatte vor allem Angst vor der Angst. Davor, Dinge zu fühlen, die ich nicht fühlen möchte. Mir hat zu Hause nie jemand beigebracht, dass es okay ist, mal schwach zu sein und mir Hilfe zu holen.

Dass ich meine Gefühle jetzt aufschreibe und meine Emotionen rauslasse, ohne Angst vor den Konsequenzen, das macht mich mutig und stolz. Das hätte ich vor einigen Jahren nicht gekonnt. Heute weiß ich, dass die Angst da sein darf, dass sie mir eine große Hilfe sein kann und auch wieder weggeht.

Und ich gebe es zu: Es hat lange gebraucht, bis ich Poldi als Problem erkannt habe. Dass ich eingesehen habe: Ich habe eine Essstörung. Ich habe Poldi auch mal einen Brief geschrieben. Und zwar vor ungefähr zwei Jahren nach einem Aufenthalt im – Achtung – Kloster. Damals ging es mir nicht

gut, weil meine letzte lange Beziehung gerade in die Brüche gegangen war. Darum habe ich mich dort angemeldet für ein paar Spezialsitzungen und Seminare bei einer Therapeutin. Sie hat mir empfohlen, dass ich mir Poldi, also meinen Panzer beziehungsweise meine Essstörung, als richtiges Gegenüber vorstelle und auch richtig mit ihm spreche. Tatsächlich war diese Therapeutin eine der Ersten, die wirklich zu mir durchgedrungen sind. Sie ist eine ältere, faltige, zierliche und absolut in sich ruhende Dame und hat mich sehr beeindruckt. Ich habe dann häufiger in diesem modernen Kloster eingecheckt.

Was hast du dort genau gemacht während deiner Aufenthalte?

Um eines vorwegzunehmen: Ich würde mich nicht unbedingt als spirituell bezeichnen – maximal teilzeit-spirituell. Ich singe und schwinge nicht chantent im Kreise eines weiß gewandeten Chors um einen erleuchteten Meister herum, stelle ihm Fragen und erhoffe weise Antworten. Aber ich wollte mich mal auf eine neue Erfahrung einlassen und habe mich dann auch für ein sogenanntes »Darshan« angemeldet. Wird so etwas sein wie ein Intensivseminar mit mehreren Teilnehmern und Kursen wie Yoga, Meditation und Gymnastik – so habe ich es mir zumindest vorgestellt. Aber erstens kommt es anders, vor allem wenn man zweitens die Beschreibung des Retreats nicht genau liest. Und schwupps fand ich mich in einer Gruppe von wildfremden Menschen wieder: Wir machten zwar Gymnastik und meditierten, mussten uns aber auch den Küchendienst teilen.

Also so ähnlich wie Schullandheim?

So in der Art. Muss ich erwähnen, dass ich gar keine Lust auf Küchenarbeit hatte?

Das dachte ich mir, aber was ist jetzt ein Darshan?

Tja, da hat die Tanja mal wieder die Katze im Sack gekauft: Bei einem Darshan stellt man offen und vor allen Fragen an einen »Lehrmeister«. Und das sah so aus: Ich saß in diesem wunderschönen Raum zusammen mit zig anderen Darshaniern und Darshanierinnen, und zu musikalischer Untermalung betrat ein Mann die Bühne. Er nannte sich selbst »Ohm«, also ganz bescheiden Gott.

»Ohm« mein Gott. OMG!

Ganz genau. »Ohm« setzte sich feierlich hin und sagte dann fünf Minuten erst mal nichts. Ich wartete. Alle anderen auch. Plötzlich zuckte er mit seinen Händen und atmete schwer, öffnete die Augen und sprach davon, dass man mit ihm in Dialog treten könne.

Huch. Epilepsie?

Ich bitte dich! Ich musste mich so zusammennehmen, dass ich nicht laut loslache – du hast ja keine Ahnung! Und ich dachte mir, irgendwo ist jetzt bestimmt die versteckte Kamera. »Okay, Tanja, beruhige dich«, sagte ich mir. »Sei unvoreingenommen und bleib ruhig. Hör zu, vielleicht lernst du was dabei.« Denn wenn ich mich umsah, saßen um mich herum nur Menschen, die das Theater wirklich sehr ernst nahmen. Aufstehen und laut loslachen wäre also völlig deplatziert gewesen.

Tatsächlich bin ich im Nachhinein sehr dankbar, dass ich,

wenn's brenzlig wird, meine Kernkompetenz der Unvoreingenommenheit abrufen kann. Denn die Fragen, die an den Lehrmeister innerhalb dieses Darshans gestellt wurden, und die Antworten, die die Menschen bekamen, waren wirklich gut und heilsam. Lehrmeister »Ohm« hatte eine unglaubliche Aura und eine tiefe, sonore Stimme, um die ihn so mancher Synchronsprecher beneiden würde. Und er antwortete für mich sehr sympathisch und mit leicht hanseatischem Akzent auf die unterschiedlichsten Fragen, die ihm die Klostergäste stellten. Ich hörte mir erst mal die Fragen der anderen an, denn ich hatte die leise Befürchtung, dass meine aktuell brennendste Frage – »Wie kann ich meinen Ex-Freund vergessen? Wie kann ich diesen verklemmten Narzissten in die Hölle schicken?« – hier einfach zu banal und irdisch klingen würde. Und wirklich. Die erste Frage kam von einer älteren Frau: »Was ist die Seele?« Puh, darauf hatte auch »Ohm« keine leichte Antwort. Es folgten weitere Klassikerfragen des Seins wie: »Was ist der Sinn des Lebens?« Aber es wurde auch mystisch: »Wie kann ich das dritte Auge aktivieren?«

Wo soll das denn sein?

Zur Orientierung: Das ist das sechste der sieben Hauptchakren, also Energiezentren des Menschen. Es wird auch Scheitelauge genannt. In der Mitte deiner Stirn über den Augenbrauen. Es soll deine Intuition stärken.

Oha.

Mit anderen Worten: Es wurde sehr spirituell, mystisch, philosophisch und auch sehr privat. Eine Frau bat darum, die Kraft zu bekommen, einem Familienmitglied zu vergeben, das sie als junges Mädchen über Jahre hinweg missbraucht hatte. Ich war voller Bewunderung und Entsetzen, dass sie sich traute, dieses Thema vor so vielen Leuten anzusprechen. Ein Zitat des Theologen Reinhold Niebuhr kam mir in den Sinn: »Denn Vergebung ohne Wut und Zorn zu empfinden ist die höchste Form der Liebe.« Irgendwann weinten alle – ich eingeschlossen.

Aber hast du dann auch noch deine Frage gestellt?

In dieser Runde noch nicht. Meine kleine Frage kam mir plötzlich so dumm vor, dass ich beschloss, bis zum nächsten Tag und Darshan zu warten. Am Nachmittag belegte ich einen Special-Interest-Kurs zum Thema »Das innere Kind« (40 Euro extra!), wo es im kleinen Kreis erneut um Vergebung und das Loslassen alter Glaubenssätze ging. Learning: Man wird seine Eltern niemals ändern. Nur wir selbst können die Veränderung bringen, die wir uns wünschen. Es folgten eine Meditationseinheit und ein Abendessen mit essbaren Blumen als Salatdeko. Dann der verhasste Küchendienst. Abends lag ich in meinem sparsam eingerichteten Zimmer, starrte an die Decke und redete mit mir selbst: »Warum findest du deine Frage zu bedeutungslos? Zu nichtig? Nimmst du dich selbst als zu unwichtig wahr? Bist du hierhergekommen, um dann vor lauter Scham keine Fragen zu stellen? Du spinnst doch, Tanja!« Ich ärgerte mich über mich. Selbst an diesem Ort der inneren Einkehr und Reflexion konnte meine innere kritische Bitch einfach nicht ihren verdammten Schnabel halten.

Ich würde sagen: Gerade an einem Ort der inneren Einkehr kommen solche Fragen und Gedanken auf. Wir sollten auch ein Seminar »Die innere Bitch« anbieten! Kostet natürlich einen Hunderter extra, weil Bitch.

Geniale Geschäftsidee! Na jedenfalls, die Bitch ließ mich nicht schlafen. Ich überlegte hin und her, stand noch mal auf und ging kurz in die hauseigene Sauna, lauschte den monotonen Ohm-Gesängen, die vom Band auf Heavy Rotation liefen, und schwor mir, dass ich am nächsten Tag doch den Mut haben würde, meine Ex-Freund-Frage zu formulieren, weil ich sie eben als zentral und wichtig empfand. So oder so! Basta, Bitch!

Am nächsten Morgen saß ich pünktlich um kurz vor neun Uhr – normalerweise lieg ich da noch ewig im Bett an regulären Samstagen – erneut zwischen Livemusik, Räucherstäbchennebel und fremden Menschen, die anders als ich völlig in sich ruhten, in dem großen schönen Saal des Klosters, das eher einem modernen Gutshaus mit allerlei Annehmlichkeiten gleicht – mal abgesehen von der Tellerwäscherei.

Schlag neun betrat »Ohm« den Raum, setzte sich, zitterte wie am Vortag eine Runde rum und erwartete die erste Frage. Ich war bereit, ready für meine Frage, wollte gerade den Arm heben, da – zack – hatte einer doch schon vor mir die Hand oben und wurde aufgerufen. Und potzblitz, es war kaum zu glauben: Der Typ stellte meine Frage – nur eben andersrum. »Wie lasse ich meine Ex-Freundin los?« Die innere Bitch in mir krakeelte los: »Pah, das gibt's doch nicht. Was soll der Mist!« Ich war völlig aufgelöst, jetzt hatte ich mich ewig rumgequält, und jetzt preschte der andere Getrennte vor. ICH wollte doch diese Frage an den schlauen Schamanen da vorne stellen. Ich, die Teilzeitspirituelle, Räucherstäbchen liebende dicke Frau aus Hamburg, frisch getrennt und mit so viel Trauer und Wut im Bauch. ICH will meine Frage stellen!! Ich hatte das Gefühl, dass ich kurz davor war, mit den Füßen aufzustampfen. Kaum war »Ohms« Vortrag übers Loslassen zu Ende, wurde das Mikro weitergereicht, und in meiner inneren Raserei schnappte ich es mir einfach. Jetzt hatte ich ja gar keine Zeit mehr zu überlegen, aber aus lauter Überforderung heraus fing ich an zu weinen und schluchzte ins Mikro. Die Worte flossen aus meinem Mund wie die Tränen aus meinen Augen. Ich sagte, dass meine Frage eine der wichtigsten meines Lebens sei.

Oh, Tanja, jetzt sag schon! Was hast du den Schamanen gefragt?

Ich war wie ferngesteuert. Aus meinem Mund purzelten die Worte: »Wie lasse ich meinen Panzer los? Wie schaffe ich das? Welchen Zweck erfüllt er?« Ich fügte noch hinzu, dass ich frisch getrennt bin und Angst habe, allein zu sein. Dass ich diesen neuen Lebensabschnitt aber nutzen und willkommen heißen möchte, um mich besser kennenzulernen. Aber ich wüsste nicht wie und ob ich das wirklich kann.

Puh. Wow. Das war die viel ehrlichere Frage, meine Liebe.

Ja. Und es war genau richtig so. Es war das allererste Mal in meinem Leben, dass ich von meinem Panzer gesprochen habe. Was für eine ungeheure Erleichterung! Und »Ohm« begann seine Antwort mit sehr vielen klugen Fragen. Er wollte wissen, wie sich Festhalten für mich anfühlte. Denn ich hielte ja schließlich auch mit meinen Essanfällen an meinem Panzer fest. Und im Gegensatz dazu: Wie fühlt sich Loslassen an? Er fragte, welche Bilder mir in den Sinn kämen, wovor ich genau Angst habe, und bat mich, diese Türen der Angst und der falschen Glaubenssätze Schritt für Schritt zu öffnen: »Mach dort Licht an, wo lange keines war, und finde deinen Weg!«

Seine Antwort berührte mich sehr. Ich war stolz auf mich, obwohl ich so voller Angst und Fragen war: Welchen Sinn erfüllt meine Essstörung? Würde es Kurvenrausch überhaupt geben, wenn ich keine Essstörung hätte? Macht das alles

Sinn, und finde ich den richtigen Weg für mich? An diesem Klosterwochenende ist viel mit mir passiert. Auch nach meinem Aufenthalt traf ich mich mehrmals mit der Therapeutin, und wir begannen über Poldi zu sprechen, diesen kleinen gefräßigen Drachen, der es sich so bequem bei mir gemacht hat und mich immer wieder alles Mögliche fressen lassen will.
So, und nach dem Kloster – so hat ja dieses Kapitel eigentlich angefangen – habe ich ihm einen Brief geschrieben. Willst du mal einen Teil aus meinem Brief an Poldi lesen, Caro?

Ja klar! Zeig her!

Brief an Poldi

Lieber Poldi,
wie lange mochte ich dich nicht, und wie oft habe ich dich verflucht. Besonders im Teenageralter warst du ein Schutzschild und bist immer größer und schwerer geworden. Manchmal habe ich dich verleugnet, habe dich weggehungert, und doch bist du immer wiedergekommen. Manchmal mehr, manchmal weniger.
Erst jetzt habe ich kapiert, dass ich dich konstant bekämpft habe und dich eigentlich nie richtig kennenlernen wollte. Etwas zu bekämpfen ist, wie im Krieg zu sein gegen sich selbst: eine Schlacht, die keiner von uns gewinnt. Diese Erkenntnis hat mich in den letzten Wochen sprachlos, traurig, wütend und manchmal auch ohnmächtig gemacht. Ich habe mich lange sehr ohnmächtig gefühlt, weil ich nicht verstanden habe, warum du da bist.
Jahrzehntelang begleitet uns beide eine Essstörung – Binge Eating genannt. Bei dieser Art von Essstörung isst man ohne Hunger und hat oft Essanfälle. Mal sehr stark,

manchmal kaum, und teilweise isst man den ganzen Tag – ohne eine Gegenmaßnahme wie Erbrechen, Abführmittel etc. zu ergreifen. Wir beide wissen, wie schlecht wir uns nach einer Heißhungerattacke fühlen.
Heute feiern wir beide den 18. Tag ohne Essanfall. Mann, fühlt sich das gut an! Ich bin so klar im Kopf, und du kannst dich erholen. Ich glaube, du schmilzt sogar, aber das ist gerade eher sekundär. Bitte verlass mich nicht so schnell.
Viel ist in den letzten Wochen passiert. Wir haben beide beschlossen, nicht wegzulaufen, keine Angst voreinander zu haben und uns endlich Zeit zu nehmen für uns beide. Hingucken, was mit uns los ist und was uns beide bewegt. Ich habe herausgefunden, dass ich dich nicht zwanghaft sprengen muss. Vielmehr möchte ich herausfinden, was uns beide verbindet. Was uns glücklich und auch traurig macht.
Wer bin ich ohne dich? Das weiß ich manchmal gar nicht mehr.
Loslassen – das ist etwas, was wir beide lernen müssen. In Liebe gehen lassen – auch wenn wir uns brauchen.
Gerade komme ich mir sehr verwundbar vor, und du hast erste Risse bekommen und lässt Licht in mein Innerstes.
Ich suche nicht nach neuen Methoden, dich zu bekämpfen, sondern vertraue darauf, dass wir beide eine Lösung finden – von innen, nicht von außen. Dass ich dich Poldi nenne, finde ich lustig. Denn Poldi ist ein Nimmersatt und dennoch süß und kuschelig – so wie du.
Ich hoffe, dass du weißt, wie dankbar ich bin, dass es dich gibt. Wie sehr du mir die letzten Jahre geholfen hast. Vielleicht können wir anderen Menschen dabei helfen, sich mehr zu lieben – egal, ob ihr Panzer groß oder klein ist. Das ist doch ein toller Plan.
Deine Tanja

Das heißt aber für mich, wenn ich deinen sehr berührenden Brief lese: Du hast beschlossen, dass du mit Poldi weiter zusammenleben willst? Dass es für dich keinen Grund gibt, die Essstörung hinter dir zu lassen – so wie ich es nach der Therapie konnte. Sondern dass du mit deinem Poldi-Panzer lebst und es als deine Mission siehst, dass Menschen mit Essstörungen und Gewichtsproblemen nicht diskriminiert werden?

Nein, so sehe ich das nicht. In Liebe gehen lassen, auch wenn wir uns lange gebraucht haben. Das wünsche ich mir für mich. Ich möchte Poldi loslassen, auflösen, verkleinern – wie auch immer ich es nennen möchte. Ich habe erkannt, dass er ein Teil von mir ist und ich ihn nur mit Selbstliebe zu mir und mit viel Verständnis auflösen kann. Das funktioniert nicht mit Diät, sondern ich muss mir meinen Poldi ganz genau anschauen und verstehen, welchen Zweck er hatte und teilweise noch hat. Auf diesem Weg bin ich gerade.

Learnings von Caro und Tanja

Wer hat eigentlich alles eine Essstörung?

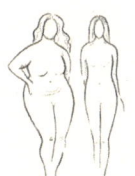

Die kurze Antwort: Es kann jede und jeden treffen!
Anders, als viele denken, haben heutzutage nicht nur junge Mädchen mit Essstörungen zu kämpfen, sondern auch immer mehr junge Männer und ältere Frauen. Eine Datenanalyse der Krankenkasse KKH, also der Kaufmännischen Krankenkasse, aus dem Jahr 2020 zeigt (vgl. https://www.kkh.de/presse/pressemeldungen/hungern-und-staehlen-bis-zum-umfallen; Abrufdatum 21.7.2020):

Unter 12- bis 17-jährigen Jungen gab es zwischen 2008 und 2018 ein drastisches Plus bei ärztlich behandelten Essstörungen von knapp 60 Prozent! Bei gleichaltrigen Mädels beziffert sich der Anstieg auf 22 Prozent. Auch bei Frauen ab vierzig ist die Zahl um mehr als die Hälfte gestiegen, bei den Männern »im besten Alter« hat sie sich nahezu verdoppelt. Komplimente wie »Toll, was du noch für eine Figur hast in deinem Alter« sind meist der Anfang. Dass sich daraus eine Essstörung entwickelt, bleibt den Angehörigen und Freunden der Betroffenen oft lange verborgen. Bei Männern ist die Störung des Essverhaltens nicht so augenfällig wie bei Frauen. Sie betreiben oft exzessiv Sport und Krafttraining. Dieser Muskelwahn wird als »Adonis-Syndrom« bezeichnet. Oft wird das Suchtverhalten viel zu spät erkannt und behandelt, denn Sporttreiben ist gesellschaftlich anerkannt und gilt als gesund. Auch die Corona-Pandemie und die dadurch verbundene Isolation hat Menschen mit Essstörungen vor große Probleme gestellt, da die geregelte Tagesstruktur hinfort, der Kühlschrank im Homeoffice aber meistens voll ist.

TEIL 3

Auf dem Weg zu uns

11

Fuck Fuckability – Sexy soll abhauen

Warum ist es den meisten Menschen eigentlich so unglaublich wichtig, gut auszusehen? Das liegt erst mal daran, dass der Sehsinn der Sinn ist, der uns dominiert. Und zum Zweiten liegt es daran, dass wir – auch wenn ich kein Fan von Biologismen bin – uns vermehren wollen. Auch als wir noch ohne WLAN im Juteslip in der Lehmhütte saßen, Faustkeile kloppten und eine durchschnittliche Lebenserwartung von gerade mal 35 hatten, war es dem Menschen wichtig, einen gesunden Geschlechtspartner zu finden, um gesunde Nachkommen zu zeugen. Wer damals gesund und frisch mit fast allen Zähnen, glänzendem Haar und pockenfreier Haut auf einem mit Blumen geschmückten Ochsenkarren anrollte, war also klar im Vorteil. Schon in der Bronzezeit begaben sich übrigens die Frauen aufgrund des patrilokalen Prinzips (bedeutet: Vaddi bleibt auf dem Hof, Vaddi gehört der Hof, Vaddi IST der Hof) auf die Wanderschaft: Entweder arbeiteten sie und vermittelten wertvolles Wissen zum Beispiel über angesagte neue Bronzelegierungen, oder sie stiegen in die Serienproduktion von Babys ein. Entlang der Handelswege von Jütland bis Kairo sind damals schon die ersten Heiratsmärkte entstanden – um Inzest zu vermeiden. Mitunter heiratete man auf Probe: Nur die Frau, die innerhalb eines Jahres Kinder zur Welt brachte, durfte bleiben. Hardcore, oder?

Irgendein Mann hat sich im Laufe der Zeit überlegt, dass es besser sei, wenn die Frau ihm untertan ist. Kleinhalten. Ausbildung für dich? Brauchst du nicht, meine Süße. Du musst einfach nur gut verheiratet werden! Es war also für das Überleben der Frau wichtig, eine »gute Partie« zu machen. Und dafür musste sie optisch was hermachen.

Okay, Miss Planet Wissen – worauf willst du hinaus?

Meine kühne These: Damals entstand bei Frauen das Mindset Überleben-qua-Fuckability und das bedeutet: »Es kann nur eine geben« und »Ich muss hübscher sein als alle anderen«. An was erinnert uns das? Spieglein, Spieglein an der Wand, wer ist die Schönste im ganzen Land? Schneewittchen? Soll eliminiert werden! Dass die Frau das »schöne Geschlecht« sein muss, hat sich bei aller Emanzipation irgendwie bis in die Jetztzeit rübergerettet, obwohl inzwischen auch die armen Jungs immer mehr nach ihrem Äußeren bewertet werden. Wer auf der unsichtbaren Fuckability-Skala elf von zehn möglichen Melonen bekommt, gewinnt.

Melonen? Warum Melonen?

Na weil. Fällt dir ein anderes Obst ein, das Sexappeal hat?

Aprikose.

Na gut.

Pflaume.

Ja, okay!

Kirsche ...

Disco! Banane?

Zu männlich.

Ach, komm. Von mir aus: Tutti Frutti! Ich fürchte, ich kann jetzt nie wieder Obstsalat essen, ohne rot zu werden.

Du bist doch ohnehin Fructose-intolerant.

Ich fürchte, wir schweifen ab. Reisen wir noch mal zurück in der Zeit: Nachdem ich aus der Psychiatrie entlassen wurde, war ich natürlich noch immer sehr unsicher ob meines neuen Körpers. Was würden meine Klassenkameraden sagen? Irgendein Junge hatte doch mal gesagt, ich hätte in Jeansweite 26 gut ausgesehen. Ob er mich wohl noch attraktiv fand in Weite 28? Die Vermessung meiner Selbst, Schönheit nach Zahlen – noch immer fiel es mir schwer, selbstbewusst aufzutreten. Ich brauchte den Beleg von anderen, dass ich hübsch und begehrenswert bin. Ich wollte gefallen und suchte Orientierung: Im Fernsehen zeigten sie auf den Musikfernsehsendern, die es damals noch gab, welche Menschen schön und begehrenswert sein sollten. Ich diktierte das kleine Einmaleins der Beauty Queens in mein inneres Heft: lange Haare, lange Beine, große Augen, weiße, gerade Zähne. Die Lippen voll und glänzend, immer leicht geöffnet. Outfit: Hotpants und bauchfreie Shirts, Plateauschuhe und Tattoos auf dem Bauch oder über dem Festtagsschinken. Und nach 21 Uhr sollten die Bewegungsabläufe immer signalisieren, dass man bereit ist zur Kopulation.

Im Nachhinein könnte ich im Boden versinken, wenn ich an einige Auftritte denke, die ich hingelegt habe: Als ich zum Beispiel auf der Abihütte den Besuch meines Sommerferienschwarms erwartete. Er besuchte mich heimlich, und ich glaubte, ihn in einem schwarzen, transparenten Negligé-artigen Mantel empfangen zu müssen, während die anderen in Kapuzenpullovern am Lagerfeuer Faxe-Bierdosen stachen. Noch heute zieht mich – völlig zu Recht – meine alte Schulfreundin für mein Sexy-Fledermaus-Kostüm von damals auf. Aber ich habe eben noch immer nicht geglaubt, dass ich auch so genüge und im grauen Hoodie liebenswert bin. Aber ich habe es so vorgelebt bekommen: Meine Mutter kombinierte gern Metallic-Leopardenleggings mit Leopardenstiefeletten und bronzefarbenem Cape. Es hat eine Weile gedauert, bis ich gemerkt habe, dass man das durchaus als exzentrisch bezeichnen kann. Ihre Schuhe hatten immer einen Absatz. Sogar ihre Plastik-Badeschlappen. Ich dagegen trug am liebsten Chucks. »Lauf nicht so burschikos!«, hat sie dann gesagt. Und: »Kratz dir nicht die Wimmerln am Oberarm auf, ist doch klar, dass die Männer dich dann nicht attraktiv finden!« Der Körper als Bräutigam-Werbeplattform. Ist deine Mutter auch so schönheits- bzw. modebewusst gewesen, Tanja?

Meine Mutter ist modisch, hält aber Styling und den ganzen »Schnickschnack« für absolute Zeitverschwendung. Sie setzt eher auf schlichte, hochwertige und praktische Kleidung. Aber wenn wir Familienfeste feiern, holt sie ihre hohen Schuhe samt Kostüm aus dem Kleiderschrank. Mein »stundenlanges Angepinsel«, wie sie es nennt, versteht sie bis heute nicht und fragt mich selbst beim Auftragen eines Nude-Lippenstifts, wo ich denn noch hinwill. Aber auch wenn sie pragmatischer war, was ihr Styling anbelangt: Auch ich habe von ihr gelernt, dass es wichtig ist, »den Männern« zu gefallen. Es war die gleiche Soße wie bei dir. Und so war auch ich immer auf der Suche nach Bestätigung und noch mehr Bestätigung – vor allem von den Jungs. Wer immer sie mir gegeben hat, den mochte ich. Natürlich habe auch ich gelernt, dass ich für diese Bestätigung einem gewissen Ideal entsprechen sollte. Hier würde ich übrigens gerne den Smiley einsetzen, der so schön mit den Augen rollen kann, aber du hast ja gesagt, das macht man nur im Internet und nicht in einem Buch.

Du kannst das gerne, wenn es dir so fehlt, umschreiben. Mein digitaler Freisprechassistent im Auto macht das auch so: »Tanja Marfo schreibt: Angespannter Oberarm mit geschwollenem Bizeps Ausrufezeichen.«

»Tanja Marfo schreibt: Caro Komma kleiner brauner Misthaufen mit lustigen Augen Ausrufezeichen.« Ich schaff das ohne Emojis, bin nämlich irre flexibel. Aber zur Sache, Schätzchen: Schon meine Mutter und überhaupt die ganzen Frauen im Umfeld meiner Familie hatten mir immer und immer wieder einzubläuen versucht, dass sich mit meinem dicken Körper kein Mann für mich begeistern würde, dass ich schlank sein müsse, um einen guten Mann zu bekommen. Dass ich nur in einem schlanken Körper wertvoll, liebens- und begehrenswert sei. Dieser Glaubenssatz zieht sich durch meine ganze Familie, und auch viele meiner Tanten hadern seit Jahren mit ihrem Gewichts-Jo-Jo.

Angesichts der »Me-Too«-Bewegung ist mir noch mal so richtig klar geworden, wie ungerecht das Machtverhältnis zwischen Mann und Frau noch in der Generation unserer Eltern war und wie sehr wir aufpassen müssen, dass wir nicht wieder in so ein Feudalsystem zurückfallen. Meine Mutter hat mir oft Geschichten erzählt, wie sie, als sie noch fest angestellt war, von ihrem Chef angeschrien wurde: »Ihre Beine! Ihre Beine! Sie machen mich verrückt. Sie dürfen nicht so einen Rock tragen!« Oder wie ein Kollege sie beim Betriebsausflug an einen Baum drückte und versuchte, an ihr herumzufummeln. Meine Mutter erzählt diese Geschichten immer mit Empörung, aber auch mit einem gewissen Stolz. Denn sie fühlte sich auch geschmeichelt, dass sie das schönste Mädchen im Betrieb war. Das merke ich auch immer, wenn sie mir Fotos von früher zeigt: im Badeanzug am Strand von Sylt, im Ballettunterricht im schwarzen Body, beim Polterabend im kurzen Cocktailkleid. Dann betont sie immer, was für eine gute Figur sie damals hatte. Auch heute noch mit Mitte siebzig legt sie großen Wert darauf, »bei den Männern« gut anzukommen. Wenn sie sich heute mal wieder einen neuen Leopardenoverall kauft (und sie shoppt gern und viel), dann schildert sie meinem Mann und mir immer noch ausführlich, wie ihr neues

Outfit auf andere gewirkt hat: »Schnecke, das ist ein heißes Teil. Und jetzt war ich wieder regelmäßig auch im Fitness. Und hab abgenommen. Da haben die Männer im Zugabteil vielleicht geguckt!« Meine Mutter hat mir – ohne das bewusst geplant zu haben – von klein auf den Glaubenssatz eingetrichtert: Du musst ein heißer Hase sein. Du musst ein heißer Hase sein. Du musst ein heißer Hase sein. Was natürlich völlig Banane ist. Jeder von uns kann ein heißer Hase sein, wenn er in the mood for heißer Hase ist. Aber er oder sie sollte sich nicht ausschließlich darüber definieren.

Damals war das aber natürlich noch überlebenswichtig, zumal es gesellschaftlich absolut verpönt war, wenn eine Frau geschieden oder alleinstehend war.

Frau musste schon ein echter Punk sein, um eine alternative Lebensform durchzusetzen und auch durchzuhalten.

Ich würde gern noch mal auf das von dir erwähnte Schneewittchen zurückkommen: Ist dir mal aufgefallen, dass Schneewittchen mit einer Riesenhypothek auf die Welt kommt? Ihre Mutter, offensichtlich mit narzisstischer Persönlichkeitsstruktur und Langeweile im Westflügel ihres Palast-Homeoffices, hat sich ja von vornherein vorgestellt, wie ihre Tochter zu sein hat: Haare, schwarz wie Ebenholz, Haut, weiß wie Schnee, und Lippen, rot wie Blut. Was, wenn Schneewittchen eine braungebrannte Blondine geworden wäre?

Dann wäre sie vermutlich auch ohne böse Stiefmutter zu den sieben Zwergen durchgebrannt.

Vermutlich hat sich meine Mutter insgeheim auch ein zartes und leises Töchterlein gewünscht und nicht so eine Riesin, für die man einen Waffenschein braucht. Mirror, mirror on the wall. Übrigens ein Zitat, das die afroamerikanische, dicke Sängerin Lizzo sehr häufig in ihre Texte einbaut. Allerdings nicht in dem zweifelnden Kontext, ob ich wohl die Schönste bin, sondern zur Selbstermächtigung: »I'm looking cute« oder »I'm looking heavenly«, »Feeling good as hell« eben. Eine Frau, die sagt: Der American Dream ist für Leute wie mich keine Option. Aber obwohl sie mit vermeintlichen Nachteilen ins Rennen gestartet ist – woman of colour und dann auch noch dick –, ist sie mit ihrem Selbstbewusstsein und ihrer guten Laune ein Weltstar geworden. Mein Lieblingslied von ihr beginnt im Übrigen so: »I just took a DNA test turns out I'm 100 percent that bitch.« Womit wir wieder beim Bitch-Seminar wären.

Lizzo ist ein Superstar und auch für mich ein role model. Lieblingszitat: »Ich will, dass Kate Moss zu mir kommt und mich nach meinem Kleid fragt!«

Du immer mit deiner Kate Moss. Ich verstehe den Hype um diese Frau nicht!

Vielleicht interessiert dich folgendes Zitat mehr: »Fragen Sie mich nicht nach meiner Kleidergröße. Es ist einfach meine Größe. Ich fühle mich jüngst einfach wie eine f***king Prinzessin, ich brauche eine eigene Modelinie!«

Und die ist bekanntlich: Size egal. Also, Spieglein, Spieglein an der Wand-Prinzessin, ist dir weiterhin mal aufgefallen, dass im Märchenbuch immer am Ende die schöne und »gute« Prinzessin geheiratet wird? Also die, die demütig die Stube gefegt und das Brot aus dem Ofen geholt hat, so wie das Aschenbrödel und die Goldmarie? Und die bedauernswerte Pechmarie fällt in den Brunnen und kriegt den Koch.

Man kann nicht früh genug damit anfangen, die Moralkeule zu schwingen und dazu Humbahumba zu rufen. Tätära?

Also mal ehrlich: Ich will lieber Queen sein als Prinzessin.

Absolut, ma chère. Ich schreibe immer wieder gern auf meine Autogrammkarten eine Sprechblase, in der steht: L'état c'est moi (Ich schreibe aber auch gern drauf »Aber bitte mit Sahne«, »Techno, Techno, Techno« oder »Sie sehen heute fantastisch aus«). Wir sind mit mehr Narrativen dieser Art aufgewachsen, als du denkst – wenn man anfängt, dafür eine Sensibilität zu entwickeln, wird einem das erst so richtig bewusst. Die Kabarettistin und Schauspielerin Carolin Kebekus hat mich, als ich sie mal interviewt habe, auf einen weiteren Skandal aufmerksam gemacht, und zwar in der Gemeinde Schlumpfhausen. Dort gibt es, das ist überliefert, ja irre viele Schlümpfe, denen irre viele Charaktereigenschaften zugebilligt werden: den schlauen und den sportlichen, den deprimierten und den depperten, den Floristen und den Torten backenden Schlumpf. Aber, und jetzt kommt es: Es gibt nur eine Schlumpfine. Und was kann die, Tanja?

Schön blond sein, in einem rosaroten Pilz wohnen und immer das gleiche weiße Kleidchen tragen. Klingt herrlich langweilig.

Ganz genau. Und wenn sie dann noch Zeit hat, dann kümmert sie sich um kranke Mäusekinder oder bringt sich selbst in Schwierigkeiten, sobald sie ohne männliche Aufsicht das Dorf verlässt. Und dann muss sie natürlich wieder mal gerettet werden. Darüber hinaus wird uns mit der Figur der Schlumpfine auch wieder mal ganz offen gesagt: Für das Prinzip Frau reicht eine Protagonistin beziehungsweise es kann nur eine Frau geben. 99 Prozent der Plätze sind mit Jungs besetzt, und um den einen Platz, der für eine Frau bestimmt ist, müssen wir uns prügeln. Kein Wunder, dass es so viele Bitchfights unter uns Frauen gibt. Barbie, die neoliberale Superheldin, konnte immerhin einer Erwerbstätigkeit nachgehen und hatte noch ihre Schwester Skipper im Schlepptau.

Da waren es schon zwei!

Wobei sie realiter mit ihrer Figur eigentlich höchstens mit Schnappatmung in ihrem Dreamhouse herumliegen könnte. Weil ihr nicht mal genug Lungenvolumen zugebilligt wurde von den Designern. Ich frage mich bis heute, wie sie es ohne Kniegelenke geschafft hat, das Gaspedal im Zaubertraummobil zu betätigen. Heute gibt es immerhin Barbies, die auch andere Hautfarben und Körperformen haben, wobei ich als chronische Pessimistin der Firma unterstelle, dass sie damit nur noch mehr maßgeschneiderte Puppenkleidung verkaufen wollen, die auf die unterschiedlichen Körperformen angepasst ist. Immerhin ist Barbie nicht mehr nur aufs gute Aussehen beschränkt: Die Botschaft der Puppenhersteller*innen »Du kannst alles sein« soll Mädchen ja »Empowerment« suggerieren, aber ich denke, es ist einfach ein feministisches Feigenblatt. In der »Career of the year«-Reihe darf Barbie immer (limitiert auf ein Jahr, die ewige Praktikantin) in einen Beruf hineinschnuppern: Kamerafrau, Chefköchin, Robotik-Ingenieurin, Tierärztin oder Fußballerin. Für mich ist das allerdings nur ein Spiegel des neoliberalen Erfolgsdrucks: Du musst es zu was bringen, und das wirst du nur schaffen, wenn du auch schlank bist. Es gibt nämlich keine dicke Robotik-Ingenieur-Barbie – sie ist immer gertenschlank. Und let's face it: Der Verkaufsschlager sind dann doch wieder die Meerjungfrauen- und Prinzessinnen-Barbies. Hast du mit Barbies gespielt, Tanja?

Bei mir zu Hause gab es nur zwei Barbies: Meiner Herz-Barbie riss mein Schulfreund Alexander in der Grundschule den Kopf ab. Großes Drama. Meine Malibu-Barbie hatte

ein Surfbrett, lange, lange, laaange blonde Haare und einen neonfarbenen Badeanzug. Ich liebte es, ihr die Haare zu kämmen. Wir reisten in diesem rosaroten Paralleluniversum mit Dreamhouse und Camper um die ganze Welt, und Barbie hatte hinten im Kofferraum Sex mit Ken. Ich geb's zu. Vor Kurzem kam noch eine Barbie dazu: Eine von diesen sogenannten Curvy-Puppen habe ich bei einem Presse-Event bekommen. Diese »curvy« Barbie sitzt in meinem Ankleidezimmer im Regal, hat nen Leo-Muster-Spaghettiträger-Dress an und rosa Haare. Realistischer könnte es kaum sein. Ich als Plus-Size-Expertin würde das gern einordnen: Diese sogenannten »curvy« Barbies sind nicht curvy. Sie haben einfach ein wenig mehr Oberschenkel und Taillenumfang und sind so höchstens normal. Aber immerhin: Sie haben so die Chance, auch eine Leber, eine Milz und alle notwendigen Rippen unterzubringen. Es ist immerhin eine Weiterentwicklung zu der Slumber-Barbie aus dem Jahre 1965, die mit Waage und Diätbuch daherkam und junge Mädchen angewiesen hat, nicht zu viel zu essen. Ich habe übrigens zu den Barbie-Spielenachmittagen meistens auch meine She-Ra-Puppe mitgenommen. Und Battle Cat, den grün-gelb gestreiften Kampftiger. Damit in Barbieland endlich auch mal ein wirkliches Abenteuer stattfindet, abgesehen von Kens und Barbies erotischen Kofferraumrendezvous. Bei der Macht von Grayskull.

She-Ra, das war doch die Zwillingsschwester von He-Man, dem Bodybuilding-Superhelden mit semmelblondem Topfschnitt. She-Ra – auch bekannt als »Princess of Power«, die gegen die Versklavung ihres Volkes und die Macht einer intergalaktischen Freak-Armee kämpft. Zentrales Zitat: »Wo die Dunkelheit regiert, leuchtet die Herrin des Lichts. Wo alle Hoffnung verloren scheint, erhebt sich die Rebellion.« Endlich eine Frau, die sich wehrt. Aber sie sieht dabei natürlich auch aus wie Barbie beziehungsweise Barbarella: mit

Brüsten, die auch als Laserkanonen hätten eingesetzt werden können, einem Hintern, auf dem man auch einen Drink hätte abstellen können, und immer mit Stiefeln. Außerdem ist sie immer frisch geföhnt in die Schlacht gezogen, dieses hypersexualisierte Zeichentrickluder. Wie sie das wohl immer hingekriegt hat?

Sie musste ja ansonsten auch keiner geregelten Erwerbsarbeit nachgehen oder die Kinder parallel versorgen und unterhalten. Ich denke, fast jedes Mädchen wollte ein bisschen so sein wie Barbie – wobei ich She-Ra, Regina Regenbogen und Ronja Räubertochter insgeheim lieber mochte.

Den Stress, den Regina Regenbogen mit Grummel Griesgram hatte, den hätte ich nicht gewollt. Ronja (Räuberkönigsspross) und She-Ra (eigentlich ja eine Adelige mit Superheldenkräften) hatten natürlich den klaren Vorteil, dass sie ein beträchtliches Vermögen von ihren Vätern geerbt haben. Das macht unabhängig und verringert den Ausgangsdruck beim Start. Meine Mutter war ja immer berufstätig und hat mir klargemacht, dass es sehr wichtig ist, eigenes Geld zu verdienen. Trotzdem hat sie sich nicht als autonome Person oder Selbstversorgerin begriffen: Frauen unterstützen ihren Mann und versorgen die Kinder. So hatte sie es von ihrer Mutter – die nie werktätig gewesen war – gelernt. Und auch wenn sie Stress auf der Arbeit hat, der Mann hat es viel stressiger. Also sei leise, stell eine warme Mahlzeit auf den Tisch, sieh adrett aus und sei bereit, wenn es heißt: »Runter mit den nassen Sachen«. Widerspruch mag »der Papa« nicht: »Klopf, klopf Schenkelchen, der Opa braucht ein Enkelchen!« Diesen Spruch fand mein Vater irre witzig. Dass ich eigentlich ein marginal aufpoliertes 50er-Jahre-Rollenbild übernommen habe, war mir lange gar nicht so bewusst. Erst als mir ein Ex-Freund ein Buch über Feminismus geschenkt hat mit den Worten: »Du musst nicht die Hausfrau spielen in unserer Beziehung!«, habe ich geahnt, dass ich mal mein Leben überdenken könnte.

Was hast du denn gemacht, dass er dich als Hausfrau empfunden hat?

Ich habe ihm eine Schwarzwälder Kirschtorte gebacken zum Geburtstag. An dieser Stelle möchte ich unterstreichen, dass ich den Beruf »Hausfrau« oder »Hausmann« nicht gering schätze! Es wäre fantastisch, wenn jeder Mann und jede Frau die Wahlfreiheit hätte, ob er oder sie einen Job auf dem Arbeitsmarkt ergreifen möchte oder nicht.

Hausfrauen und -männer machen einen unglaublich wichtigen Job, der heute als »Care-Arbeit« bezeichnet wird: Sie kümmern sich zum Beispiel um die Kinder und darum, dass die Hütte in einem akzeptablen Zustand ist und bleibt. Aber es wäre natürlich super, wenn diese Arbeit auch honoriert würde, und zwar nicht nur mit einem Ständchen der Enkelkinderschar am runden Geburtstag. Sonst endet das arbeitsreiche Leben dieser Frauen (und Männer) unweigerlich in der Altersarmut. Grundrente für alle, rufe ich! Heute kann es sich in den teuren Metropolregionen wie Hamburg oder München sowieso kaum eine Familie mehr leisten, dass nur einer von beiden arbeitet.

Aber zurück zum Kirschtorte-Gate. Ich habe es auf jeden Fall als sehr ärgerlich empfunden, dass mir ein Mann (!) Nachhilfe in Sachen Feminimus (!!) geben will: eine absurde Mansplaining-Begebenheit. Und doch konnte ich seinen Satz bis heute nicht vergessen. Auch nachdem ich Schluss gemacht habe. Später, bei einem schönen Stück Schwarzwälder Kirschtorte, habe ich dann aber realisiert, dass das Rollenverständnis, das ich in meiner Jugend gelernt habe, auch eine ganze Menge mit meiner Essstörung zu tun hat. Mangelnde Autonomie, Abhängigkeit, Bedürfnis nach Applaus und Zuspruch, Suche nach Liebe. Und instinktiv habe ich mir lange Zeit immer Partner gesucht, die mir nach kurzer Zeit das Gefühl gegeben haben, dass ich nicht genüge und ich mir ihre Liebe erarbeiten muss. Womit wir bei der Akte Ex wären. Du fängst an, Tanja.

12

Die Akte Ex – Liebe, Sex und Abhängigkeiten

Wie du war ich überzeugt, dass ich nur unter gewissen Auflagen eine Frau bin, die es wert ist, geliebt und begehrt zu werden. Ich war felsenfest der Meinung, dass mich dicke Frau niemand will. Und wenn mich jemand wollte, dann warf ich mich dieser Person meistens an den Hals. Ich war anscheinend froh, wenn mich jemand liebte, völlig unabhängig davon, ob mir dieser Mensch guttat oder nicht. Ich habe auch gelernt, dass ich mir Liebe erarbeiten muss und dass ich als Frau dazu da bin, Männer zu unterstützen, und überhaupt froh sein kann, wenn ich einen abbekomme. Weil auch ich zu Hause das klassische Rollenbild vorgelebt bekam: die Frau adrett und schön am Herd und zu Hause, Kinder vorzeigbar und ordentlich, der Mann als Alleinverdiener immer am Buckeln und Schuften. Dieses Bild habe ich lange nicht in Frage gestellt – es ist halt so.

Ich habe viele Tanten, die mich sehr geprägt haben, und ich muss just in diesem Moment, wo ich mal ganz genau hinter die Fassade blicke, sagen, dass sie fast alle durch die Bank die starken sind, die hilfsbereiten, fast schon sich aufopfernden Ehefrauen. Die, die am meisten ertragen, ausgehalten und mitgemacht haben und es heute noch tun. Sie saßen zwischen bunter Tupperware, giftgrünen Vorwerk-Staubsaugern, überteuerten AMC-Töpfen und sich vor Essen biegenden Tischen, und bei jeder Familienfeier hörte ich sie über ihre Männer klagen. Und wenn sie nicht klagten, dann redeten sie über Dinge, die sie sich gekauft hatten oder noch besorgen wollen: das neue Auto, der nächste Urlaub, die neuen

Kleider und die neue Frisur. Die tiefgründigen Gespräche, den #deeptalk, den ich mit jeder meiner Freundinnen führen können muss, den gab es unter meinen Tanten nicht und bei mir zu Hause auch nur selten. What happens in the family, stays in the family. Nach außen drang nichts!

Ich will darauf gar nicht so sehr eingehen, weil sich sonst einige beleidigt fühlen, aber das Thema Unzufriedenheit und Sucht hat in meiner Familie einen langen Rattenschwanz.

Und auch ich habe es immer wieder geschafft, mir die »Macken« meiner Partner schönzureden, weil ich das »Geliebtwerden« immer wieder an die erste Stelle gesetzt und mich dabei völlig vergessen habe. Ich wollte mich aus dem engen Korsett meiner Familie lösen und möglichst schnell auf eigenen Beinen stehen. Nach der höheren Handelsschule begann ich eine Ausbildung zur »Staatlich anerkannten Kaufmännischen Assistentin für Fremdsprachliche Korrespondenz«. Und heiratete kurz darauf auch schon, denn mit knapp neunzehn Jahren lernte ich Samuels Papa kennen. In diesen großen, mit Muskeln bepackten Mann mit dunkler weicher Haut und großen Augen habe ich mich damals Hals über Kopf verliebt und ihn bereits zwei Jahre später, mit gerade mal 21 Jahren, in Ghana geheiratet.

Ich war noch ein Baby, wenn ich so drüber nachdenke, und völlig grün hinter den Ohren und ahnte noch nicht, dass mein Mann ausgeprägte narzisstische Züge hatte. Er war ungeheuer manipulativ und schaffte es immer, im Zweifelsfall mir die Schuld zu geben. Für alles, was so schiefging. Er hatte große Ziele, die er erreichen wollte, und brauchte dafür meine finanzielle Unterstützung. Unsere Beziehung und Ehe in Etappen zusammengefasst: zwei Jahre Fernbeziehung, Verlobung, Heirat, in erster eigener Wohnung zusammengezogen, Baby bekommen (bestes Geschenk, danke), der Versuch, uns etwas aufzubauen (unter anderem ein Haus in

Ghana, in das alle meine Ersparnisse flossen), stattdessen immer mehr festgestellt, dass wir doch nicht zusammenpassen. Mein damaliger Mann suchte sich Ablenkungen diverser Art, betrog mich, verschwand, ohne etwas zu sagen, für mehrere Tage und erwartete, dass ich das alles stillschweigend akzeptierte. Immer wieder verzieh ich ihm, bis es einfach nicht mehr auszuhalten war. Ich machte Schluss und saß zusammen mit meinem kleinen Kind bei meinen Eltern und heulte. Immer wieder setzte ich ihm eine Deadline, bis wann er aus unserer gemeinsamen Wohnung ausziehen sollte, doch er hielt sich nicht dran. Zwei Jahre lang waren wir zwar eigentlich schon getrennt, lebten aber immer noch unter einem Dach. Wenn er nach Hause kam, ging er eigentlich nur ins Schlafzimmer und telefonierte mit irgendjemandem, stundenlang. Mich behandelte er wie Luft. Ausziehen wollte er trotzdem nicht.

Ich wollte einfach nicht wahrhaben, dass meine Ehe zum Scheitern verurteilt war. Ich hatte doch immer diese schöne Idee gehabt, wie Familie und Ehe laufen und aussehen: harmonisch, lachend, fürsorglich, respektvoll in einer Ikea-Showroom-Umgebung mit frischen Schnittblumen und einer großen Lümmelcouch, auf der sich alle treffen. Bei uns lief aber gar nichts mehr. Ich fühlte mich gefangen, schaffte es aber mal wieder nicht, mit jemandem über die verfahrene Situation zu sprechen. Meine Eltern hatten ja immer gesagt: Du weißt doch bei »so einem«, worauf du dich einlässt. Und ich wollte nicht, dass sie recht haben, und traute mich deswegen nicht zuzugeben, dass es einfach nicht funktionierte. Nach außen hielt ich also lange den schönen Schein aufrecht und zerbrach innerlich fast daran.

Diese Zeit war für mich die reinste Qual, und natürlich ging auch mein Gewicht steil nach oben. Immer häufiger und immer mehr hatte ich das Bedürfnis, mich mit Essen zu betäuben. Irgendwann hatte ich diese Fressattacken fast täglich. Immer abends, wenn ich mein Tagwerk verrichtet hatte und Samuel im Bett war und schlief, ging ich in die Küche und aß alles, was ich im Kühlschrank fand oder vorab extra für meine Zeremonien besorgt hatte. Am liebsten Süßigkeiten: Gummischlangen, Nuss-Schokolade, Marzipan, Vanilleeis, Walnusseis – immerhin ohne Sahne, aber mit Streuseln. Wenn nichts im Haus war, war ich in meinen schlimmsten Momenten sogar bereit, einfach nur puren Puderzucker zu essen oder Unmengen von getoastetem Brot. Ich aß und aß und aß – jeden Abend mindestens eine Stunde lang.

Meine Fressanfälle halfen mir über diese schwere Zeit hinweg. Durch sie konnte ich mir ein kleines Stück heile Welt schaffen, einen Rückzugsort, der nur mir gehörte und niemandem sonst. Essen gab mir Rückhalt, Stärke und stellte mich stumm. Essen fragt nicht, sondern ist immer da. Einerseits. Andererseits erreichte ich in dieser schweren Zeit mein Höchstgewicht von 240 Kilo. Mein Ex, der immer noch nicht gehen wollte, sich aber auch nicht mehr öffentlich mit mir zeigen wollte, gab mir Tipps: »Iss doch einfach abends nicht mehr.« Er war absolut der Falsche – auch für so etwas. Aber die Blicke, die ich kassierte, wenn ich mit meinen 240 Kilo und dem kleinen Samuel die Straße entlangschnaufte, gaben mir den Rest. Als ich einmal am Hamburger Hauptbahnhof unterwegs war, schrie einer: »Guck mal, die Dicke hat mit einem Neger gefickt.« Sonst will sie ja keiner – das war der Subtext.

Trotz aller Schmähungen funktionierte ich in diesem seltsamen unerträglichen Vakuum irgendwie vor mich hin, vor allem für meinen Sohn. Meine Gefühle waren auf Standby geschaltet. Doch die Einsicht über die Katastrophe meiner ersten Ehe bahnte sich dann doch einen Weg durch den emotionalen Stillstand: Ich bekam Panikattacken. Vor allem, wenn wir mal wieder »Familie« spielen wollten für unser gemeinsames Kind und auf Ausflüge gingen. Dann bekam ich Schnappatmung, Enge in der Brust, Schweißausbrüche.

Irgendwann halfen mir auch meine Binge-Eating-Abende nicht mehr, um meine Wut und Trauer zu managen und in den Griff zu kriegen. Es kam immer häufiger zum Streit: Ich fing an ihn anzuschreien, und er schrie zurück. Unsere Auseinandersetzungen wurden immer lauter und eskalierten an einem Abend, als ich ihm aus lauter Verzweiflung eine Backpfeife gab. Er gab mir prompt eine zurück. Noch nie habe ich so geweint wie damals. Es war ein ganz anderes Weinen. Ich saß im Badezimmer vor der Wanne auf dem Boden, der Schmerz schüttelte mich, und ich hatte wirklich das Gefühl zu zerbrechen. Meine Hände zitterten, eigentlich zitterte alles an mir. Da wusste ich: Ich muss etwas ändern.

Um nicht völlig durchzudrehen, fing ich an, mir Dates zu suchen: Ich brauchte einen Fluchthelfer. Die Leichtigkeit und Bestätigung, die ich trotz meines Gewichts bei den harmlosen Flirts erfuhr, halfen mir, die Schwere zu vergessen, zumindest für ein paar Stunden. Und ich verlor 70 Kilo. Von dieser buchstäblichen Leichtigkeit ermutigt, beschloss ich, Nägel mit Köpfen zu machen: Eines Abends, als mein Sohn in den Ferien bei Oma und Opa war, nahm ich all meinen Mut zusammen und untersagte meinem Noch-Ehemann, nach Hause zu kommen, weil ich einen Übernachtungsbesuch erwartete. Er dachte wohl, ich wär zu Scherzen aufgelegt, und erinnerte mich an das heilige Sakrament der Ehe – was für ihn wohl nicht galt – und daran, dass ich ihn nicht einfach aussperren könnte. Und ob ich das konnte! Schließlich bezahlte ich die Miete, und auch die Möbel gehörten mir. Mein Mut war meine Rettung – damit war die Beziehung endlich wirklich vorbei. Ich reichte die Scheidung ein, und er setzte nie wieder einen Fuß in meine Wohnung.

So eine traurige Geschichte. Mit gerade mal dreißig schon geschieden. Es ist fatal, wenn man sich gefangen glaubt in einer Beziehung, die einen vor allem Energie kostet. Ich verstehe aber auch, dass du wegen eures gemeinsamen Kindes so lange ausgeharrt hast in der Hoffnung, dass es schon wieder werden würde. Aber kein Kind braucht eine traurige Mutter, die sich nicht wehrt und alles mit sich machen lässt. Wir müssen unseren Kindern Vorbilder sein und ihnen zeigen, dass es in Ordnung ist, wenn man Grenzen setzt.

Das muss man aber auch lernen. Ich habe mir auch im Laufe meines Beziehungslebens viel gefallen lassen und viel Zeit auf Männer verschwendet, die mir das Gefühl gaben, Mängelware zu sein: Einer von ihnen, ein sehr attraktiver Junge aus gutem Hause, gab mir schon recht früh in unserer Beziehung zu verstehen, dass ich ja ganz lässig mit meinen kleinen (für ihn zu kleinen …) »Sportbrüsten« sei, aber er stünde eigentlich immer noch auf seine Ex (eine sehr weibliche, sehr glutäugige und sehr kleine Spanierin). Bei einem gemeinsamen Florenz-Wochenende, das eigentlich romantisch sein sollte, holte er sich bei der Hotelputzfrau erst mal einen Kübel, um damit eine Wasserpfeife zu bauen, eimerte sich dann eine Portion Marihuana in die Birne und schaute mit glasigen Augen beim Spaziergang durch die Stadt allen zarten und braungebrannten Italienerinnen hinterher. Ich verstand, dass ich als blondes deutsches Mädchen wohl nicht seinem Beuteschema entsprach. Das ganze Wochenende fühlte ich mich wie eine stämmige Kalkleiste – selten so wenig Spaß gehabt in Bella Italia.

Er hielt mir auch zahlreiche Impulsreferate über die Filme, die er aus der Pornofilmvideothek seines Vertrauens ausgeliehen hatte. Ich möchte den Lesern*innen die dirty Details ersparen, nur so viel: Richtig coole Bräute müssen »Tricks« auf Lager haben – zum Beispiel abstruse Tricks mit Sprudelwasser. Rückblickend würde ich sagen: alles Fehlinformationen. Doch die Tricks, die diese Pornodarstellerinnen an und mit ihren Filmpartnern zusammengurgelten, diskutierte er enthusiasmiert lang und vor allem breit mit seinen Kumpels beim Bong-Rauchen, dann putzte er sich die Nase mit seinen getragenen Socken (Mama wusch sie ja noch für ihn), pinkelte ins Waschbecken (Mama putzte ja auch das) und sah mich mit einem erwartungsvollen »Und jetzt kommst du!«-Blick an. Ich schaute mir ihn und seine Pornofilme eine Weile an und frage mich bis heute, warum ich mir so lange das Gefühl habe geben lassen, dass ich unzulänglich bin. Aber ich blieb. Bis am Ende vom Tag die sehr kleine Spanierin wieder um die Ecke bog, ich abgemeldet war und mit hängenden »Sportbrüsten« bei meiner besten Freundin hockte und schwor, fortan nur noch stilles Wasser zu trinken. Hattest du jemals so einen Pornokandidaten, Tanja?

Was für ein Psycho! Und vor allem siehst du hier, was für eine niedrige Hemmschwelle manche Männer haben. Wer sich so benimmt, hat sie nicht mehr alle. Dass wir solche Exemplare ausgehalten haben, ist mir ein Rätsel. Ich habe mir im Laufe meines Lebens auch eindeutig viel zu viel gefallen lassen. Wenn du das mal gerafft hast, keine Dauerbedürftigkeit mehr verspürst und klar im Kopf bist, dann riechst du Idioten auf 300 Meter Entfernung. Ich bin in meinen heißen Datingphasen an die kuriosesten Kandidaten geraten, die Frauen nicht als Menschen begreifen, sondern als Objekte. Wie bei den Barbiepuppen: Modell Malibu, Modell Slumber, Modell Robotik, curvy, black, whatever. Ich traf Seriendater, Feeder, also Männer, die ohnehin dicke Frauen gerne füttern und noch dicker werden lassen, die darauf stehen, wenn die Hose zu eng ist, wenn der Stuhl drückt, wenn die Frau quasi von ihrem eigenen Fett erdrückt wird und kaum Luft bekommt, andere klinisch auffällige Spezialisten wie Narzissten oder Typen, die ganz offen eine sehr dominante Frau suchen und sich herumkommandieren lassen wollen, die mit den dicken Portemonnaies, die dir alles kaufen wollen, also Bezahlskla-

ven, und natürlich immer wieder auch Suck-my-toes-Fußfetischisten. Aber die Sensibilität und die Antennen, dass mein potenzielles Date nicht alle Tassen im Schrank hat, darauf musste ich auch erst mal kommen. Ich war so ausgehungert, was Aufmerksamkeit und Liebe angeht, dass ich aus lauter Bedürftigkeit gedatet habe. Und so habe ich die Macken dieser Männer übersehen (wollen).

Ich bin ja jetzt schon zehn Jahre lang fest liiert, kann also keine aufregenden Storys vom Datingmarkt mehr berichten. Ist dir ein Herr besonders in Erinnerung geblieben?

O ja! Ein Date blieb mir besonders im Gedächtnis, denn ich fand den Herrn tatsächlich unfassbar schnuckelig und interessant. Ich war auf einer Plattform für Menschen mit Übergewicht angemeldet, die ihre Liebe suchen. Ich erinnere mich noch gut an den Moment, als er mich dort anschrieb und ich sein Foto anklickte:

Dieser nordische, große Mann mit stahlblauen Augen, Dreitagebart, Typ Kaschmirpulli und Segelschuhträger mit einem verschmitzten Lächeln, das mir zu sagen schien: »Komm auf mein Boot, Baby. Ich habe Schampus, Erdbeeren mit Schoki überzogen und Nudelsalat.« Ich war sofort Feuer und Flamme und packte die gute Schwimmweste ein. Wir tauschten relativ schnell die Telefonnummern, und er rief mich an. Seine Stimme war männlich und tief, sonor und ausdrucksstark, und er konnte wunderbar in ganzen Sätzen sprechen. Wir unterhielten uns stundenlang am Telefon und beschlossen, uns auch in echt zu treffen, auf einen Kaffee in der Schanze. Ich war furchtbar aufgeregt und zappelig, überlegte lange, was ich anziehen sollte, und entschied mich für ein glamourös-gediegenes, hanseatisches, sexy Graue-Maus-Outfit – immerhin mit Glencheck-Muster, also ein hippes

Schottenkaro. Er saß wie zu erwarten in Jeans und Polohemd da, groß und schlank und sportiv. Ich stehe nämlich nicht auf dicke Männer – eine Dicke in der Beziehung reicht. Wir unterhielten uns angeregt, mussten viel lachen, was ich immer extrem sexy finde, und wechselten schließlich die Location.

Location? Wohin seid ihr denn gegangen?

Na, zu ihm! Eine Eigentumswohnung mit Dachterrasse in bester Lage und dem größten und komfortabelsten Badezimmer, das ich je gesehen habe. Ich stand vor dem Spiegel im Bad, um mir das Näschen zu pudern, und dachte nur: »Hier passt du endlich mal rein!« Wir tranken viel Wein. Das erste Mal, dass ich Wein aus einer Dekantierkaraffe serviert bekam. Irgendwann setzte dann eine gewisse Bettschwere ein, und wir, na ja, dings.

Ach, komm schon.

Dingsbums.

Alles klar, Frau Kommissar. Keine weiteren Fragen. Oder doch, warte: Und dann?

Danach lagen wir einfach so im Bett herum und kuschelten. Das fand ich befremdlich, weil Kuscheln echt intim ist, dazu braucht es eine gewisse Vertrautheit und Nähe. Und eigentlich fand ich, dass es die noch gar nicht gab. Geben konnte. Er fuhr mich dann nach Hause, und ich fühlte mich komisch. Irgendwie benutzt und abgelegt, wobei er seinen Terminkalender auf Tasche hatte und so mit Verbindlichkeit winkte. Er rief mich mehrere Male nach unserem Dingsbums an, aber ich ging nicht ran. Irgendeine innere Stimme sagte mir, dass der komisch ist beziehungsweise dass diese ganze Situation nicht koscher ist. Und ich sollte Recht behalten: Irgendwann telefonierten wir noch mal, und da sagte er mir dann tatsächlich, dass er zwar auf dicke Frauen wie mich stünde, allerdings könne er keine offizielle Beziehung mit mir eingehen, da er sich in Kreisen bewege, die sehr elitär und konservativ wären. Seinen Eltern würde er immer nur eine schlanke, blüschentragende Freundin vorstellen können, da sie eine dicke Frau niemals akzeptieren würden. Aber weil es so »sexy and free« mit mir war, würde er das gern wiederholen. Und er wäre sogar bereit, dafür richtig zu investieren. Er bot mir allen Ernstes Geld oder gar ein neues Auto an. Wäre kein Problem, das würde er aus der »Portokasse« bezahlen.

Mir zog es in diesem Moment wirklich den Boden unter den Füßen weg. Ich war sprachlos ob dieser armselig herablassenden »Reiche-Wurst-Nummer«. Ein Mann, der nicht dazu stehen kann, dass er gerne mit dicken Frauen schmust, sondern eine Nordic Barbie zu Repräsentationszwecken braucht, die dann aber ja auch die Betrogene ist, weil er im Netz immer wieder nach dicken Dates sucht. Egal wie: Die Frauen sind immer die Betrogenen. Und offensichtlich geht es nie um die konkreten Personen und Frauen, sondern nur darum, was dieser Mann in dieser Situation braucht. Ich bin doch kein Fetisch! Ich bin verdammt noch mal ein Mensch!

Was für eine miese Geschichte! Aber es zeigt wieder, wie verpönt das Dicksein noch immer ist und was wir auf Körper projizieren. Was mich aber beschäftigt, ist, dass du selbst keinen dicken Mann in dein Bett lassen würdest. Das zeigt doch auch, dass du da ein klares Beuteschema hast und einem dicken Partner keine Chance gibst. Du sortierst vorher aus.

Bisher kam einfach noch keiner, der mich angesprochen hat. Auch im übertragenen Sinn. Aber mein Beuteschema ist auch nicht wirklich auf einen Typ Mann festgelegt. Zu dick sollten sie auf jeden Fall nicht sein. Ist das jetzt diskriminierend oder einfach ehrlich?

Es ist beides.

Vielleicht kommt ja mal einer daher. Es kommt natürlich auch auf die »inneren Werte« an und das ganze Paket, das einen Mann begehrenswert macht. Aber ich halte tatsächlich nicht nach dicken Männern Ausschau. Das gebe ich einfach zu. Und ich glaube auch, dass dicke Männer nicht nach mir suchen.

13

#bodyshaming in der Horizontalen – wenn der eigene Körper beim Sex im Weg ist

Let's talk about sex, Caro. Auf allen Singleportalen, auf denen ich angemeldet bin, ist meine Figur ein Thema. Ich habe, glaube ich, niemals einen Mann gedatet, der nicht erst mal mit mir über Körperlichkeiten sprechen musste. Egal, was ich anstelle, ich falle auf.

Du bist ja auch nicht zu übersehen, meine Liebe. Da fragt man sich vermutlich schon, ob das Bett breit genug ist, wenn es heißt: »Zur Sache, Schätzchen«. Ich würde gern über ein Thema reden, das vielen Menschen aller Größen und Gewichtsklassen heimlich auf den Nägeln (und nicht nur da) brennt. Nämlich: Wie unser eigener Körper uns im Weg steht, wenn es darum geht, guten Sex zu haben. Wie viele schöne Momente und Zeiten der Zärtlichkeit wir uns selbst kaputt machen, weil wir uns selbst in die Suppe spucken. Das geht ja – Achtung, wichtig! – nicht nur den Dicken so. Auch viele andere Frauen (und Männer) empfinden sich nicht als schön, und sobald es ans Entblättern geht, denken wir in erster Linie darüber nach, was der/die andere jetzt über unseren Körper denkt: über unseren Hintern, die schlecht rasierten Beine, den Körpergeruch, die olle Unterbuxe, die Cellulite, den Bierschinken und so weiter und so fort. Sobald es zur Sache geht, rattert die Bedenkenmaschine los und blockiert das zentrale Lustzentrum, das bei der Frau, anders als viele denken, nicht die Vulva ist, sondern das Hirn. (Kleiner Hinweis für die Trolls und Hater: Ja, Frauen haben ein Hirn. Aber ihr müsst nicht dran herumschubbern, um die Damen zu beglücken. Ihr müsst ihnen ein gutes Gefühl geben und sie mit Intelligenz und Witz stimulieren.) Wenn ich's recht bedenke, reicht schon das eine

Haar, das man beim Beinerasieren vergessen hat, um uns die Gaudi des Anbandelns zu zerschießen. Anstatt noch einen Sprizz zu bestellen und in heiterer Gelassenheit in uns und auf dem Barhocker zu ruhen, denken wir nur darüber nach, ob er (oder sie) diesen Hufbehang entdeckt und entrüstet von dannen zieht.

Ich kenne zig Frauen, die jahrelang keinen Spaß am Sex hatten, weil sie sich nicht entspannen und loslassen konnten. Manchmal reichte auch ein dummer Spruch von einem Typen, der sämtliche weiteren erotischen Zusammentreffen überschattete. Eine wunderbare, strahlende Freundin, die nebenbei bemerkt ein fantastischer DJ ist und sehr selbstbewusst mit ihren Kurven durchs Leben groovt, hat mir mal erzählt, was sie sich für Sprüche von Männern anhören musste, die ihr lange die Lust auf Liebe, Sex und Zärtlichkeiten vermiesten:

»Zehn Kilo weniger, und ich würde dich heiraten.«

»Endlich hab ich auch mal mit ner Dicken geschlafen.«

»Na ja, also den Sex, den ich eigentlich mit dir haben will, das geht nicht. Dafür bist du echt zu schwer, sorry.«

»Nein, Bruder, nimm nicht die Dicke, nimm die Hübsche!«

»Du bist halt einfach dick. Da steht nicht jeder drauf. Aber sonst bist du echt hübsch.« Nach jedem dieser Sprüche wollte sie heulen und davonlaufen, aber sie hat meistens weitergelächelt, weitergeknutscht, weitergekuschelt. Wenn sie das nicht getan hat, bekam sie ein »Ach komm, ich habs doch nicht so gemeint« oder »Das war doch nur lieb gemeint – als Denkanstoß« oder »Ich bin halt direkt« serviert. Es ist egal, ob wir dick oder dünn sind, ob wir mordsmäßige Gaudinockerln oder Sportbrüste haben, ob wir Tricks mit Sprudel können oder noch Jungfrau sind: Ein Spruch, und wir verlieren vor lauter Unsicherheit die Freude an der eigentlich schönsten Nebensache der Welt.

Also, diese Sprüche kenne ich auch von früher, und sie haben auch bei mir wie bei dir und deiner Freundin dazu geführt,

dass ich mich beim Sex lange nicht gehen lassen konnte. Ich habe mich geschämt für meinen Bauch, meinen Po, meinen Körper – für alles! Scham zieht sich durch mein Leben und war auch in Bezug auf Intimität eine große Hürde und Herausforderung. Wenn ich zurückblicke, frage ich mich, ob ich überhaupt jemals einen Mann kennengelernt habe, der mich körperlich nicht verändern wollte. Der mich nicht beim ersten Date gefragt hat, ob ich abnehmen will. Der mir einfach sagte, dass er mich begehrenswert findet, und das auch so meint. Der sich nicht »nur« heimlich mit mir treffen wollte, sondern mit mir gemeinsam um die Häuser ziehen wollte. Die Antwort ist: Jein. Erst seitdem ich mit neuem Selbstbewusstsein an die Sache rangehe, mich selbst auch als attraktiv empfinde und auch Körbe verteile, hat sich vieles verändert. Ich strahle jetzt offensichtlich etwas anderes aus. Als ich aber noch im unsichtbaren Büßergewand unterwegs war, kassierte ausschließlich ich die Körbe und blöde Sprüche. Schon mein erster Freund fragte, ob ich denn noch abnehme oder »ob das jetzt so bleibt«.

Autsch! Das sitzt. Das klingt wie: »Ist das noch gut, oder kann das weg?«

Genau. Und das hat er einfach so rausgehauen zwischen Fummeln, Knutschen und Kuschelrock auf der Rückbank in seinem tiefergelegten Opel Calibra. Und ich war ein ganz schönes Kalibra und erinnere mich noch gut dran: Draußen war es kalt, innen beschlugen die Scheiben, mein Hintern klebte am Leder fest, machte ab und zu Geräusche wie ein Abziehbild, das man von der Folie löst. Mit anderen Worten: Es war kein schöner Ort für ein versuchtes erstes Mal. Nach seinem taktlosen Spruch war mir sofort die Lust vergangen, und wir gingen nach der Opel-Sause getrennte Wege. Aber

jetzt mal im Ernst – es gibt viele Frauen, die sich für ihren Körper beim Sex schämen, Intimität nicht genießen oder sie komplett vermeiden. Wenn ich solche Themen mit meiner Community auf Instagram bespreche und gezielt frage, wie es um das Sexleben meiner Sisters steht, sind die Antworten zu 80 Prozent leider negativ. Ich kann dir ja mal ein paar Zitate liefern:
»Ich schäme mich für meinen Körper und trage ein Oberteil beim Sex, obwohl wir bereits 1,5 Jahre zusammen sind.«
»Beim Sex ziehe ich mich überhaupt nicht aus.«
»Ich habe Angst, mich meinem Partner nackt zu zeigen.«
»Tanja, es fällt mir so verdammt schwer, Intimität zuzulassen!«
»Ich schäme mich und versuche, Intimität in der Ehe zu vermeiden.«
Ist das nicht schrecklich, Caro?

Das ist es. Eine Bekannte hat mir einmal unter Tränen gestanden, dass sie – jetzt ist sie immerhin schon um die 50 – noch nie einen Orgasmus erlebt hat. Weil sie sich nie, nie, nie entspannen konnte, weil sie sich nie als liebens- und begehrenswert empfunden hat.

Gott sei Dank bekomme ich auch ab und zu positive Rückmeldungen nach dem Motto »Sex ist immer schön«. Und manchen Frauen mache ich Mut: durch mein Engagement und weil ich sage, dass ich mich ins Leben stürze und auch auf Dates gehe. Eine Frau hat mich sehr berührt, als sie geschrieben hat: »Ich habe durch dich gelernt, mich selbst mehr zu lieben.«
Gerade weil ich mich selbst lange so geschämt habe, weil ich eben auch nicht so makellos und schön bin (wer ist das aber schon?) wie die Frauen in den Magazinen, kann ich die Scham meiner Sisters nachempfinden. Aber auch die

mangelnde Akzeptanz meiner Ex-Partner und die Verunsicherung meinem Körper gegenüber haben ihren Teil dazu beigetragen, dass ich Sex erst mit Ende dreißig als Singlefrau so richtig genießen kann. Mein letzter Partner konnte die Getting-Jiggy-With-It-Knöpfe bei mir nicht finden, und das, obwohl er laut eigener Aussage Bonusmeilen auf Lager hatte, weil er ja viele viele andere Beziehungen vor mir hatte und sich »auskenne«. Ich kam zu diesem Zeitpunkt aus meiner Ehe und hatte darum keine unzähligen Sexpartner vorzuweisen. Also fühlte ich mich schlecht, weil unerfahren. Mit mir wollte er nicht experimentieren oder gab mir zu verstehen, dass mein Bauch im Weg ist. De facto wusste er nicht, wie er mich anfassen und befriedigen sollte. Ich wäre dazu bereit gewesen, neue Stellungen und vielleicht auch Toys mit ins Spiel zu bringen. Für ihn war das alles »komisch« und, wie er behauptete, »langweilig«. Kompromissbereitschaft gleich null. Er musste mich und meinen Körper abwerten, um sich besser und größer zu fühlen. Das hat Spuren hinterlassen.

Auf den Partner einzugehen, sich fallen zu lassen und sich mit ihm auch sexuell zu beschäftigen ist für mich das Zeichen einer guten Beziehung. Erfüllung und sexuelle Befriedigung fand ich erst nach der letzten Trennung als unabhängige Singlefrau. Welch ein Segen! Meine Dates wissen ja, dass sie eine etwas breitere Rückbank in ihren Opels einplanen sollten, dass ich Humor schätze und dass eben nicht eine Größe 38 um die Ecke biegt. Völlig egal, wie viel Shapewear ich trage.

Vorsicht, Wagen schert aus. Rangierabstand auf keinen Fall einhalten. Zugriff, Herr Wachtmeister.

Willst du einen Ausschnitt aus meinem Tinderprofil hören?

Nur zu!

»Diese Frau kann Hardware downloaden!« – Chuck Norris
Giraffen-Emoji – 186 cm ohne Socken
Buch-Emoji – findet Bücher sexy
Sonnenschirm-Emoji – bin bescheiden, Haus am Meer reicht
Rotwein-Emoji – Rotwein
Cocktailglas-Emoji – ein Leben ohne Gin ist möglich, aber ginlos
Sonnenblumen-Emoji – gute Gespräche
Drachen-Emoji – kann einen Drachen selbst erlegen, aber keinen Nagel in die Wand hauen
Kronen-Emoji – zu jung für Walter und zu alt für Kevin

Tolles Profil – dafür geb ich dir 11 von 10 Clown-Emojis – bekanntermaßen die wichtigste Mahlzeit des Tages. Oder mit anderen Worten: Fuß-Emoji – läuft bei dir!

Mir ist bewusst, dass manche Männer vielleicht einfach was für zwischendurch suchen oder sich erst im Alter trauen, zu ihren Vorlieben zu stehen. Langfristig wünsche ich mir natürlich wieder einen festen Partner, aber die Freiheit des Experimentierens und Männer, die mich nicht als abstoßend empfinden, sondern mit leuchtenden Augen ansehen, war eine ganz neue und auch wohltuende Erfahrung. Und einen Mann zu finden, der weiß, wie er alle Knöpfe bedient, ist einfach mal »groundbreaking«, wie Oprah immer so schön sagt. I mean – ich bin weich und flauschig – und frei nach Lizzo: »The whole damn meal!« Was mancher Ex-Freund zu anstrengend fand, liebt ein anderer umso mehr.

Da können sich auch alle ein Beispiel nehmen, die normalgewichtig oder, wie es immer wieder in Zeitschriften heißt, »beneidenswert schlank« sind. Lasst doch einfach mal das Licht an am Nachtkastl, auch wenn ihr den Landing Strip nicht getrimmt und die Rosette gebleacht habt. Das seid ihr. Das ist gut so. Bedenken wir: Viele dieser »nicht nur sauber, sondern rein«-Normen wurden von der Kosmetikindustrie gelauncht, damit sie irgendeinen Irrsinn, irgendein Produkt an uns verkaufen können. Ich habe noch keinen Mann kennengelernt, der mich von der Bettkante gestoßen hat mit einem entgeisterten »Wie, du hast kein Bodyspray benutzt?«. Wir fixieren uns selber so sehr auf die Perfektionierung unserer Hülle und machen und tun alles dafür, dass wir irgendwelchen Schönheitsidealen hinterherhecheln. Aber wir sind doch so viel mehr! Wir sind nicht nur Körper. Zeigst du dich eigentlich gern nackt?

Kommt darauf an, wo, also in welchem Rahmen: In den sozialen Medien gehe ich mit dem Thema Nacktheit sehr vorsichtig um. Ich weiß, dass einige Klassenkameraden meines Sohnes mir folgen und ich eine gewisse Verantwortung habe. Komplette Nacktheit auf Insta oder Facebook kommt für mich nicht in Frage, Haut zeigen schon. Aber immer mit einer gewissen Ästhetik. Stichwort Ästhetik: Ich trage zwar immer noch ungern Shorts in der freien Wildbahn, weil ich mich damit nicht attraktiv finde, aber wenn's um Nacktsein im echten Leben da draußen geht, verstecke ich mich nicht mehr. Ich besuche zum Beispiel regelmäßig die Sauna und liebe es, nackt zu schwimmen. Das erste Mal habe ich das tatsächlich in einer Therme gemacht, in der kein Textilzwang herrschte. Weißt du, was? Das war mega! Einfach nur entspannt, wie die eigenen Brüste durchs Wasser gleiten – so ganz schwerelos. Hast du auch den Freischwimmer gemacht, Caro?

In Gold. Wobei meine Brüste ja schwerelos sind, von Natur aus, weil sie so klein sind und sportlich. Nur kurz vor meiner Regel spüren sie die Erdanziehungskraft und fragen mich morgens nach dem Aufwachen: »Wer geht voraus?« Fun Fact: Wusstest du, dass es in Kroatien Hotels gibt, wo sie Sisi-Aufgüsse anbieten? Da kommt dann eine Saunameisterin, die eine Sisi-Perücke trägt und im weißen Nachthemd Hits aus dem Musical »Elisabeth« singt, während sie die Kelle auf die Kohlen leert.

Glaub mir, mir ist kein Fetisch mehr fremd. Auch das ein Nebeneffekt meiner Tinder-Routine. Und abschließend kann ich sagen: Ich weiß, dass mein Körper für viele immer noch Exotenstatus hat. Aber ich nehme mich nicht als Exotin wahr, ich bin eine dicke attraktive Frau. Und irgendwann wird er kommen: der Typ, für den ich einfach nur Tanja bin – mit einem Po für zwei und einer Bauchfalte, unter der ich theoretisch etwas verstecken könnte. So wie es mein Ex-Freund immer gesagt hat: »Stecks hinein, es bleibt geheim.«

Bei »Po für zwei« und »Stecks hinein« hab ich jetzt an etwas ganz anderes gedacht.

Nennen wir es Pürierstab.

Aber leicht zu begeistern!

Belassen wir es beim fröhlichen Bauchfaltensex. Kriegt man wenigstens keine Blasenentzündung.

Learnings von Caro und Tanja

Warum Partnerschaften kein Selbstbewusstsein schenken

Manche geraten immer an die Falsche oder den Falschen, bei manchen sind die ersten Monate noch rosarot, dann endet wie immer alles im Chaos, andere rennen immer ihrem vermeintlichen Glücksritter hinterher und verhungern am ausgestreckten Arm. Und die Beziehungen der anderen scheinen immer besser zu laufen. Hier kommt die gute wie schlechte Nachricht: Die beste Basis für eine funktionierende Partnerschaft bist du selbst. Kein Partner der Welt kann Probleme lösen, die du mit dir selbst hast. Und du auch nicht seine bzw. ihre. Du brauchst dir kein Projekt zu suchen – du musst niemanden retten! Wenn ein Partner (oder beide) eine Essstörung haben, ist das auf Dauer eine Belastung, die das Zusammenleben und -lieben zerstören kann. Eine Essstörung wird bei partnerschaftlichen Schwierigkeiten immer schlimmer, nie besser. Keine Partnerschaft der Welt ist es wert, dass du deine Ideale aufgibst und vergisst, wer du bist und was dir wichtig ist. Bleib dir selbst treu. Werde erst mal selbst glücklich, dann kannst du auch andere glücklich machen. Nimm dir deine Zeit, um herauszufinden, was und wer dich glücklich macht!

14

Du bist doch total krank – verliebt, verlobt und essgestört

Verlassen wir mal die Horizontale und sprechen über die ganze, glückliche Familie. Ab Anfang dreißig schaut unser Umfeld uns nur noch mit dem »Na, und wann ist es bei euch so weit?«-Blick an. Und wenn frau keinen Kinderwunsch hat, dann stimmt da ja wohl was nicht. Es ist auch mir schwergefallen, mich davon frei zu machen. Noch immer war ich in erster Linie »die gute Tochter« und wollte nach meinen mehr oder eher weniger erotischen Lehr- und Wanderjahren, dass meine Familie (und die Gesellschaft) nun endlich auch meine bis dahin immer eher kurzen Beziehungen ernst nehmen. Ein ordentliches(!) Mädchen muss(!) verheiratet(!) sein und einen Kinderwunsch(!) haben. (Natürlich alles völliger Nonsens. Eine Frau mit Mitte dreißig muss das tun, was eine Frau mit Mitte dreißig tun muss: glücklich sein bei den Dingen, auf die sie Lust hat.) Ich beschloss also damals: Der muss das jetzt sein. Attraktiv. Aus gutem Hause. Akademiker. Quasi Elite-Partner. Dass wir nach zwei Jahren ernst zu nehmende Probleme miteinander hatten und unglücklich waren, schob ich weg. Wenn ich zum Beispiel später als vorher kalkuliert von einer Drehreise nach Hause kam und er hungrig zu Hause saß und darauf wartete, dass wir gemeinsam ein Abendessen kochen würden, setzte ich mein ganzes Team unter Druck, dass wir ja keine Raucherpausen auf Rasthöfen einlegen würden, weil ich Angst hatte, dass er mich wieder zusammenschimpfen würde. Wenn er mich schimpfte oder mich mit Missachtung strafte, fühlte ich mich wie ein ungezogenes Kind, das alles falsch machte. Ich geriet in emotionale Zustände und Muster, die ich aus Kindheitstagen nur zu gut kannte. Angst vor Geschrei, Angst vor dem Alphatier, Angst vor Entwertung. Ich versuchte mich also wieder einmal über-anzupassen, um keinen Ärger zu machen, ja keinen Fehler! Keine Grenzen setzen dürfen. Ich bin ja falsch. Er wird schon recht haben, wenn er so schimpft. Dass er vielleicht auf einem völlig verkehrten Dampfer war, kam mir nicht in den Sinn. Zwar sagte ich dann schon mal: »Mach dir doch ein Käsebrot, und dann kochen wir später!«, aber ich fühlte mich trotzdem schuldig.

Das ist wirklich wie verhext: Man weiß, dass der andere im Unrecht ist, trotzdem fühlt man sich wie eine Verbrecherin. Solche toxischen Beziehungskonstellationen kommen dir vermutlich bekannt vor, oder, Tanja?

Ich nenne das Umkehren der Schuldfrage. Du wirst so lange manipulativ gebrainwashed, bis zu selber anfängst, dem verdrehten Weltbild deines Partners zu glauben, und in eine Opferrolle gelangst. Du ungezogenes, böses Mädchen! Sich aus dieser Opferrolle zu befreien, ist richtig schwer. Allerdings merkt man erst spät, wie einem geschieht.

Genau wie du dachte ich, das muss ich eben aushalten – schließlich hatten wir ja schon die »Save the date«-Karten für die Hochzeit verschickt. Ich versuchte, flach zu atmen und mir einzureden, dass wir das schon in den Griff kriegen, diese cholerischen Anfälle. Meine Mutter hat es ja auch ausgehalten. Doch je näher der »glücklichste Tag meines Lebens« rückte, desto panischer wurde ich.

Irgendwann gestand ich mir ein, dass ich wahnsinnig unglücklich war. Und – Tada! – das Gefühl des Gefangensein und der Machtlosigkeit brachte mich genau wie dich in deiner ersten Ehe, Tanja, wieder zurück in die Essstörung. Heimlich, still und leise begann ich wieder mehr und mehr zu kontrollieren, was ich esse und wie viel ich esse, wollte mir aber lange nicht eingestehen, dass der olle Dämon wieder da war. Erst verzichtete ich wieder weitestgehend auf Fleisch (angeblich aus Tierschutzgründen), dann sogar auf den von mir so geliebten Weißwein (morgen muss ich ja fit sein) und auf Schokolade (Zucker ist die Droge des neuen Jahrtausends). Als mein Verlobter und ich uns kennengelernt hatten, war ich eine gut gelaunte Partynudel gewesen, jetzt war ich eine deprimierte Ökokiste und ein Kontrollfreak, wie er mir genervt vorhielt.

Unsere Verlobung platzte dann auf einer gemeinsamen Reise, die eigentlich ein Traumurlaub hätte sein sollen: ein Roadtrip durch Nordkalifornien bis nach Kanada. Auf halber Strecke im Park unter der legendären Golden Gate Bridge entbrannte scheinbar aus dem Nichts bei einer gemeinsamen Joggingrunde ein riesiger Streit, den auch der beeindruckende Morgennebel nicht abkühlen konnte. Ich war wohl mal wieder etwas zu verbissen und zu schnell vorangejoggt und er – etwas fülliger zu diesem Zeitpunkt – nicht hinterhergekommen. Als ich auf ihn wartete, brüllte er mich an: »Du bist total geisteskrank und besessen, du Scheiß-Magersüchtige!« Sicherlich nicht der richtige Ton, schon gar nicht für die eigene Verlobte, und auch nicht gerade ein leuchtendes Beispiel für den sensiblen Umgang mit psychischen Erkrankungen. Aber es rüttelte mich wach. Die Stimmung war im Eimer. Der Urlaub auch. Die gemeinsame Zeit angezählt. Fünfzehn Jahre, nachdem ich die Psychiatrie verlassen hatte, musste ich mir eingestehen, dass ich einen Rückfall hatte. Der Dämon, das Monster, die SM, die Scheiß-Magersucht war wieder bei mir und zu meinem Partner geworden. Und ich frage mich bis heute: Bin ich als ehemalige Essgestörte im Prinzip wie eine trockene Alkoholikerin? Was meinst du, Tanja: Hat jede ungesunde Beziehung, ob privat oder beruflich, das Potenzial, uns in die alte Suchtfalle tappen zu lassen?

Diese Frage stelle ich mir auch. Mir ist aufgefallen, und ich glaube, da kann ich auch für dich mitsprechen, dass wir beide gerne Narzissten in unser Leben ziehen – egal ob als Freunde oder als Lebenspartner. Ich bin der festen Überzeugung, dass man sich aufrichtig von alten Mustern getrennt

haben muss, um einen Partner fürs Leben zu finden, der wirklich passt. Erst musst du aufräumen bei dir. Dann kannst du jemand reinlassen. Für mich als Singlefrau fühlt es sich zumindest ganz so an. Niemand kann dich von deinen alten Mustern befreien und deine Wunden heilen – das kannst nur du selbst. Ich bin in vorherigen Beziehungen immer wieder in alte Fallen getappt und habe mich verstellt, nur um die Anerkennung und Liebesdosis zu bekommen, nach der ich mich so schmerzlich sehnte. Und das machte dann alles nur noch schlimmer: Eine ungesunde Beziehung macht uns nämlich abhängig, konfrontiert uns mit nicht erfüllten Sehnsüchten oder weckt alte Dämonen, von denen wir lange glaubten, dass sie friedlich im Keller schlafen. Unglückliche und ungesunde Beziehungen haben meine Essstörungen immer wieder von Neuem erblühen lassen. Ich musste jedes Mal von vorne anfangen und mein zertrampeltes Herz vom Boden aufwischen, mich selbst bestärken und wieder von Neuem versuchen, noch an die Liebe zu glauben. Und das ist nicht einfach! Wie bist du da rausgekommen, Caro?

Ich habe mir natürlich wieder therapeutische Hilfe geholt. Und habe verstanden: Anders als damals, als ich noch ein Kind war, habe ich jetzt die Freiheit zu gehen. Ich muss nicht bleiben, wenn mich jemand schlecht behandelt oder mir eine bestimmte Konstellation nicht gut bekommt. Ich sagte also die Hochzeit ab und zog aus.
So was macht keinen Spaß. Es bleibt ein Gefühl des Scheiterns. Aber ich habe die Verantwortung für mich und mein Seelenheil übernommen und bin auch überzeugt, dass es für meinen damaligen Freund besser war. Ich war nicht die Richtige. »Good people bring out the worst in each other« – eine Lieblingszeile von meiner Lieblingssängerin Leslie Feist. Eine Sache habe ich bei der ganzen Misere gelernt: Wir müssen uns um uns selbst kümmern wie eine gute Mama. Wir müssen wir selbst bleiben und formulieren, was

uns guttut und was nicht. Wir müssen unsere Grenzen abstecken und uns und unsere Körper wie einen edlen Palazzo verteidigen. Wenn jemand in den Vorgarten schifft, wird er verwarnt. Beim zweiten Mal bekommt er oder sie Hausverbot. Wir müssen auf uns aufpassen, denn egal, wie therapiert wir sind: Die Essstörung ist immer da und lauert wie ein Schläfer in unseren Seelenkellern. Ich bin auch heute noch – auch wenn es anders wirkt – oft sehr unsicher. Und es fällt mir, so wie auch dir, Tanja, schwer, Bewunderung und Liebe auseinanderzuhalten. Vermutlich haben auch wir beide gewisse narzisstische Anteile in unserer Persönlichkeit – sonst wären wir ja nicht stets um Grandiosität bemüht.

Was heißt hier bemüht, Zwinkersmiley-Emoji.

Bananen-Emoji. De facto ist es für eine Beziehung eine große Herausforderung, wenn ein Partner eine Essstörung in die Beziehung mitbringt. Ich habe einmal ein schwules Paar kennengelernt, wo der eine versucht hat, seine Magersucht versteckt zu halten und einfach nur einen auf Sportskanone zu machen. Was für den anderen Partner schwer zu verstehen war: Er wollte morgens schmusen und im Bett frühstücken, während der andere erst rast- und dann komplett ruhelos war und zunehmend aggressiv wurde, weil er eben seinen Zwang leben musste, das verdammte fettige Croissant wegzujoggen. An diesen Punkt gelangte er in all seinen Beziehungsversuchen. Das junge Glück war dadurch immer nach kürzester Zeit getrübt, und er musste gehen, weil er sich allein besser mit seiner Sucht einrichten konnte. Irgendwann ging es nicht mehr gut, und er wies sich selbst in eine Klinik ein.

Ein anderes Paar, das ich kenne, da merkte der gute Mann lange nicht, dass seine Freundin bulimisch war. Durch die Fernbeziehung, die die beiden lebten, konnte sie das gut verstecken. An den Wochenenden war sie strahlend, lebenslustig und gut drauf, doch sobald er wieder ging, futterte sie sich voll, um sich dann zu erbrechen. Als sie zusammenzogen und er ihrem Problem auf die Schliche kam, fiel er aus allen Wolken. Und sie kam mit seinem »normalen« Umgang mit Lebensmitteln und dem Thema Essen nicht zurecht, herrschte ihn an, nicht zu viel einzukaufen, zwang ihn, bestimmte Produkte einzuschließen, und kritisierte ihn generell für die Sachen, die er in den Kühlschrank legte. Zu fettig hier. Zu ungesund da. Die Beziehung ging auf die Dauer nicht gut, weil er das Gefühl bekam, alles nur falsch zu machen.

Und noch ein Beispiel habe ich parat: ein Ehepaar, die beide an Adipositas, also Fettsucht, litten. Beide hatten geglaubt, keine Partner*in zu finden. Sie lernten sich über eine Kontaktanzeige im Wochenblatt kennen. Das, was sie einte, war die Essstörung und ihr jeweiliger Kampf dagegen. Sie mussten sich vor dem anderen nicht verstecken und schämen und lebten sich aber so in ihrem Dicksein ein. Die Sucht lag immer mit im Doppelbett. Auf Dauer wurden beide immer dicker und immer unglücklicher. Als sie dann von der Kasse eine Magenverkleinerung genehmigt bekam, freute sie sich. Nach der OP nahm sie drastisch ab. Er jedoch empfand jedes Kilo weniger als Verrat an ihrer Beziehung. Sie freute sich also nur noch heimlich über jedes Pfund, das sie verlor und mit dem ihr Selbstbewusstsein wiederum wuchs, und konnte diese für sie positive Veränderung nicht teilen. Er verzweifelte, sie blühte auf. Dann bekam auch er eine Magenverkleinerung – der Gewichtsverlust verlief aber nicht so reibungslos wie bei ihr, weil er in seiner Trauer darüber, dass er den Draht zu seiner Frau irgendwie verloren hatte, immer Süßigkeiten aß. Zwar kleinere Mengen, weil große Mengen nicht mehr gingen, aber dennoch viele Kalorien. Das Dicksein hatte sie verbunden, in schlank funktionierten sie nicht mehr.

Das kann ich richtig nachempfinden. Vielleicht ist dies auch der Grund, warum ich keinen sehr dicken Partner möchte. Es würde sich alles nur noch ums Essen drehen. Der eine wird zur Verstärkung der Sucht des anderen, zur Echokammer der

Essstörung, und man kommt aus diesem Teufelskreis niemals mehr hinaus. Das wäre eine absolute Horrorvorstellung für mich. Wie ging's bei den beiden weiter?

Ich traf sie einige Jahre später wieder: Sie hatten sich getrennt. Was für die gemeinsamen Kinder eine Katastrophe war. Wie offen bist du immer mit deiner Essstörung umgegangen, Tanja?

In meiner Ehe war mein Essen ein großes Thema, aber ich konnte es nicht benennen, und mir war der Begriff »Binge Eating« noch unbekannt. In meiner späteren Beziehung habe ich am Anfang versucht, meine Binge-Eating-Attacken unter Kontrolle zu bekommen – auch mein Ex war beruflich viel unterwegs und bekam meine Fressanfälle anfangs nicht mit. Und weil ich mich an sein Essverhalten anpasste, dachte ich, ich hätte mit ihm zusammen die Kurve gekriegt und wäre geheilt. Ein Trugschluss. Poldi war natürlich noch immer mit dabei, er hatte sich nur vorübergehend schlafen gelegt. Ich war so froh, dass ich meinen Partner damals hatte, aber nach und nach begriff ich, was eine Beziehung mit diesem Mann eigentlich bedeutete und was für ein Paket er mitbrachte: ein Kind aus erster Beziehung, eine Ex, die natürlich durch das Kind immer auch präsent war, und, und, und – ach ja, und auch noch einen Riesenhund! Der ganze Rattenschwanz des Patchworks. Ich wollte es mir nicht eingestehen, dass mir das eigentlich zu viel war. Und natürlich: Wie immer, wenn ich meine Gefühle verleugne, kommt Poldi wieder groß raus. Die Binge-Eating-Anfälle häuften sich, ich nahm wieder zu, wurde dadurch noch unglücklicher und unsicherer. Wieder mal fühlte ich mich meinen Lebensumständen ausgeliefert und machtlos. Ohnmacht. Irgendwann vertraute ich mich also meinem Ex-Partner an und sagte ihm, dass mit mir etwas nicht stimmt und dass ich eine Essstörung habe. Es hat immerhin zwei Jahre gedauert, bis er die ganze Tragweite verstand. Nun wollte er mir helfen und kam auf die zweifelhafte Idee, mit mir gemeinsam zu bingen.

Wirklich eine seltsame Idee: Das ist ja auch eine Form der Co-Abhängigkeit. Du kannst doch auch nicht bei einem Alkoholiker sagen, ich zeig dir, wie sehr ich dich annehme, indem ich mich mit dir ins Koma saufe.

Ja, eine seltsame Idee. Aber damals habe ich das nicht so gesehen, sondern mich darauf eingelassen. Ich fand es irgendwie toll, dass er versuchte, mich besser zu verstehen – womit wir wieder beim Thema »Sucht nach Bewunderung« sind. Aber irgendetwas in mir ahnte doch, dass das nichts mit Liebe zu tun hat, sondern dass er sich stark und groß fühlen wollte. So habe ich mich nicht gut gefühlt, als wir zusammen in den Supermarkt pilgerten, um für das Fressinferno Chips, Gummibären, Lakritz, Eiscreme, Kekse und Cola zu kaufen. Sonst hatte ich das ja immer allein und für mich gemacht. Die Heimlichkeit war plötzlich weg und damit auch der eigentliche Kick. Dafür setzte großes Unbehagen ein. Ein Binge-Anfall findet ja immer im stillen Kämmerlein statt, niemals vor anderen. Ich fühlte mich sehr unwohl, wie auf einem Präsentierteller, zur Schau gestellt und wieder wie das Zirkuspferdchen. Wir setzten uns abends gemeinsam vor den Fernseher und aßen unsere Beute. Ich konnte gar nicht so viel essen, habe versucht, meine Unsicherheit wegzulachen, und hörte schließlich recht schnell auf, weitere Süßigkeiten in mich hineinzuschaufeln. Mein Ex sagte noch ganz stolz: »Siehst du, hab ich doch gleich gesagt, dass ich viel mehr vertragen kann also du!« Das Experiment war damit zu Ende und ließ mich voller Fragen, Scham und Unsicherheit zurück.

Ein Zeichen dafür, dass er irgendwie gar nichts verstanden hat.

Richtig, hatte er auch nicht. Jetzt bin ich seit knapp zwei Jahren Single und versuche, bei mir zu bleiben und mich auf mich und mein Kind zu konzentrieren. Ich möchte meine Essstörung in den Griff bekommen und werde meine Nöte, Sorgen und Gefühle niemals mehr verstecken oder mich verstellen. Ich kann offen darüber sprechen. Ich werde in meiner zukünftigen Beziehung von vornherein mit offenen Karten spielen. Und ich werde darauf achten, wie es mir geht und was für Emotionen der neue Mensch an meiner Seite in mir hervorruft.

Ich habe jetzt in meiner Ehe nie einen Hehl daraus gemacht, dass ich mal magersüchtig war. Als ich vor zehn Jahren diesen Rückfall erlitten habe, hat mich das wirklich schockiert, aber es hat mich auch zum Nachdenken gebracht. Ich habe realisiert, dass ich viel zu hohe Erwartungen an mich habe und immer noch viel zu streng bin mit mir. Wenn ich mein Pensum (das oft völlig utopisch ist) nicht schaffe, werde ich stinksauer und laufe mit einer unsichtbaren grauen Wolke über dem Kopf herum. Niemand kann es mir dann recht machen. Mein Mann leidet oft unter meiner Ruhe- und Rastlosigkeit.

Ich habe mit meinem Mann deshalb ein Codewort ausgemacht: Salzsäure. Ich habe nämlich einmal angefangen, das Klo zu putzen, mit einem echt krassen Kloputzmittel. Dabei wollten wir eine Radltour unternehmen. Die ganze Familie wartete unten auf mich, aber ich hatte einen dieser Putzanfälle, bei denen ich denke, ich muss jetzt sofort äußere Ordnung herstellen, weil mir alles entgleitet und ich nichts im Griff habe. Statt also die eine Sonnenstunde zu genießen, die der Wetterbericht vorhergesagt hatte, putzte ich und ließ alle warten. Mein Mann schimpfte, ich ließ irgendwann alles schlecht gelaunt liegen und stieg missmutig auf mein Rad.

Nach einer Viertelstunde im Wald, wo die Vögel zwitscherten und der Wind in den Wipfeln rauschte, fragte ich mich, warum ich mir und auch allen anderen den Nachmittag mit meinem Putzwahn versaut hatte. Wir machten also das Codewort »Salzsäure« aus. Wenn er jetzt »Salzsäure« ruft, dann weiß ich, dass mal wieder mein wahnhafter Autopilot übernommen hat. Und ich habe geschworen, dass ich dann sofort alles stehen und liegen lasse, mit ihm einen Kaffee trinke und wir eine Runde gemeinsam entspannen. Je älter ich werde, desto mehr entspanne ich mich, was meinen Körper angeht. Mein Mann gab mir schon früh zu verstehen, dass ich nicht aussehen muss wie die Girls auf Instagram oder im Katalog. Weder müssen die Beine frisch gewaxt und gebräunt, noch die Zehennägel frisch lackiert noch die Zähne minzfrisch gespült noch die Unterwäsche extravagant sein, um Freude am Fummeln zu haben. Und wenn ich wieder mal ein mentales Formtief durchschreite und angesichts meines Bindegewebes »La Bamba« (Orangenhaut) oder angesichts meines Hinterns »La Bomba« anstimme, hat mein Mann mir auf seine erfrischend gleichgültige bis einsilbige Art (»Ah geh, Spatzl!«) zu verstehen gegeben, dass er all diese Petitessen nicht einmal wahrnimmt. Er mag mich, weil ich ich bin. Aber wir funktionieren viel besser, wenn ich mich auch mag.

Weißt du Caro, ich finde es wirklich klasse, wie ihr beide damit umgeht. Manchmal nehmen wir uns und unseren Körper nicht wahr, übersteigen Grenzen, gehen zu weit oder fühlen uns wie von uns selbst abgestöpselt. Du bist schon einen großen Schritt weiter als ich, und es tut gut zu sehen, dass es einen Partner gibt, der zu dir steht und dich versteht. Und dir auch mal unverblümt die Meinung sagt. Der dich aber nicht ändern will, sondern dir die Hand reicht und sagt: Gemeinsam packen wir das. Ich werde auch irgendwann so einen Menschen an meiner Seite wissen – darauf freue ich mich. Wie bist du dann mit deinem Rückfall umgegangen?

Ich habe mir die Hilfe eines Therapeuten gesucht, der mir einen sehr wichtigen Rat mit auf den Weg gab: »Als Kind hatten Sie keine Chance zu gehen. Sie waren der Situation und der Spannung ausgeliefert. Aber als Erwachsene haben Sie immer die Möglichkeit, den Menschen zu verlassen, der ihnen nicht guttut.« Daraus wurde mein privates Mantra: Love it, leave it or change it. Ich muss auf mich aufpassen, denn das tut keiner für mich. Und wenn ich mir nicht treu bleibe, sondern mich für jemanden dauerhaft verbiegen muss und meine gute Laune von der Stimmung und dem Applaus eines anderen abhängig mache, dann werde ich krank. Also muss ich da raus.

All das habe ich damals unter der Golden Gate Bridge verstanden, und als wir zurück nach Deutschland gekommen sind, hat es nicht mehr lange gedauert, und ich habe mich getrennt und die Hochzeit abgesagt. Mir hat das wehgetan, und für ihn war es eine Katastrophe. Für mich auch. Mit so viel Scheitern enden keine guten Geschichten. Oder vielleicht genau eben doch. Zumindest endete mein Magersuchtsrückfall in dem Moment, in dem ich eine neue Wohnung für mich allein bezog, mit einer weißen Chaiselongue, einer kleinen Blumenvase, zwei Tellern und zwei Kaffeetassen. Das meiste blieb ja in der Wohnung bei meinem ehemaligen Verlobten. Ich war einsam irgendwie. Aber auch frei. Und hatte nun den Raum, über alles noch einmal nachzudenken.

Märchen enden ja sehr häufig mit einer Eheschließung. Auch das ärgert mich beim abendlichen Vorlesen für meine Tochter immens – wobei die Sache mit der Hexenverbrennung bei Hänsel und Gretel und die Sache mit der Ausbeutung der Müllerstochter als Goldspinnerin und Sexsklavin bei Rumpelstilzchen auch nicht kindgerecht sind. Nach der Hochzeit kommt dann bald ein Baby und dann höchstens ein »Wenn sie nicht gestorben sind, dann leben sie noch heute«. Subtext: Die Frau muss verheiratet werden, dann ist sie glücklich. Spoiler: Auch als ich schließlich doch noch geheiratet habe, ging mein Leben weiter, und ich finde bislang, dass es auch dann noch der Rede wert war und ist. Ich wache seither nicht jeden

Tag morgens auf und rufe: »Yeah! Mega! Ich bin verheiratet! Danke dafür, lieber Mann.«

Vielleicht solltest du das mal ausprobieren, was dann passiert! Also, für mich ist die Eheschließung in einer längeren Beziehung irgendwie wichtig, muss ich gestehen. Und obwohl ich ein gebrandmarktes Kind in puncto Ehe bin, habe ich trotzdem den Glauben daran nicht verloren. Meine Scheidung wurde mir übrigens bei der Beichte zur Kommunion meines Sohnes vergeben. Das ist das Gute bei den Katholiken – du kannst Scheiße bauen, und es wird dir verziehen. Einen Ablassbrief musste ich nicht kaufen. Heiraten mit Kirche und ganz in Weiß dürfte ich trotzdem in dieser Institution nicht mehr.

Aber ich dachte mir, mach doch aus der Not eine Tugend und entwirf deine eigene Brautkleidkollektion »Infinity«. Ich habe drei Kleider designt, das Modell »Truth«, das Modell »Trust« und das Modell »Time«, und mich dabei gefühlt, als würde ich gerade meine eigene Hochzeit planen und gestalten. Ich habe meine komplette Ausrüstung entworfen: vom Ring mit einem grünen Chromdiopsid umringt von kleinen Diamanten bis zum Hochzeitskleid, von der Location bis hin zum weißen Naked Cake, den Trockenblumen und dem Schleierkraut im Haar. Nur der Mann fehlt noch. Aber wenn Mister Right irgendwann daherkommt, bin ich ready, das volle Paket. Meine Brautkleider gibt es jetzt in einem Hamburger Curvy Bridal Concept Store.

Das ist wieder typisch Tanja. Du lässt dich auch nicht als Single-Lady vom Brautkleidkauf abhalten. Ich finde das sehr gesund: Wenn du Lust hast auf etwas, dann mach es. Und warte nicht. Ich habe nach der abgesagten Hochzeit für mich auf jeden Fall einen für mich ganz zentralen Glaubenssatz formuliert: Alles kann, nichts muss.

Aber um unsere sexuelle Emanzipation noch zu Ende zu führen: Ich habe dann ja doch noch den Richtigen, also meinen Mann, aufgerissen. Für ihn musste ich dann aber mein Mantra »Alles kann, nichts muss« umdrehen in: »Darling, alles MUSS, nichts KANN.« Also heiraten und Babys machen. Es kam dann noch ein bisschen anders. Wir haben erst ein Baby gemacht und dann geheiratet.

Mein Mann ist übrigens keiner, der einen Helikopter mietet, um rote Rosen auf mich regnen zu lassen, so wie es einst Gunter Sachs für Brigitte Bardot getan hat. Er schenkt mir zum Geburtstag gern praktische Dinge, weil er weiß, dass ich eine Schwäche für qualitativ hochwertige und schwere Geräte habe: also Sitzheizungen zum Selbsteinbau, Spaten und Heckenscheren. Auf den Flammenwerfer warte ich noch. Und er hat sehr viele Hobbys (Löten, Schrauben, Rockmusik) und Freunde (viele). Mit so einem Mann an meiner Seite ist es wichtig, dass ich selbst für mein Wohlbefinden und meine gute Laune sorge. Keine Beziehung und schon gar keine Ehe ist verantwortlich für das Glück der jeweils Beteiligten. Und egal, ob hetero oder homo: Kein Mann und keine Frau eignet sich als alleinige Quelle des Selbstbewusstseins. Das hat übrigens auch Schlumpfine in einer Folge gelernt: Als sie ihr neues weißes Kleid ausgeführt und Applaus von allen Seiten erwartet hat, hatte sie richtig schlechte Laune. Sie hätte besser sich selbst applaudiert und wäre dann rausgegangen, um sich einen schönen Tag zu machen: zum Beispiel mit einem Flammenwerfer Gargamels Burg abzufackeln. Deswegen schreibe ich da jetzt gleich drüber. Komm, Tanja, mach mit!

— *Learnings von Caro und Tanja* —

Was ich alles nicht (sein) muss in Beziehungen

Ich muss keine Partyrakete sein, weil es jemand von mir erwartet.
Ich muss kein Harmonie-Raumspray sein, damit die Stimmung stimmt.
Ich muss kein Pornostar sein.
Ich muss keinen Sex haben, wenn ich nicht will, aber es jemand von mir erwartet.
Ich muss nicht heiraten, weil es jemand von mir erwartet.
Ich muss keine Kinder kriegen, weil es jemand von mir erwartet.
Ich muss mich nicht verstellen, um geliebt zu werden.
Ich muss mich nicht für meinen Körper schämen und verdiene eine liebevolle Beziehung und einen Partner, der mich versteht und mich so liebt, wie ich bin.
Ich muss mich nicht zurückhalten und darf so laut lachen, wie ich will.
Ich muss nicht aneinanderkleben. Es gibt keine symbiotischen Partnerschaften.
Ich gehöre niemandem. Nur mir alleine.
Ich bin immer genug! Immer!
Ich darf meinen Platz einnehmen und eine Partnerschaft haben, in der ich mich entfalten kann.
Liebe besitzt nicht, sondern lässt frei!
Der richtige Partner an deiner Seite hilft dir beim Auspacken deines seelischen Gepäcks. Der falsche packt noch mehr Ballast obendrauf, stellt dir dann auch

noch dafür eine Rechnung und sagt am Ende, dass du schuld an allem bist.
Ich muss einfach nur sein. So wie ich sein will.
Wah! Das tut gut! Und jetzt alle!

15

Jetzt neu: NOCH dicker!
Übers Mamawerden und Mamasein

Normalerweise haben mir alle Ärztinnen und Ärzte ja gesagt, dass ich zu dick und zu schwer bin. Stimmt ja auch. Aber ausgerechnet am Zenith meiner Schwangerschaft, wo sich naturgemäß jede Frau wie eine Mischung aus Walross und Watschelente fühlt, bekomme ich das zu hören: »Also, Sie haben eigentlich kein breites Becken, sondern sind da unten eher schmal!«, informierte mich die Ärztin, als ich im Kreißsaal lag und die Geburt von Samuel anstand. Ich dachte, ich hätte mich verhört. Ich und schmal? Dass ich das noch erleben darf! Bis dahin dachte ich, das einzig Kleine an meinem Körper sind meine Ohren.

Selbst in dieser Situation mit Wehenschmerzen aus der Hölle ploppte die Frage auf, ob ich mich mein ganzes Leben lang selbst belogen und gar keine schweren Knochen habe. Über so etwas dachte ich nach, kurz bevor ich meinen Sohn bekommen sollte. Was für ein Irrsinn.

Noch heute frage ich mich, woher man weiß, ob man schwere Knochen hat, und wer das überhaupt bestimmt? Und jetzt mal ehrlich, wo kommt diese Redensart her? Bestimmt aus einer Frauenzeitschrift aus dem 18. Jahrhundert, als schwere Knochen en vogue waren. »Zum High Tea bei Ihrer Majesty dürfen nur Frauen mit breitem Becken und schweren Knochen.« Ich wäre der reinste Superstar zu Zeiten von Louis XIV. gewesen und hätte an jedem Finger einen anderen Mann gehabt. Das ist doch ein Fall für dich, Caro aka Miss Planet Spezialwissen.

Skelette sind tatsächlich verschieden beschaffen – auch was die Knochendichte angeht. Frauen haben in der Regel leichtere Knochen als Männer, wenn wir aber viel Sport treiben oder unsere Knochen hohen Belastungen ausgesetzt werden, kann der Knochenapparat stabiler werden. Aber bad news: Mehr als drei Kilo mehr als der Durchschnitt kann auch der schwerste Knochenmann beziehungsweise die schwerste Knochenfrau nicht aufs Grundgerüst schieben. Der Rest ist vermutlich seinem oder ihrem Bierschinken geschuldet. Aber irre, dass du selbst im Kreißsaal über deine Figur nachgedacht hast. Ich habe in dem Zustand nur Stoßgebete gen Himmel gesandt: Lieber Gott, mach, dass meine Tochter und ich hier beide lebend wieder rauskommen. Sie mussten das noch viel zu kleine Mädchen ja per Notkaiserschnitt holen.

Dein Sohn Samuel war ja ein absolutes Wunschkind, so wie auch meine Tochter. Trotzdem habe ich mich am Anfang schwer damit getan, dass alles an mir so weich und lommelig wurde durch die Schwangerschaftshormone. Wie hast du die Zeit der Schwangerschaft empfunden?

Ich fand es am Anfang meiner Schwangerschaft absolut surreal, dass da jetzt ein Menschlein in mir heranwächst und es sich die kommenden neun Monate schön muckelig in meinem Bauch macht. Dass ich Mama werden durfte, das empfinde ich nach wie vor als eines der größten Wunder und Geschenke. Denn es war ja aufgrund meines Gewichts keine Selbstverständlichkeit: Bei starkem Übergewicht, wie ich es habe, sinkt die Chance auf eine Schwangerschaft ganz massiv. Du weißt doch bestimmt genauer, warum, Schlaubine.

Ich weiß, dass das Übergewicht alles Feinstoffliche durcheinanderbringt im Körper, und dann wird es immer sehr kompliziert. Grob gesagt ist eine Störung der Eizellreifung und des Eisprungs durch eine Erhöhung von Insulin- und Blutzuckerspiegel, Blutfetten, Fettgewebshormonen und den Hormonen der Hirnanhangsdrüse daran schuld. Vermutlich hast du das ja auch schon vorher gemerkt, weil deine Regel kam, wann sie wollte, oder?

Genau so war es. Um schwanger werden zu können, habe ich um die 40 Kilo abgenommen. Ich habe gefastet, gehungert, Sport gemacht und war rückwirkend betrachtet wirklich ziemlich versessen darauf: ICH WILL JETZT EIN KIND. Aber vielleicht war der Zeitpunkt auch ideal. Ich war ja noch sehr jung, gerade mal zweiundzwanzig, was die Chance, ein Kind zu kriegen, ja erhöht. Ich war verheiratet, hatte meinen Mann an meiner Seite, und damals glaubte ich noch, glücklich zu sein. Das Interessante: Das Abnehmen fiel mir damals nicht schwer, weil ich ein klares Ziel vor Augen hatte. Und das Schöne: Ich hatte Erfolg und wurde belohnt. Meine Menstruation kam dank meiner regelmäßigen und vergleichsweise gesunden Ernährung pünktlich wie die Maurer. Das wusste ich, weil ich ganz akribisch einen Menstruationskalender führte.

Nach einigen Monaten bemerkte ich, ganz aufgeregt, dass ich zwei Tage überfällig war. »Nicht zu früh freuen, Tanja!«, sagte ich zu mir selbst. Und wartete weitere fünf Tage. Dann kaufte ich mir aufgeregt auf dem Weg ins Büro einen Schwangerschaftstest in der Apotheke. In der Mittagspause riss ich die Packung auf, pieselte in einen Plastikbecher und wartete. Im Sichtfenster des Teststäbchens erschien ein Streifen. Ich studierte den Beipackzettel: Ein Streifen, das heißt, »Test funktioniert«, also ganz grundsätzlich. Ich saß auf dem Plastikklodeckel in der Kabine, fixierte mit meinen Augen das zweite Sichtfenster auf dem Teststäbchen und trommelte nervös mit den Fingern auf meine Oberschenkel. Nach etwa 60 Sekunden erschien ein zweiter rosa Streifen. Was hieß das? Was hieß das? Der Beipackzettel erklärte: Ein zweiter rosa Strich bedeutet positiv. Schwanger. Ich war schwanger! Mir rutschte fast das Herz in die Hose. Freudentränen traten mir in die Augen. Ich war tatsächlich schwanger. Dieses Glücksgefühl war unbeschreiblich. Erinnerst du dich noch daran, wie das bei dir war?

Na klar. Ich führte damals noch keinen Menstruationskalender, ahnte aber, dass ich irgendwie überfällig war. Weil ich sowieso einen Frauenarzttermin hatte, meldete ich am Empfangstresen an, dass ich gern bei dieser Gelegenheit einen Test machen würde. Ich pieselte also auch in einen Plastikbecher, auf den die Sprechstundenhilfe meinen Namen gekrakelt hatte, und stellte ihn in die Labordurchreiche. Dann wartete ich auf dem Stuhl vor dem Behandlungszimmer und schaute vor mich hin. Das Kleinkind einer anderen Patientin krakeelte im Eingangsbereich herum und unterhielt sich brabbelnd mit seinem Spiegelbild, um sich dann irgendwann brüllend auf dem Boden zu wälzen. Meine Ärztin kam aus dem Zimmer, warf einen Blick auf das Häufchen Revolte im blauen Strampelanzug, schaute mich dann lachend an und meinte: »Na, Frau Matzko, das ist schon mal ein Vorgeschmack. Darauf können Sie sich jetzt schon mal einstellen.«

Ich war so perplex, dass ich erst mal nicht verstand, was sie meinte. Ich trabte mit Trottelgesicht hinter ihr her ins Behandlungszimmer. Meine Ärztin schloss die Tür hinter uns, konnte dann das unsichtbare Fragezeichen über meinem Kopf erkennen und rief erklärend: »Herzlichen Glückwunsch! Sie sind schwanger!« Ich ließ mich auf den Behandlungsstuhl fallen, und sie zeigte mir im Ultraschall etwas, das wie eine Bohne im Weltall aussah. »Es ist noch sehr früh, aber das ist Ihr Kind. Bitte kommen Sie nächste Woche wieder, dann können wir nach dem Herzschlag schauen!« Ich nickte, ging zu meinem Auto, setzte mich ans Steuer, fuhr ohne zu blinken um die Ecke und baute an der nächsten größeren Kreuzung beinahe einen Unfall, weil ich einen totalen Bockmist zusammenfuhr und gegen sämtliche Verkehrsregeln verstieß. Alle hupten mich zusammen und signalisierten mir mit unmissverständlichen Gesten, dass ich a) wahnsinnig und b) ein Arschloch sei. Ich winkte entschuldigend zurück und fuhr bei Rot über die nächste Ampel. Völlig benebelt kam ich nach einer gefühlt endlosen Fahrt endlich nach Hause, stürzte in die Wohnung, wo mein damaliger Freund, der heute mein Mann ist, gerade Kaffee kochte: »Ich habe grad fast einen Unfall gebaut und dann fast noch einen – und ich bin schwanger.« Er nahm mich in den Arm. Dann fing ich an zu weinen. Vor lauter Überforderung und vor lauter Freude.

So war das bei mir. Was für eine Aufregung! Ich hätte gerne einen Schnaps getrunken. Aber das ging ja nicht mehr. Bloß keinen Fehler machen, nichts tun, was das Kind gefährden würde. Ich war so dankbar, dass das trotz Magersucht geklappt und dass ich rechtzeitig die Kurve gekriegt hatte und auch dank Hormontherapie nach der Psychiatrie meine Organe retten konnte, die nötig sind, um ein Kind zu bekommen. Jetzt wollte ich alles tun, damit es auch bei mir bleiben würde. Die ersten drei Monate bibberte ich, dass etwas schiefgehen könnte, und so richtig konnte ich mich erst ab dem fünften Monat entspannen, als man Ärmchen, Beinchen, die vor sich hinruderten, und eine winzige Nase im Ultraschall erkennen konnte. Ich war zum ersten Mal richtig stolz auf meinen Körper, dass er dieses Menschlein bauen konnte, und fühlte mich irgendwie geehrt, dass ich die Immobilie für diesen zauberhaften kleinen Alien sein durfte. Als ich dann noch erfuhr, dass es ein Mädchen war, konnte ich die Schwangerschaft noch mehr genießen, so selig war ich. All die Kotzerei am Anfang war vergessen. Wie ging es dir denn?

Ähnlich. Die Kotzerei in den ersten drei Monaten fand ich auch nicht so genial. Ich arbeitete ja noch in einem Maklerbüro und war Office Managerin in Probezeit. Jeden Morgen saß ich mindestens fünfzehn Minuten auf dem Badewannen-

rand und überlegte mir, ob ich jetzt kotzen muss oder nicht. In der Bahn hatte ich im dritten Monat einen Kreislaufzusammenbruch: »Die Weiterfahrt verzögert sich aufgrund einer hilfsbedürftigen Person um circa fünfzehn Minuten.«

Aber grundsätzlich mochte ich es, schwanger zu sein, zu erleben, wie da ein Menschlein in mir heranwächst, die ersten Tritte zu spüren. Und ich fand auch meine prallen Brüste prima. Es ranken sich ja viele krude Theorien um die ersten Monate: Wenn du dich viel übergeben musst, wird's ein Junge, sagen die einen. Nein, dann wird's ein Mädchen, sagen die anderen. Ich war auf jeden Fall ganz lange der festen Überzeugung, dass ich ein Mädchen kriegen würde. Ich hätte sie Grace-Anne-Sophie genannt, nach ihren Groß- und Urgroßmüttern.

Grace- und Urgracemüttern. Gott sei Dank ist es ein Junge geworden.

Lach nicht, Caro. Ich fand diese Namenskonstellation super. Und ich finde, dieser Name hätte jedem Sandkastenstreit ein wenig Glamour verliehen: »Grace-Anne-Sophie – ich möchte so einen Satz nie wieder von dir hören!«

»Grace-Anne-Sophie, bitte hör auf, den Jungen mit der Schaufel auf den Kopf zu hauen!«

»Grace-Anne-Sophie – nein, Mamis Lippenstift ist nicht zum Malen an der Wand gedacht!«

Ich finde das fast so schlimm wie Mirabella Bunny. So heißt angeblich das Kind von Rockröhre Bryan Adams. Ich fand es ja interessant, wie sich mein Körper komplett auf die Bedürfnisse meines Babys eingestellt hat. Teilweise fühlte ich mich wie ein Lieferservice für das Wesen in meinem Uterus, das mit seinem Nabelschnur-Festnetztelefon Bestellungen aufgab: Die ersten drei Monate bestellte sie andauernd Croissant, Nudeln und Pizza – Kohlenhydrate waren offensichtlich vonnöten. Diese Phase wurde abgelöst von Avocados, die ich mit einem Esslöffel einfach direkt aus der Schale aß. Folsäurealarm. Dann Müsli mit Quark und Leinöl. Omega-3-Fettsäuren waren erwünscht. Danach kistenweise Mandarinen. Gerne auch sechs Stück hintereinander. Weil ich mich instinktiv sehr gesund ernährte, nahm ich nicht mehr zu, als von der kassenärztlichen Vereinigung empfohlen. Man braucht ja ohnehin eigentlich erst im dritten Trimester der Schwangerschaft etwas mehr Kalorien als zuvor. Aber so oder so – ich gebe zu, dass ich mich wesentlich wohler gefühlt habe, als man klar erkennen konnte: Die ist nicht dick, die ist »nur« schwanger. Was irgendwie auch schon wieder tragisch ist, so zu denken. Weil es draußen Winter und sehr kalt war, hatte ich auch keine dick geschwollenen Beine oder Füße, sondern nur dick gefütterte Schuhe. Ich trug eigentlich jeden Tag das Gleiche, weil ich zu geizig war, mir viele Outfits für die paar Monate zu kaufen. Mit meinen Schwangerschaftsstrumpfhosen, dem gestreiften Minikleid und dem XXL-Schal um den Hals sah ich im Winter 2012/13 aus wie ein geringelter Lolli, der durch das Münchner Glockenbachviertel stapft. Was hat Panzer Poldi, deine Essstörung, gemacht während dieser Schwangerschaftsmonate? Du hattest so viel abgenommen – konntest du dein Startgewicht irgendwie bewahren?

Leider nein. Schwanger zu sein war für mich bei aller Vorfreude auf mein Baby ein All-You-Can-Eat-Blankoscheck. Anders als du, Miss Planet Wissen, hoffte ich, dass an dem Spruch »Du musst doch jetzt für zwei essen!« etwas dran sei. Obwohl ich tierische Angst hatte, dass ich zu dick würde, unternahm ich nichts gegen meine Essattacken und nahm alles, was ich mir mühsam abgehungert hatte, wieder zu. Aber wenn man auch noch so einer Hormonachterbahn ausgeliefert ist ... Was sollte ich denn dagegen tun? Ich fühlte mich machtlos gegenüber Poldi, der feixend auf der Kommando-

brücke saß und mich mit seiner Fernsteuerung immer wieder gen Kühlschrank lotste.

Ich machte mir Vorwürfe und hatte ein chronisch schlechtes Gewissen, wenn ich alle paar Wochen zum Kontrolltermin beim Frauenarzt musste. Die Arzthelferin dort betrachtete mich bei jedem Besuch in der Praxis mit Argusaugen: »Sie müssen weniger essen, Frau Marfo. Und Sie müssen aufpassen, was Sie essen! Es wächst ein kleiner Mensch in Ihnen heran!« Dass Adipositas in der Schwangerschaft zu Fehlgeburten, Diabetes, Bluthochdruck führen kann, erwähnten sie auch einmal am Rande, aber natürlich wollten sie mich auch nicht verunsichern. Es war wieder wie früher, als ich noch ein Kind war und der Kinderarzt mich abschätzig musterte und über mich hinweg und vor mir in Richtung meiner Mutter sagte: »Ihre Tochter ist aber ganz schön stabil.« Stabil blieb aber auch meine Schwangerschaft. Das Baby wuchs ganz normal in meinem Bauch und war pumperlgesund. Nur gegen Ende wurde zumindest für mich alles sehr, sehr mühsam. Ich lagerte unglaublich viel Wasser in meinem Körper ein – vor allem in Beinen, Händen und Knöcheln, die ins schier Unermessliche anschwollen. Jede Bewegung war eine Herausforderung. Am Ende konnte ich kaum mehr gehen, hatte 30 Kilo mehr auf den Rippen und das Gefühl, dass ich platze. Dann kam mein Baby, ich erfuhr, dass ich ein schmales Becken hatte unter all meinen Panzerpfunden, und nach der Geburt verlor ich in der ersten Woche schon fünfzehn Kilo, wovon viel eingelagertes Wasser war. Nach knapp zwei Monaten des Stillens waren schon fast zwanzig Kilo weg, und ich wog nur noch zehn Kilo mehr als vor der Schwangerschaft. Trotzdem schämte ich mich für meinen Körper in Grund und Boden. Wo wir schon bei kalten, nackten Zahlen sind: Wie viel hast du ganz konkret zugenommen während der Schwangerschaft?

Tatsächlich nur neun Kilo, was aber auch daran lag, dass meine Tochter sechs Wochen zu früh kam. In diesen letzten sechs Wochen verdoppeln die Babys im Bauch ja ihr Gewicht. Und schon drei Wochen nach der Geburt wog ich weniger als vor der Schwangerschaft: Die Erfahrung der Frühgeburt, die traumatischen drei Versuche, eine PDA in meinen Rücken zu legen, mein anschließender Kollaps, die Vollnarkose, die Angst um unser Kind, die Schmerzen durch den Kaiserschnitt und die Milchpumperei führten dazu, dass ich aussah wie die abgenadelten Tannenbäume, die hier und da noch auf den nachweihnachtlichen Straßen herumlagen.

Und während unser Kind noch auf Intensiv war, mussten wir mal eben in die neue Wohnung umziehen. Es war ja alles anders geplant gewesen. Aber alles ging gut, unser winziges Kind durfte nach zwei Wochen endlich zu uns nach Hause. Das einzige Ästhetikproblem, zu dem ich dann überhaupt noch Zeit hatte, war, dass meine Tochter irgendwann beschloss, nur aus der linken Brust zu trinken. Die eine Seite stellte daraufhin den Milchbetrieb ein, die andere verdoppelte die Produktion. Ich hatte also einen Atombusen und einen, der an einen leeren Trinkschlauch aus Ziegenleder erinnerte, wie ihn die Beduinen in der Wüste auf Kameltour einst mit sich trugen. Als ich nach sieben Monaten – noch während der Stillzeit – wieder die ersten Drehs hatte, nahm mein Kameramann irgendwann die Mühle von der Schulter und sagte: »Schatzi, ich weiß nicht, wie ich dich filmen soll. Du bist einfach sehr schief.« Ich beschloss also aus beruflichen Gründen, abzustillen und mich öfter in die Sonne zu setzen, damit ich nicht so blass daherkam. Im Wesentlichen dauerte es drei Wochen, bis ich wieder in die alten Jeans passte, und ein Jahr, bis ich nicht mehr das Gefühl hatte, ich könnte meine leeren Brüste auch als Schal benutzen. Nur die Rückenschmerzen sind bis heute geblieben.

Ich weiß, dass ich sehr viel Glück hatte, dass ich so schnell wieder so fit war und mich in meinem Körper wohlfühlte. Fast alle meine Freundinnen, diese tapferen Wonderwomen und Supermuddis, hatten nach ihren Schwangerschaften zu kämpfen, um sich ihr gutes Körpergefühl zurückzuerobern. Dabei fand ich sie alle immer stolz und schön – trotz Augenringen, Dehnungsstreifen, schiefen Brüsten und weichen Bäuchen. Denn sie sind ja so viel mehr als ihre Körper: Sie sind alle tapfer, liebevoll, klug und lustig, obwohl sie eigentlich in erster Linie müde sind.

Eine Freundin zeigte mir eines Tages die Streifen auf ihren Abstillbrüsten und sagte: »Ich glaube, ich lasse sie mir jetzt einfach operieren. Ich finde sie so hässlich.« Ich war geschockt, dass sie so abschätzig über sich selbst sprach. Es tat mir weh, sie so traurig zu sehen. Der Beautydruck, der auf Müttern heute lastet, ist obszön: Die Bilder von perfekt inszenierten und gestylten sexy Müttern, die durch strenge Diät und rigide Personal Trainer und/oder durch ein teures »Mommy Makeover« beim Schönheitschirurgen schon zwei Wochen nach der Geburt wieder fit for the catwalk sind, verzerren unsere Wahrnehmung auf uns selbst, weil wir bei dieser Challenge zum Scheitern verurteilt sind.

Und jetzt komme ich wieder mit meinem Begriff der Fuckability daher: Früher war man als »Muddi« abgeschrieben vom Markt der Sexyness. Muddi trug, wenn sie maximal crazy war, Mom Jeans, also Karottenhosen auf Taille geschnitten, traf sich nachmittags zu einem Stück Torte und einem Pläuschchen mit der Nachbarin. Heute hat jede zweite Mutti den Anspruch, eine MILF zu sein. Ein Ausdruck übrigens aus der Pornoindustrie: Es ist die Abkürzung für Mom I'd Like to Fuck (und für die Moro Islamic Liberation Front, eine islamistische Bewegung auf den südlichen Philippinen, aber das gehört hier nicht hin).

Fetisch-Boy, ick hör dir trapsen: eine Mutti, die dich auffordert, dir die Hände zu waschen vor dem Essen, und die dabei auch noch fuckable ist. Die Sängerin Fergie hat den Begriff in ihrem Song MILFS mit Dollar-S am Ende zurückerobert und ironisch neu definiert: Reiche, hotte Mütter, die ihr eigenes Geld haben und unabhängig sind. Und die nicht zu Hause auf Vaddi und sein Haushaltsgeld warten –

falls er überhaupt zurückkommt und nicht beim Vollzug der Ehe nur an die wesentlich jüngere Praktikantin denkt. Aber natürlich sieht keine Frau von uns so aus wie die angeblichen MILFs im Videoclip. Und ich kenne auch keinen MILF-Mann, der das Leergut abholt, nachdem er von seinem Louis-Vuitton-Male-Modeljob kommt.

Natürlich wollen wir attraktiv, fit und draußen im Leben sein – wir sind ja immer noch wir, auch wenn wir das gerne mal vergessen, sobald wir Mütter werden. Es tut gut, sich das immer wieder mal selber zu sagen: Ich bin immer noch ich. Ich bin nicht nur zum Pausenbrotschmieren und Nass-Durchwischen gemacht. Und ich bin auch nicht die Suchmaschine für das Spielzeug meiner Tochter. Ich will mich nicht nur um andere kümmern, sondern auch um mich selbst und meine Themen. Und ich definiere mich nicht nur darüber, ob ich noch liebenswert bin, bloß weil ich ein TÜV-Süd-Siegel »Kann man noch vögeln« von irgendeinem Hanswurst verliehen bekomme.

Ein Privatsender hat im Sommer 2020 die Datingshow »Missy or Milf« gestartet. Zwei Männer dürfen aus vierzehn Frauen wählen, ob sie »was Altes oder was Junges oder was Neues« haben wollen. So die Werbesprüche für das Format. Das ist, als ob man beim Metzger entscheidet, ob man was vom Schwein oder vom Rind will. Dry Aged oder frisch durchgedreht. Brust oder Keule. Es geht hier immer noch um Menschen!

Noch mal zurück zum schönheitschirurgischen Terminus des »Mommy Makeover«. Bitte versteh mich nicht falsch: Jede Frau kann und darf für sich entscheiden, was sie mit ihrem Körper anstellt – who am I to judge? Und natürlich kann es zu ernstzunehmenden physischen und psychischen Problemen kommen, wenn es durch die Geburt zu schmerzhaften Verletzungen im Intimbereich gekommen ist oder wenn der Bauch so groß war, dass danach ganze Hautlappen zurückbleiben, oder wenn sich die Frauen aus anderen Gründen nicht mehr wohlfühlen. Aber ganz grundsätzlich möchte ich jeder jungen Mama zurufen: Du musst kein Topmodel sein, wenn du gerade noch Binden in der Hose hattest, die so dick sind wie ein Filetsteak! Gib dir, deinem Körper und deinem Baby Zeit! Und Narben und Blessuren gehören zum Leben dazu: Wenn man neun Monate in einer Wohnung gewohnt hat, bleiben schließlich auch Kratzer im Parkett. Die Schwerkraft zerrt an uns und unserem Bindegewebe. Leben heißt Älterwerden. Das sorgt nicht unbedingt für Jubelschreie – schon gar nicht vor dem Spiegel im Bad. Aber ich danke meiner Tochter. Denn sie hat es mir ermöglicht, dass ich meinem Körper mit mehr Liebe begegnen kann, und die Narbe unter meinem Bauchnabel erinnert mich jeden Tag daran, dass es sie gibt. Sie ist auch damit ein Teil von mir. Und der, den ich am meisten mag. Aber bei aller Liebe wäre es mega, wenn sie ihre dreckige Wäsche nicht auf den Boden, sondern in die Wanne für Schmutzwäsche werfen würde.

Apropos Aufräumen (Einkaufen, Bügeln, Steuererklärung und so weiter und so oll) – was haben der Stress und die Verantwortung, eine alleinerziehende Mutter zu sein, für Auswirkungen auf deine Essstörung?

Ich würde sagen, das ist abhängig von der Tagesform. An guten Tagen bin ich stolz darauf, dass ich es schaffe, den Schuppen hier alleine am Laufen zu halten. I am a #bossbitch! An schwachen Tagen möchte ich mein Herrscherinnenzepter teilen, wenn nicht sogar alles hinschmeißen. Caro, du würdest auf Bayrisch sagen: »Leckt's mi am Oarsch«!«

Obacht, die Sprache heißt Bairisch. Also kein Ypsilon. Aber ansonsten kann ich dich gut verstehen. Wenn ich die Verantwortung und das Pensum hätte, das du hast, dann würde ich sogar denken: Milecktsamarsch, du bleede Amsel, du Brunskachel, du ogsoachte, du Kniapiesler mit Freibierlätschn. Das ist die pure Überforderung, aber auch der Perfektionismus, den wir beide in uns tragen. Das Sich-Beweisen-Wollen. Vielleicht gehört auch dieses Buch dazu.

Das Etwas-Schaffen-Wollen. Das Sich-Nicht-Gehen-Lassen-Dürfen. Und natürlich viele Ängste. Eine der größten: Angst vor Stillstand. Denn wenn es außen ruhig ist, dann kriechen die Ängste aus ihren Löchern. Also hältst du dich beschäftigt. Und hüpfst von Projekt zu Projekt. Bloß nicht dir selbst begegnen.

Ich hasse es, dass ich ständig allein Entscheidungen treffen muss. Das geht vom Einkauf im Supermarkt (nehme ich jetzt doch den Fair-Trade-Kaffee oder den im Angebot?) bis hin zu Designentscheidungen, welches Template (Vorlage) ich für mein neues Showreel haben will. Und dann ist da noch der ganze Alltag: Schule, Elternabende, Einkaufen und natürlich, wenn es schlecht läuft, auch mal Geldsorgen. Immer muss ich alles allein machen, und dann hat meine starke Fassade an solch einsamen Tagen auch mal tiefe Risse, die ich immer wieder zu stopfen versuche. Auch mit Essen. Aber ich habe verstanden, dass es wichtig ist, dass das Licht dort hineinscheint, wo lange keins war.

An schlechten Tagen, an denen meine Essstörung laut an die Tür hämmert und ich mich klein, fett, hässlich und ungenügend fühle und Poldi und ich gemeinsam einen Plan schmieden, was wir als Nächstes einkaufen und womit wir uns vollstopfen ... an diesen Tagen möchte ich sprichwörtlich aus meiner Haut fahren. Ich würde Poldi und meine Hülle dann gern einfach liegen lassen und davonfliegen. Es fühlt sich an wie ein ständiger innerer Dialog zwischen Teufelchen und Engel – Teufel links, Engel rechts auf meiner Schulter, und beide reden ständig miteinander, über meinen Kopf hinweg oder mittendurch. Dear Devil – shut the fuck up! An diesen schlechten Tagen kategorisiere ich auch mein Essen. Das ist quasi ein automatisierter Prozess. Ich teile ein in Gut und Böse, in Fressanfall- bzw. Heißhungerattacken-Essmaterial und Soforthilfesüßigkeit. Es hat lange gedauert, bis ich zum Beispiel Butter oder Weißbrot ohne Scham essen konnte. So tief war es verwurzelt, dass ich diese Dinge nicht essen darf. Heute kann ich damit entspannter umgehen. Also nur manchmal, wenn ich ehrlich bin, aber immer öfter. Und nach diesen Tagen kommt die Reue. Und an schlechten Tage ploppt immer wieder die gleiche Frage auf: Werde ich dieses gestörte Essverhalten jemals loswerden?

Und: Hat Samuel etwas von meinen Fressattacken mitbekommen? Aktuell laufen wir uns ja nicht mehr so oft über den Weg. Es fühlt sich beinahe an wie eine WG, in der ich »fast nur« Geldgeberin und Türöffnerin bin für mein Pubertier. Er wird bald achtzehn, macht sein Abi und will danach zur Uni. Ich bin verblüfft, wie schnell die Zeit doch vergangen ist. Aber ich bin auch stolz, dass ich das geschafft habe, dass trotz allem aus ihm so ein liebenswürdiges, verantwortungsbewusstes Kind geworden ist. Manchmal denke ich, dass er fast zu brav ist: Dann freue ich mich insgeheim sehr, dass ich ihm doch mal nachts die Tür geöffnet habe, als er überraschend laut und heiter angetüdelt von einer Party die Treppe hochgetorkelt ist. Er war in den letzten Jahren immer Klassenbester, Medienverantwortlicher, hat die ganze Kunstgalerie seiner Schule digitalisiert und Preise gewonnen inklusive Berlinfahrt und Abhängen mit dem Bundespräsidenten auf der Dachterrasse. Mein Sohn verblüfft mich immer wieder. Aber manchmal habe ich fast ein schlechtes Gewissen, weil ich denke, dass er mir eben auf keinen Fall zur Last fallen will.

Denn natürlich hat Samuel auch einige meiner schwächsten Momente miterlebt. Als ich nach der Trennung von seinem Vater jeden Tag Binge-Eating-Anfälle hatte und mein Spitzengewicht von 240 Kilo erreichte. Ich war so dick und viel und schwer und unbeweglich, dass ich kaum mehr laufen konnte, habe mich vor lauter Scham zu Hause verbarrikadiert und wollte nicht mehr vor die Tür gehen. Ich kam ja sowieso kaum die Treppen runter, geschweige denn rauf. Mein Kind war damals gerade zehn Jahre alt und konnte glücklicherweise viel Zeit bei seinen Großeltern in den Bergen verbringen, während ich versucht habe, wieder im wahrsten Sinne des Wortes auf die Beine zu kommen.

Ein Jahr habe ich gebraucht, um fünfzig Kilo loszuwerden und wieder mobil zu sein. Ich habe immer versucht, für Samuel so viel Normalität wie möglich herzustellen, aber ich war eben lahm, und da blieb ich (und vieles andere) auf der Strecke. Er hat zum Beispiel recht spät gelernt, wie Schaukeln geht. Weil ich mich nicht getraut habe, es ihm zu zeigen – welche Schaukel hält 200 Kilo aus? Auch das Schwimmen hat mein Vater ihm beigebracht, denn ich habe mich nicht ins Schwimmbad getraut.

Samuel hat zwei Trennungen mitgemacht und mitbekommen, wie sehr ich darunter gelitten habe. Er hat gesehen, wie ich weinend im Bad auf dem Fußboden lag und nicht mehr weiterwusste. Ich hätte es verstanden, wenn er auffällig geworden wäre in der Schule und Mist gebaut hätte, damit ich mich mehr um ihn kümmere. Nichts davon ist eingetreten. Er hat sich positiv entwickelt und hat in der Musik seinen Zufluchtsort und sein Ventil gefunden. Immer wenn er stundenlang auf seinem E-Piano herumklimpert, weiß ich, dass er gerade dringend eine Pause braucht, und dann lass ich ihn in Ruhe. Samuel hat aber auch erlebt, wie ich mich immer wieder aus meinen Löchern befreit habe. Rise like a Phoenix – immer wieder aufs Neue. Ich habe ihm lange nicht gesagt, was ich für ein Problem habe. Erst vor ungefähr fünf Jahren habe ich ihm erklärt: Kind, Mama hat eine Essstörung. Aber er war ganz cool und meinte, dass er das sowieso schon längst mitbekommen hätte. Und dann tröstete er mich: »Das kriegen wir schon hin. Ich hab dich lieb, ob du viel wiegst oder nicht.« Das hat mich unglaublich gerührt. So ein toller junger Mann.

Ja, das ist er wirklich. Hast du dir jemals Sorgen gemacht, dass auch dein Sohn eine Essstörung kriegt?

Samuel hat auch einige Kilos zu viel auf den Rippen, aber er macht sich nicht selbst dafür fertig – so sagt er es mir zumindest. Er ist sehr reflektiert und spricht offen mit mir über alles: über die Trennung von seinen Eltern, über seine Gefühle, über das Thema Essstörungen oder Ernährung im Allgemeinen. Wenn er mit seinen vielen Freunden unterwegs ist in der Stadt, dann essen die Kids leider sehr viel Junkfood – da kauft sich keiner einen gesunden Salat von seinem Taschengeld für acht oder mehr Euro. Und das ist für ihn nicht ideal. Er möchte, genau wie ich, ein paar Kilos loswerden. Allerdings ohne Druck, ohne Tabellen, ohne gutgemeinte Ratschläge oder nur der Ästhetik wegen. Ehrlich gesagt, bin ich froh, dass ich einen Sohn habe und kein Mädchen. Denn wenn ich wie du eine Tochter hätte, dann würde ich mir noch viel mehr Sorgen um sie machen, was dieses Thema angeht.

Ja, das ist natürlich auch eine riesengroße Baustelle für mich. Durch meine Erfahrungen, meine Essstörungsjahre, meine Zeit in der Klinik habe ich natürlich Sensibilitäten, und mein wirklich auffallend feinfühliges Mädchen spürt instinktiv, dass Muddi da nicht gerade im Relaxsessel sitzt. Es gab zum Beispiel eine Zeit, in der meine little Miss Sunshine sämtliches Essen verweigerte – das Einzige, was sie bereit war, zu sich zu nehmen, war Stracciatella-Joghurt und auch nur von einer bestimmten Marke. Sobald der Joghurtbecher eine andere Farbe hatte, lehnte sie ihn ab. Wir versuchten die Situation mit Humor zu nehmen und schlossen eine Kuhpatenschaft bei der Molkerei ab. Die Urkunde inklusive Porträtfoto der Kuh Fanny (im

Halbprofil mit würdevoll aufgeblasenen Nüstern) bekam einen Ehrenplatz in der Küche. Ich befand mich in dieser Zeit öfter im stummen Zwiegespräch mit dem Kuhfoto: Ich erzählte ihr, wie grauenvoll es für meine Eltern gewesen sein muss, als ich vor Jahren die Nahrungsaufnahme verweigert habe. Aber ich erzählte ihr auch, wie mein Vater mich dazu gezwungen hat, den Schellfisch mit Dillsauce oder den Krautsalat aufzuessen und mir dafür ein Eis versprochen hat, das ich dann nie bekommen habe.

Hat die Kuh geantwortet?

Selbstverständlich.

Was hat sie gesagt?

«MUHst du durch!»

KUHl bleiben!

KUHnststück! Ich zwang unsere Tochter also zu nichts. Wenn sie nur Stracciatella essen wollte, dann sollte sie eben nur Stracciatella essen. Und wenn sie den Joghurt am liebsten auf der Picknickdecke am Boden aß, dann picknickten wir eben. Dennoch war dieses Joghurtjahr schwierig für mich, denn die Kinderärztin meinte, dass unsere Kleine unterkalorisch versorgt sei und deswegen langsamer wachse. Aber ich solle mich entspannen: Alles sei nur eine Phase.

Sie sollte Recht behalten. Nach der Joghurtphase kam die Pizzaphase (nur Salami), kam die Nudelphase (unvergessen die Abrechnung vom Thailandurlaub, bei dem sie zwei Mal am Tag nur aus Italien importierte Penne mit importierter Butter und importiertem Parmesangranulat aß, je 10 Euro die Portion – wir beschlossen, das nächste Mal lieber nach Italien zu fahren), dann die Sushiphase. Die Sushiphase war vielleicht die wichtigste: Durch die Entdeckung von kaltem Reis mit rohem Fisch war zwar mein Konto leer, aber ihr Bauch voll. Und mehr als das: Sie bekam vorübergehend die Figur einer beinahe barocken Putte, während ihre Freundinnen wesentlich weniger kompakt daherkamen. Da erwischte ich mich bei dem Gedanken: Was mache ich, wenn mein Kind zu dick wird? Ich war entsetzt über mich selber. Drückte ich jetzt schon meiner Tochter das Körperideal auf, das uns der internationale Beauty-Imperialismus diktiert? Und war ich selbst mit meiner Historie vielleicht eine potenzielle Gefahrenquelle für mein Kind?

Schließlich haben Forscher*innen der Stanford University und der Medizinischen Fakultät der Universität Duisburg-Essen (UDE) nachweisen können, dass es eine genetische Veranlagung für Anorexia Nervosa, also Magersucht, gibt. Ob ich ihr etwas in der Art vererbt hatte? Oder waren es bei mir nur die äußeren Umstände, die mich in die Krankheit getrieben hatten? Sollte nicht also gerade ich sie doppelt und dreifach darin bestärken, dass sie ihren Körper lieben lernt?

Und genau das, wovor ich so Angst hatte, passierte dann auch: Als sie gerade mal sechs Jahre alt war, legte sie einen ihrer prächtigen Wutanfälle hin, haute mit ihren Mäusefäusten gegen ihren schönen Kopf und schrie: »Ich bin scheiße und ich hasse meinen dicken Bauch.« Da wurde mir richtig schlecht. Ich packte sie an ihren Fäustchen, nahm sie fest in den Arm und fragte, was passiert sei: »Wir hatten heute Sport. Und die anderen Mädchen sind viel dünner als ich, und ich habe so einen Kugelbauch!« Sie weinte. Ich auch. Aber ich wollte es ihr nicht zeigen. Wut und Verzweiflung kamen in mir hoch: Warum vergleichen wir uns so, und warum bewerten sich schon zauberhafte Sechsjährige in der Umkleidekabine vor der Sporthalle? Ich streichelte ihren kleinen Kugelbauch, in dem einfach immer viel zu viel Luft ist, und sagte ihr, dass sie wunderschön sei, so wie sie ist. Und dass jeder eben anders ist. Die einen haben helle Haut, die anderen dunkle. Die einen haben wenig Haare, die anderen dicke Zöpfe. Und die einen müssen einfach mal wieder ordentlich pupsen. Und die anderen irgendwann auch. Und dass ich sie über alles liebe.

So was wäre mein absoluter Albtraum, denn ich habe diese Erfahrungen ja bereits in der Grundschule machen müssen. Samuel ist jahrelang in die Höhe geschossen und hat erst vor circa zwei Jahren aufgehört, so drastisch zu wachsen. Er ist jetzt bereits 195 cm und kommt gerade noch so eben unter dem Türrahmen durch.

Ich hatte viel mehr Angst, dass er aufgrund seiner Hautfarbe, die ja doch ganzjährig stärker pigmentiert ist als die der schwedenblonden Oles, Pers oder Mikkels, in unserer deutsch-russisch-polnisch geprägten Umgebung Ablehnung und Diskriminierung erfährt. Er war stets das einzige Mischlingskind in seiner Schulklasse, welches auf jedem Klassenfoto in der Mitte steht. Ohne Flachs.

Ich bin extra einer Afro-Deutschen-Kindergruppe beigetreten, damit Samuel Kinder kennt, die eine ähnliche Hautfarbe haben wie er. Dort fand er die kleine Emily, den süßen Latif mit den durchaus untypischen glatten schwarzen Haaren und Jonathan, der heute Profi-Fußballer ist. Identifikation ist mir total wichtig, aber ich als weiße Mama kann ihm das nur bedingt geben. Ich kann ihm von Ghana erzählen und vom falschen Image, das der afrikanische Kontinent bei uns hat. Ich sensibilisiere ihn für sprachliche Feinheiten, die Ausgrenzung erzeugen, und versuche ihm Werte wie Respekt und Toleranz zu vermitteln. Und gerade deswegen ist er sehr sensibel, wenn es um Alltagsrassismus geht, und macht mich auf die kleinen täglichen Demütigungen des Alltags aufmerksam: dass er zum Beispiel immer wieder darauf angesprochen wird, dass er ja »richtig gut Deutsch spricht«. Dabei ist Samuel so hanseatisch, wie er nur sei kann. Platt snacken kann er auch – dank Opa. Glücklicherweise hat er aber noch nie wirklich üblen Rassismus erlebt. Ich hoffe, dass ihm fremdenfeindliche Übergriffe erspart bleiben.

Das alles ist eine spezielle Herausforderung für mich als schneeweiße Mama. Aber ich kann sie irgendwie mit leichterem Hüftschwung angehen als die Aufgabe, ein Role Model für ein Mädchen zu sein. Vielleicht ist es für mich einfacher, dass ich eine Jungsmama geworden bin. Was hast du für Schlüsse aus dem Wutanfall deiner Tochter gezogen? Wie hast du das verdaut?

Schwerverdaulich war das. Der Wutanfall meiner Tochter beschäftigt mich nachhaltig weiter (bis heute), und ich habe darüber nachgedacht, was für ein Bild ich eigentlich meinem Kind vermittle, wie frau mit ihrem Körper umgeht und wie Frausein geht. Und ich erschrak: Bestimmt hatte sie mich schon mal dabei beobachtet, wie ich an einem doofen Tag, an dem ich mich selber nicht mochte (zum Beispiel an diesen zwei PMS-Tagen im Monat, an denen eine graue Wolke über meinem Kopf hängt, aus der es blitzt und donnert), vor dem Spiegel stand und laut gesagt habe: »Ich seh kacke aus. Ich hab einen dicken Hintern. Ich mag mich gerade überhaupt nicht.« War ich meiner Tochter ein gutes Role Model? Ich musste an meine Mutter denken, wie sie vor dem Spiegel stand und den Bauch einzog und unzufrieden an ihrem Gürtel herumzippelte und zu ihrem Spiegelbild und zu mir sagte: »Ich bin einfach viel zu fett.« Und auch wie sie an mir herumkrittelte: »Du läufst viel zu burschikos!« Das kennst du, oder?

Ja, genau das! »Sitz nicht so breitbeinig da. Wie ein Bauer.« Und erst letzte Woche wieder: »Du bist so schwerfällig. Du musst was tun. Du musst abnehmen.« Oder: »Hä? Warum soll ich eine Avocado für dich kaufen? Was bringt das?«

Avocado ist King. Offensichtlich haben wir es bisher als normal empfunden, dass wir Frauen immer unzufrieden mit uns sind. Dass es beinahe zum guten Ton gehört, dass frau sich selbst schlecht bewertet und daher immer optimieren will. Mutti mochte sich ja auch schon nicht. Dazu gehört auch die Scham über unsere Geschlechtlichkeit – nicht umsonst heißt es ja »Schambereich«, »Schamlippe« und »Schamhaar«. Schamesröte – wenn man das nur laut ausspricht! Ich musste wieder an den Moment denken, in dem ich das erste Mal meine Tage bekommen hatte und meine Mutter entsetzt meinte: »Ich wünschte, das wäre dir noch eine Weile erspart geblieben.«

Ich finde darum: Auch mit der weiblichen Sexualität müssen wir als Mütter anders umgehen. Vielleicht so wie die Familie Lee aus Florida. Im Januar 2017 ging eine Twittermeldung viral, dass die zwölf Jahre alte Brooke Lee von ihrer Mutter Shelly zur ersten Periode eine Überraschungsparty organisiert bekam – samt Sahnetorte mit rotem Schriftzug »Congrats on your period«. Dem Beispiel folgten einige, und mittlerweile gehören die Perioden-Partys in den USA bei vielen aufgeklärten Familien dazu. Der Comedian Bert Kreischer zum Beispiel erzählte in der Late-Night-Show »Conan«, wie er seiner Tochter eine solche Party geschmissen hat: mit Rote-Bete- und Granatapfelsaft, Pommes mit Ketchup, Nudeln mit Marinara-Tomatensauce und Rotwein. Eine Torte war natürlich auch dabei, mit dem Schriftzug »Jason«. So hatte seine Tochter nämlich ihre Periode getauft, nach dem Serienmörder Jason Vorhees aus dem blutigen Horrorfilm »Freitag der Dreizehnte«. Denn sie hatte ihre Periode an einem – tadaaa – Freitag dem Dreizehnten bekommen. Solche Partys mögen vielleicht seltsam und übertrieben anmuten, aber sie tragen auf jeden Fall dazu bei, dem ganz normalen Vorgang, dass ein Mädchen geschlechtsreif (auch ein irre poetisches Wort) wird, mit Freude und Humor zu begegnen und die weibliche Menstruation zu entstigmatisieren.

Ich habe mir also vorgenommen, meiner Tochter nie wieder zu

zeigen, dass ich mir manchmal einen Hintern wünschte, mit dem ich Nüsse knacken kann, und nicht einen, unter dem ich ein Set Buntstifte verstecken kann, die von den hängenden Backen ganz wunderbar festgehalten werden. Ich will ihr zeigen, dass man sich gesund ernährt, ihr Spaß an Bewegung an der frischen Luft mitgeben und eine gewisse Selbstverständlichkeit mit Armen, Beinen, Bäuchen und Brüsten und Backen vermitteln. Und ich bin gespannt, wann es so weit sein wird, dass sie ihre Periode bekommt. Dann werde ich sie fest in den Arm nehmen und rufen: Herzlichen Glückwunsch, mein großes, schönes Mädchen! Und sie wird auf jeden Fall auch so eine Torte bekommen – wir lieben Torten ja sowieso –, und ich werde ihr beibringen, dass es total okay ist, laut nach einem Tampon zu fragen. Und dass sie sich, wenn die Sauce tropft, nicht so verklemmt tuschelnd verhalten muss, als ob sie ihre Freundin oder Kollegin fragt, ob sie vielleicht Crack dabeihat. In S, M oder L. Ich frage mich, ob das Periodekriegen für alle Frauen so ein traumatisierendes Erlebnis war wie bei mir und ob es ihnen das Frauwerden auch so versaut hat. Wie war das bei dir? Bloody Hell?

Bloody Mary in Herzchen-Frottee-Buxe. Am Tag meiner ersten Periode klagte ich über Bauchschmerzen, die von meiner Mutter nicht ernst genommen wurden. »Die simuliert doch wieder!« Als ich beharrlich versicherte, dass ich Schmerzen im Unterleib hätte, durfte ich zu Hause bleiben. Mein Papa, der sonst gefühlt tagsüber immer außer Haus war, war an diesem Tag aber daheim und erfuhr von mir, dass ich Blut in der Frotteeunterhose hätte. Er sagte zu mir ganz niedlich: »Meine kleine Deern wird erwachsen!«, und wollte mir tatsächlich erklären, wie das mit den Blumen und Bienen so funktioniert. Das wusste ich dank der BRAVO und meiner Cousine schon alles, und Papa war sichtlich erleichtert, dass er mir nicht die ganze Sexualkundestunde in der Küche halten musste. Meine Mutter reichte mir später Binden, aber ohne mir großartig was zu erklären. Tampons habe ich für mich erst mit dreißig entdeckt.

WOW, das ist spät. Vorher hast du also Always-ultra-Flügel verliehen bekommen im Schritt. Ich feiere, um es wie die jungen Leute heute zu formulieren, dass die Luxussteuer auf Tampons und Binden 2019 gesenkt wurde. Ich sage: Meine Monatsblutung ist kein Luxus. Und sie meint es ernst.

Jetzt fehlt nur noch gleicher Preis für pinke Ladyshaver. Auch wenn ich eine Jungsmama bin, finde ich: Erst wenn man selbst Mama ist, versteht man die eigene Mama besser. Trotzdem frage ich mich oft, warum sie manche Dinge so gemacht hat, wie sie sie gemacht hat.

Warum fragst du sie das nicht selbst? Gibt es nach wie vor Dinge, die du dich nicht traust zu benennen oder anzusprechen?

Ich hätte meiner Mutter gerne mal gesagt, wie eifersüchtig ich oft auf sie gewesen bin, dass sie immer sehr schlank und sehr attraktiv war. Und ist, bis heute mit siebzig. Sie hat mir nie von Vielfalt und unterschiedlichen Körperformen erzählt und dass das ganz normal ist. Dass man sich und andere akzeptieren und respektieren muss. Mir kam es immer so vor, als gäbe es für sie nur ein perfektes Körperschema, in das alle reinpassen müssen: die Schablone der Konfektionsgröße 38!

Ich würde ihr gern sagen, wie sehr mich ihre Kritik immer verletzt hat und es teilweise heute noch tut. Egal, wie gut gemeint das gewesen sein mag. Dass ich mich erst heute nach langen Jahren angenommen habe mit meinen Dellen und Dehnungsstreifen. Ich hätte ihr gerne mal gesagt, dass alle Körperformen Liebe verdienen. Und wie sehr mir ihre Liebe oft gefehlt hat. Sie wird erst in diesem Buch lesen, was ich ihr zu sagen habe, und ich weiß, es wird ihr nicht gefallen. So wie immer wird sie kritisch sein.

Aber vielleicht ist dieses Buch dann der Anlass, dass wir uns endlich mal aussprechen. Von Kind zu Mutter. Von der Mutter zum Kind. Und vor allem: von Frau zu Frau. Damit sie mich versteht. Wie ich alles erlebt habe und wie lange ich kämpfen musste, bis ich innerlich endlich so gefestigt dastehe wie heute. Vielleicht versteht sie dann, dass ich ihr eigentlich ziemlich ähnlich bin, wenn auch nicht unbedingt äußerlich. Denn ich bin wie sie, stark und eine Kriegerin. Und vielleicht wird sie dann auch stolz sein und verstehen, warum ich mich liebe und wie sehr ich sie liebe und meine ganze Familie dazu. Dann ist es hoffentlich auch für mich wieder ganz hergestellt, was ich in meiner Jugend so häufig so sehr vermisst habe: das Gefühl, ganz und gar aufgenommen und bedingungslos geliebt zu werden, so wie ich es bei meiner Oma Sophie erfahren habe. Wie ist das bei dir, Caro, gibt es auch so viele Dinge, die du deiner Mutter nie vorgeworfen hast, weil du bis heute nicht offen mit ihr darüber sprechen konntest, was geschehen ist?

Nein. Ich habe ihr alles, was ich ihr sagen wollte, gesagt: Wann und wo sie mich im Stich gelassen hat. Wann ich sie mehr gebraucht hätte. Wann ich sie vermisst habe. Und ich habe auch akzeptiert, dass sie nicht immer so reagiert hat, wie ich mir das gewünscht hätte. Ich kann meiner Mutter genau wie du nicht richtig böse sein, weil in ihrer Generation noch immer eine große Sprachlosigkeit herrscht, eine Tendenz zum Verdrängen und ein gewisses Unverständnis gegenüber der Offenheit und Neigung zur Psychologisierung in unserer Generation.

Ich liebe meine Mutter, weil sie meine Mutter ist. Und ich liebe meinen Vater. Weil er mein Vater ist. Aber ich weiß jetzt, wer und wie ich sein will, darf und bin. Ich muss nicht mehr um Erlaubnis fragen.

Ich weiß, dass meine Eltern vieles nicht gut finden, was ich mache. Ich weiß aber auch, dass sie auf vieles stolz sind, was ich erreicht habe. Ich weiß, dass sie nicht trennen können, was ich bin und was meine »Errungenschaften« sind. Das ist aber auch okay. Ich bin für mich groß geworden. Ich habe Liebe gefunden und meine eigene Familie, und ich werde – wie übrigens auch meine Eltern – versuchen, mein Bestes zu geben nach bestem Gewissen, aber auch mit all meiner Unzulänglichkeit. Wir können nicht alles richtig machen. Aber wir versuchen es. Eins ist mir aber klar: Ich bin eine Löwenmutter. Und ich werde mein Kind immer lieben – für das, was sie ist, wer sie ist, wie sie ist und wie sie eines Tages sein möchte.

Learnings von Tanja und Caro

Was hilft unseren Kindern?

Was können wir als Eltern tun, um unseren Kindern ein gutes Selbstwertgefühl zu schenken? Zunächst einmal sollten wir sie immer wieder wissen lassen, dass wir sie lieben. Klar ist das nicht immer leicht – wenn sie schlecht gelaunt, mosernd und stinkend aus ihren Pumahöhlen kriechen, in denen sie scheinbar biologische Kampfstoffe unter ihren Betten horten (Socken, Chipstüten und Müll). Bedingungslose Liebe ist ein hehres Ziel. Oftmals erwarten wir, wenn wir ehrlich sind, doch eine Gegenleistung: dass sie uns zurücklieben, dass sie gute Noten mit nach Hause bringen oder zumindest den Müll raustragen. Dass wir Erwartungen haben, ist menschlich. Dass unsere Erwartungen enttäuscht werden, ist aber auch völlig klar. Aber geben wir nicht auf. Und hören wir nicht auf, ihnen zu sagen, dass wir sie gern haben, dass sie viel können und dass wir sie schön finden, so wie sie sind. Und nicht nur die Mädchen, sondern auch die Jungs hören gern Komplimente. (Schon mal drüber nachgedacht, warum auf Mädchen-T-Shirts Sachen wie »Pretty« stehen und auf Jungs-Shirts eher »Superman«?)

Und ermutigen sollten wir sie, und zwar von klein auf! Allein in die neue Klasse, erstes Mal vom Beckenrand springen, sich verteidigen gegen die blöde Clique, zu seiner Meinung stehen, sich trauen, NEIN zu sagen, abends länger draußen bleiben, die erste Liebe, der erste Kuss. Bringen wir ihnen bei, dass sie nicht allen und allem genügen müssen. Sondern dass es manchmal schon reicht, wenn man sich traut, etwas auszuprobieren. Auch wenn wir mit den Experimenten nicht immer einverstanden sind. Geben wir ihnen den Raum, sich auszuprobieren, und einen Vertrauensvorschuss.

Und was das Körpergefühl angeht: Wir sind die Ersten, die ihnen zeigen, wie man mit seinem Körper umgeht, wie so ein Körper überhaupt aussieht, wenn Haare wachsen oder Busen, wie man diesen Körper annimmt und was es braucht, um sich darin wohlzufühlen. Ein entspannter Umgang mit Essen, dass Essen etwas Schönes ist, etwas Gesundes – all das lernen sie vor allem zu Hause.

Und ganz wichtig: Konflikte sind dafür da, gelöst zu werden. Wenn die Hormone in der Kiste rappeln und unsere Kinder Erwachsene werden, ist es wichtig, miteinander im Gespräch zu bleiben. Auch wenn wir uns manchmal fühlen wie in einer Warteschleife: Unsere Verbindung wird gehalten. Daran sollten wir arbeiten und glauben. Alles ist eine Phase, auch für uns Eltern. Und in allen Phasen gibt es neue Herausforderungen für die Kinder und für uns. Für alle Phasen samt Herausforderungen und Konflikten gilt: Essen löst kein Problem, Drogen und Alkohol auch nicht. Nur über Probleme sprechen bringt uns weiter. Lassen wir das Essen und andere Suchtstoffe nicht zum Symptom für ein tiefergehendes anderes Problem werden. Hilfe zu suchen und sich zu holen ist kein Zeichen von Schwäche, sondern von Stärke und Pragmatismus. Wenn das Auto kaputt ist, lassen wir es ja auch reparieren von jemandem, der weiß, wie es geht.

Und vielleicht stellen wir uns ab und zu mit unseren Kindern vor den Spiegel und schauen uns an: Was findest du schön an dir? Was nicht so sehr? Was magst du an dir? Was nervt dich? Und dann klicken wir uns mit ihnen einmal gemeinsam durch YouTube, Tiktok und Insta und sagen immer wieder: Du weißt schon, dass das eine gefilterte und gepimpte Version des Lebens ist. Womit wir beim nächsten Thema wären!

16

Insta, Insta in der Hand, wer ist die/der Schönste im ganzen Land?

Achtung: Tante Caro erzählt jetzt mal von der angeblichen guten, auf jeden Fall alten Zeit. Als Tanja und ich klein waren, da gab es noch kein Internet. Unvorstellbar heute. Wenn wir ein bestimmtes Lied hören wollten, mussten wir genau wissen, wer der/die Interpret*in ist und dann in den Plattenladen oder in den Drogeriemarkt mit Tonträgerabteilung pilgern und dort nach der CD fragen. Wenn wir das Album anhören wollten, um zu prüfen, ob es sich lohnt, dafür sein Taschengeld auszugeben, dann mussten wir an eine Hör-Bar gehen und den Musik-Checker (immer Männer) fragen, ob er sie in den Player schieben würde. Eine beinharte Coolchecker-Challenge: Findet der Typ, dass ich einen guten Geschmack habe? Die BRAVO-Hits oder die Kuschelrock-Sampler kaufte frau lieber undercover – also mit Sonnenbrille, Mütze und hochgeklapptem Kragen. Und wenn man sie bei Mutti im Auto hören wollte, musste die das Autofenster an der Ampel unbedingt zulassen.

Pass auf, Caro, langsam klingst du wie Opi, wenn er aus seiner Jugend berichtet: Damals, als wir noch einen Kaiser hatten … Wir sind noch barfuß um den ganzen See gelaufen, um zur Schule zu gelangen … Ich frage mich immer, wie das alles ohne Schuhwerk und Schmerzen ging.

Ging halt einfach nicht. Aber kommen wir zum platten Zwischenfazit: Das Internet hat wirklich alles anders gemacht. Unlängst hatte ich mal wieder eine BRAVO in der Hand – ja, die gibt es tatsächlich noch, sogar auf Papier gedruckt, aber die »Stars«, die darin vorgestellt werden, kannte ich alle nicht. Früher waren es Schauspieler*innen aus Fernsehserien und Boygroup-Babyfaces, heute werden Tiktok-Stars porträtiert, Whatsapp-Hacks vorgestellt, und aufgeregt wird darüber berichtet, welche YouTuber*innen Eltern werden. YouTuber sind nämlich jetzt auch schon Stars von gestern und kriegen Kinder. Die Shooting Heroes sind Insta-Stars wie Leoobalys, die noch bei ihren Eltern wohnt und zur Schule geht, aber routiniert Kosmetik- und Ernährungstipps gibt und wie ein Topmodel posiert. Auf ihrer eigenen Website schreibt sie: »Ich hoffe, dir gefällt mein Shop.« Wenn ich mir so etwas anschaue, fühle ich mich wie ein Dinosaurier: Als ich fünfzehn war, war noch Grunge angesagt, und wer seine Seele an den Mainstream, das Establishment und die Werbung verkaufte, war uncool. Die postkapitalistische Jugend hat einen ganz anderen Zugang: Wer die meisten Klicks hat und Produkte von den großen Labels geschenkt bekommt, um sie bei Insta in die Kamera zu halten, der hat es geschafft. Die Peitsche des Neoliberalismus. Ich sage: Don't believe the hype!

Caro, damals war es ein Trend, nicht dem Trend zu folgen. Bloß nicht das machen, was die Erwachsenen vorleben. Die Kids von heute sind »digital natives«, für die es eben ganz normal ist, auf den Social-Media-Kanälen präsent zu sein. Selbst die ganz Kleinen wollen heute YouTube-Videos drehen. Viele Kids in meinem Freundeskreis sind digital unterwegs. Es ist völlig normal, ein Smartphone bereits mit acht zu besitzen oder wie der neunjährige Spross meiner Freundin eine Smartwatch, mit der er Mama anrufen kann, wenn er doch später als geplant vom Spielplatz nach Hause kommt. Ich finde das nicht schlimm, solange es eine gewisse Balance gibt.

Bloß weil es normal ist, muss es nicht gut sein. Aber ich bin wohl wirklich ein kulturpessimistischer Dinosaurier und ahnungslos in Sachen Selbstvermarktung.

Das stimmt: Du gibst dir eher Mühe, im Netz einen irre unglamourösen digitalen Footprint zu hinterlassen. Dafür bist du aber super authentisch, ehrlich und witzig. Das mögen auch deine Follower auf Instagram.

Meine fünf Follower*innen. Einmal habe ich diese typischen Insta-Stylecodes ausprobiert und mich so fotografiert, wie die das auch oft machen. Es war kurz vor einer Fernsehsendung, ich war also maximal aufgemaschelt und in vollem Ornat, mit Duckface vor dem Spiegel. Wie eine leidende Diva.

Und wie war's? Gab's ein Selfie? Also Duckface oder Kussmund gibt es bei mir nur noch ganz selten.

Ich kam mir komisch vor, weil alles an diesem Foto gebrüllt hat: Bitte schreibt in die Kommentare, dass ich geil bin. Ich kam mir vor wie ein »Bitte klick mich, Meister«-Opfer.

Puh! Da war ja was los. Aber wie waren die Reaktionen?

Ich habe selten so viele Likes auf ein Bild bekommen. Und gelernt, weil ich lern ja dann doch noch was: Insta hat seine eigenen Dress- und Stylecodes, eine eigene Sprache. TikTok versteh ich nicht, dafür hab ich einfach keine Geduld, da bist du besser, Tanja. Aber ich werde mich damit befassen müssen, denn in ein paar Jahren wird meine Tochter voll in dieses Business einsteigen, das weiß ich jetzt schon.

Ich nehme an, dass du eifrige Wühlmaus der Wissenschaft schon die eine oder andere Studie dazu gelesen hast. Lass mal hören.

Selbstverständlich. Ich möchte die Leser*innen nicht lange aufhalten, aber ein paar Dinge sind bei mir da ganz besonders hängen geblieben: Dass die Mädels von heute in Sachen Körperbewusstsein einen ganzen Schritt weiter sind als wir und gleichzeitig aber doch wieder nicht.

Wie meinen? Bitte mehr Details.

Eine Studie des IZI (des Internationalen Zentralinstituts für das Jugend- und Bildungsfernsehen /IZI/ beim Bayerischen Rundfunk [https://www.br-online.de/jugend/izi/deutsch/publikation/televizion/Digital/Goetz-Perfektes_Bild.pdf, Abrufdatum: 28.5.2020, Seite 15]) in Zusammenarbeit mit der MaLisa-Stiftung hat im Januar 2019 die Selbstinszenierung von Mädchen auf Instagram untersucht. Ergebnis: Mädchen von heute haben eine große Medienkompetenz und wissen sehr genau, wie sie sich inszenieren müssen, um ein »perfektes Bild« als eine Art Visitenkarte im Netz zu hinterlassen. Mit Filtern und Apps verlängern sie ihre Beine, entfernen ihre Pickel und ordnen ihre Haare. Sie machen es aber wohl nicht so sehr, um Applaus von den Jungs zu bekommen, das wäre viel zu anbiedernd. Heißt es. Und eine Bekannte von mir, die Soziologin Paula-Irene Villa, hat mir das auch bestätigt: »Junge Frauen (wie junge Männer) wissen genau, was sie zu meinen und zu denken haben. Es gilt als Opfersprech, sich überhaupt ›für‹ andere herzurichten oder von anderen überhaupt affizierbar, also abhängig zu sein. Das gilt auch für den Blick der anderen. Deshalb sind ja Heidi Klum usw. so peinlich. Weil dort der Jury-Blick und die Abhängigkeit der Girls von Heidi so allgegenwärtig sind. Das ist ja der Gruselfaktor.« Heidi Klum und ihre Topmodels sind also ein netter Zeitvertreib, aber viel wichtiger sind den Mädchen von heute Autonomie, Selbstbestimmung und Unabhängigkeit einerseits, aber auch Selbstgestaltung und -optimierung. Wie mir Paula-Irene Villa gesagt hat: »Wer dies verkörpert, ist ›gut‹, gehört dazu, ist richtig.« Und wer auf Insta das für sie verkörpert, der ist dann der heiße Hase. So wie du! Du verkörperst das doch auch, Tanja!

Also, ich stelle mich auch in optimalen Posen vor die Kamera, die vielleicht nicht erahnen lassen, wie viel Junk ich in the trunk habe. Popo-Gate! Aber ich sehe Instagram als Business und als Aufgabe, einen Mehrwert für meine Plus Size Sisters zu schaffen. Ich hasse den Begriff »Influencer«, denn für mich steht dieses Wort nicht für Authentizität oder gar eine eigene Meinung. Fakt ist: Wer nirgends aneckt, sich immer schön raushält aus politischen Themen, brav seinen Feed aufpoliert, die Posen kopiert und das Gesicht mit Filtern oder Apps optimiert, der/die hat Erfolg auf Instagram.

Ich finde das irgendwie wahnsinnig öde. Was ich nie verstehen werde: Warum reicht es, als Bildinhalt sein digital poliertes, schönes Gesicht und den knackigen Festtagsschinken ins Zentrum zu stellen? Keine Botschaft. Kein Humor. Wieder geht es nur um die perfekte mediale Inszenierung eines optimierten Körpers: gesund, fit, gut drauf, immer auf Zehenspitzen stehen, ein langes Bein über das andere, damit es schlanker wirkt, gerne lange Haare, aber natürlich nur auf dem Kopf, gerader Rücken, strahlendes Lächeln, vielleicht wie zufällig der Blick kess über die Schulter. Milliarden Bilder, die jeden Tag hochgeladen werden und doch immer wieder die gleichen sind. Eine Kopie der Kopie der Kopie. Wenig Vielfalt. Und doch generiert genau das die Klicks, mit denen die erfolgreichen Influencer*innen dann ihr Geld verdienen. Und der größte Hohn: Wenn normschöne Influencer*innen dann sich noch unter ihre perfekt bearbeiteten Fotos Bodypositivity, Girl-Power und Loveyourself auf die Hashtag-Fahne schreiben. Das ist Koketterie, und die eigentlich wichtigen Botschaften verkommen zu einem weiteren Fashionlabel – wie damals Punk. Aber über Sexismus heulen. Nervt dich das nicht?

Na klar. Und oft ist angebliche Authentizität eiskalt gekauft von Firmen, die die Instawelt und das, was wir am häufigsten sehen, beherrschen. Und was die von dir zu Recht vermissten Inhalte angeht: Bei Frauen dreht sich das meistens um Yoga, Homedekor, Beauty und Familykram. Ein Image wie aus den 50er Jahren, als alles schön brav aufgeräumt, die Gardinen gestärkt waren, es nur lachende Menschen in den Familienalben gab. Gott sei Dank gibt es hier immer mehr Veränderung und Bemühungen für #mehrrealitätaufinstagram.

Insofern bin ich quasi Trendsetterin mit meinen unbearbeiteten Bildern?

Wenn du das so sehen willst, gern. Aber natürlich bist du eigentlich ein Dinosaurier vom Planet Wissen. Ich habe keine 200 000 oder 1 000 000 Follower, aber ich sehe die Verantwortung, die meine Plattform hat. Bin wählerisch bei Kooperationen und informiere mich über die Brand, mit der ich zusammenarbeiten soll. Ich habe ein Gewissen, und dennoch wüsste ich nicht, wie ich reagieren würde, wenn ein Unternehmen mir 5000 Euro oder mehr für das Posten eines Bildes anbietet. Was für einige Influencer völlig normal ist.

Ich selbst lasse meine Bilder nur wenig bearbeiten. Bei eigenen Fotoshootings habe ich die volle Kontrolle und arbeite mit einem eingespielten Team. Die kennen mich gut und wissen, dass ich auf keinen Fall meinen Körper retuschiert haben möchte. Ich kann mich mit meinem Posing so hinstellen, als hätte ich zwei Kleidergrößen weniger. Der richtige Winkel ist alles. Ich setze auf ein gutes Styling und eine gute Ausleuchtung. Wirkt Wunder! Augenringe, Pickel oder zu viel Glanz lasse ich wegretuschieren. Wenn Fotos in einen Katalog oder in einer Zeitschrift abgebildet werden sollen, lasse ich schon mal meine Cellulite an den Beinen verringern. Aber that's it. Du lässt nie etwas retuschieren?

Nein, aber ich werde auch nicht oft fotografiert, und es ist mir zu mühsam, meine Bilder zu bearbeiten. Ich erinnere mich gut an meine erste Autogrammkarte für *arte*. Es war das erste Mal, dass ich ein professionelles Fotoshooting erlebte. Ich fuhr nach Strasbourg, und da war dann dieser französische Fotograf, der mich ermahnte, meine Haare besser nur auf eine Schulterseite zu legen, weil ich sonst aussehen würde »comme un joli Cocker-Spaniel«. Ich war zutiefst verunsichert, bellte aus Reflex, um das mit Humor zu überspielen (Veuve, Veuve!), und beschloss dann, nicht mehr zu posieren, sondern einfach nur mit den Haaren auf einer Seite dazustehen. Sie gaben dann mein Bild zu einer Dame, die es digital aufpolierte. Als ich es zur Freigabe bekam, also zum Kontrollblick, ob es für mich passt, war ich geschockt: Sie hatten meine Nase wegretuschiert und viel, viel kleiner gemacht. Es sah aus wie ein Loch auf dem Bild, wie ein verschwommenes Portal zu einer anderen Dimension. Warum? Ich rief an und sagte, dass ich sofort meine Nase wiederhaben wollte. Denn ich hatte gemerkt, dass ich so aussehen will, wie ich aussehe. Ist doch auch Banane: Die Zuschauer*innen kannten mich als Reporterin an so spektakulären Drehorten wie Schweinestall, Labor, Tierpark, Berg, Tal, Höhle. Meistens in Funktionswäsche. Wer also eine Autogrammkarte haben will von mir, der weiß doch, dass ich die bodenständige Fernsehfrau aus dem Stall bin und dass ich zum Beispiel eine Nase habe. Wenn er dann ein Foto von einer Magazin-Beauty-Frau bekommt ohne Nase, die aber angeblich ich sein soll, dann stiftet das doch nur Verwirrung. Und das versteh ich auch nicht bei Instagram: der Gap zwischen den digital optimierten Fotos und dem echten Menschen. Ob die Mädchen sich überhaupt noch auf dem Pausenhof erkennen?

Eine berechtigte Frage, denn zum Beispiel macht die App »Facetune« aus uns einen völlig anderen Menschen. Ohne Poren, Falten, Pickel und irgendwelche Makel oder eigene Identität. Filter sind meiner Meinung nach mit Vorsicht zu benutzen, denn wir verlieren ganz schnell den Blick dafür, wie wir wirklich aussehen. Sie zeigen uns aber dank sogenannter »Vorbilder« wie Kim K. und dem ganzen restlichen Kardashian Clan, was alles möglich ist. Motto: »Niemand ist hässlich. Du bist einfach nur zu arm, um genügend Beauty-OPs zu bezahlen.« Ein wenig Filler hier, etwas Botox da, Faden- oder Eye-Brow Lifting, Bunny Lines, Erdbeerkinn, Gummy Smiles – everything is possible. Und ich gestehe: Ich habe auch schon Hyaluron-Filler spritzen lassen, in meine Lippen und um meine Augenringe loszuwerden. Gab es umsonst auf der Fashionweek in Berlin. Ich gehe damit offen um. Aber ich sage auch: Jede*r muss für sich irgendwo die Grenze ziehen und wissen, wann es genug ist und wie er oder sie mit diesem kostspieligen Schönheitswahn umgehen will. Das ist essenziell, sonst verliert man sich.

Ich war immer mal wieder eingeladen auf »Promi-Events« und habe mir für diese Veranstaltungen nicht mal die Haare stylen lassen. Ich hab mir einfach was Schickes angezogen und wurde dann aber trotz allem verwechselt mit dem Personal, das an dem Tag bedient hat. Irgendeine Society-Maus kam zu mir und meinte: »Was ist los mit deinen Haaren, im Fernsehen sind die doch immer so schön.« Ich stand dann wieder mal da und fühlte mich deplatziert. Ich war auch die Einzige, die nicht auf- oder zusammengespritzt war. Das ist in gewissen Kreisen ganz normal mittlerweile. Dass man »gemacht« ist, ist ein Statussymbol. Aber ich habe – wie du postuliert hast gerade eben – für mich die Grenze gezogen: Ich will, dass man sieht, dass ich alt werde. Ich will, dass man sieht, wer ich bin und wie ich bin und wie ich mich fühle. Ich will meine Nase behalten. Und meine Mimik. Aber ziemlich sicher wird mich das eines Tages den Job kosten, weil ich nicht mehr mithalten kann. Dünn sein gehört zum Geschäft. Faltenfrei sein gehört zum Geschäft. Perfekt sein gehört zum Geschäft. Aber dann mache ich endlich meine Ausbildung zur Landschaftsgärtnerin und grabe eben den ganzen Tag.

Deine Branche ist aber auch ein Haifischbecken. Mein großer Lichtblick ist Leonie Hahne, die mit etwas mehr auf den Hüften jetzt RTL Explosiv moderiert und einfach gesund und strahlend aussieht. Eine echte Abwechslung! Und du glaubst es nicht: Auch ihr Körper wurde in den Sozialen Medien heiß diskutiert. Klar hat sie einen Hintern – aber sie ist nicht dick. Die Frau trägt maximal Größe 44 und ist damit deutscher Durchschnitt. Stell dir vor, was passieren würde, wenn ich mit einer 54/56 dort stünde. Der Shitstorm würde ganz Europa plattmachen. The Body of a woman is a battlefield – es stimmt einfach! Wie überlebst du da? Ist das Image einer Moderatorin im deutschen TV immer dermaßen angepasst und normiert?

Ich denke, das kommt auf den Sender an. Beim öffentlich-rechtlichen Rundfunk werden zumindest journalistische Formate wie der Weltspiegel präsentiert von Frauen, die Expertinnen und tolle Journalistinnen sind. Frauen, die wissen, was sie tun und worum es geht. Frauen, die etwas zu sagen haben und die sehr erfahren sind. So wie Ute Brucker oder Isabel Schayani – die beiden entsprechen nicht dem BUNTE-Promiseiten-Look der jungen, faltenfreien, ultraschlanken Kartenableserinnen, denen die Texte geschrieben werden müssen. Und diese Frauen würden auch nicht auf ihren Instagram-Accounts ihre nackten Beine präsentieren, weil das zum Geschäftsmodell gehört. Sie würden sie auch nicht optisch in die Länge ziehen, bis auch die Zehen gefühlt einen Meter lang sind und ein Boulevard-Blatt darüber berichtet, dass da wohl ein kleines

Bildbearbeitungs-Malheur passiert ist. So wie das bei Frauke Ludowig zum Beispiel der Fall war oder bei Cathy Hummels, bei der sich dann mit den Oberschenkeln auch das Geländer am Pool verjüngt hat: Photoshop-Fails aus der Hölle.

Also, Moderatorin ist nicht gleich Moderatorin, und ich habe leider auch keine Belege, was für Castingregeln es für welche Formate gibt. Wenn ich die hätte, wäre ich vermutlich erfolgreich. Ich kann nur mit anekdotischer Evidenz brillieren: Eine Kollegin aus Berlin durfte bei einer Talkshow nur im Hintergrund und buchstäblich im dunklen Kammerl sitzen. Sie ist eine der coolsten Frauen, die ich kenne, und ich habe ihr geschrieben: »Warum moderierst du das nicht, sondern die anderen zwei?« Sie antwortete: »Vermutlich, weil ich zu fett geworden bin. Aber mir egal.« Und ich kann dir noch berichten, dass ich mehr Anfragen bekomme, seit ich mir die Haare nicht mehr dunkel färbe und meine schiefen Frontzähne habe in Reih und Glied bringen lassen. Auch von seriösen Kunden aus Wissenschaft und Forschung – sie nehmen mich wohl jetzt offensichtlich als Frau wahr, die, wenn sie eine Stunde in Ondulierarbeiten und Fassadensanierung investiert, so etwas wie Glamour versprühen kann, die aber auch in Haupt- und Nebensatzkonstruktionen sprechen kann.

Kommen wir mal zu deinen Fotos auf Insta. Gibt es eigentlich ein Bild, auf dem du dich besonders magst und auf das du ganz besonders stolz bist?

O ja! Ich habe vor einiger Zeit an einem Kunstprojekt teilgenommen, bei dem berühmte Porträts bekannter Maler nachgestellt und in einen neuen Kontext gesetzt wurden. Dieses Shooting war für mich eine ziemliche Herausforderung, denn der Fotograf hatte als berühmte Vorlage das Bild »Venus vor dem Spiegel« von Diego Velázquez ausgesucht. Und das bedeutete für mich, dass ich mich für die Kunst kompletto tutti nackig machen musste. So wie Gott mich schuf und Poldi

mich formte, musste ich mich auf einer Chaiselongue räkeln, die vor einem Spiegel steht. Man sieht mich also in erster Linie von hinten – nur mit einem transparenten Tüchlein über der Poritze. Mein Gesicht ist in der Spiegelung zu sehen. Ich hatte am Anfang ziemliche Bedenken, mich komplett nackt zu zeigen, wobei das nichts mit dem Team um mich herum zu tun hatte. Mir ging es eher darum, was mein Sohn davon halten würde, denn die Bilder werden ja auch auf Instagram veröffentlicht, und so können mir alle seine Klassenkameraden auf die Poritze gucken. Das könnte ihm unangenehm sein, gab ich zu bedenken. Dennoch wollte ich mitmachen, mir beweisen, dass ich das kann, und allen anderen Frauen Mut machen, es sich zu erlauben, sich als schön zu empfinden. Es hat sich gelohnt. Die Bilder sahen einfach wunderschön aus: Ich sehe wirklich aus wie gemalt – mit meinem langen roten Haar und meiner komplett weißen Haut. Es wurde übrigens nichts retuschiert. Alle meine Rollen sind naturell. Das Team war auch zufrieden: Ob ich wohl zusagen würde, wenn der Playboy anruft? Also, so viel sei gesagt: So ein dralles Plus Size Bunny, wie ich es bin, das fehlt noch. Als ich das fertige Werk später dann auf Instagram teilte, bekam ich ausschließlich positive Rückmeldungen – was mich selbst ein wenig verwunderte. Ich habe damit gerechnet, dass irgendwelche Trolls mal wieder die »fett und ungesund«-Keule aus dem Keller holen und mich belehren wollen. Womit wir beim Thema Feedback sind, Caro. Wir haben noch gar nicht darüber gesprochen, was wir im Netz für Rückmeldungen bekommen auf unsere Bilder. Was schreiben die Leute dir so, wenn du eines deiner völlig unretuschierten, no filter needed Pics hochlädst?

Ich habe ja lange nicht so viele Follower*innen wie du und auch keine spezielle Community wie deine Plus Size Sisters (and Brothers). Wenn mir also jemand schreibt, dann sind das meistens Fernsehzuschauer*innen, die das Angebot der öffentlich-rechtlichen Sender konsumieren. Die meisten sind über vierzig und kommen in Frieden, einige sind distanzlos, andere haben echte Probleme. Nach meiner Erfahrung kann ich resümieren: Bei Facebook und YouTube tummeln sich die Hater, also die, die einen beleidigen; bei Instagram sind immer noch eher diejenigen unterwegs, die sagen: »Du bist wunderschön!« oder: »Mega Outfit«. Aber auch spektakulär ekelhafte und übergriffige Kommentare wie »Du hast einen tollen Blasemund« kommen vor. Ich gebe zu, ich war überrascht, als ich das über mich gelesen habe, denn meine Lippen sind ja eher schmal. Blasemund – vielleicht sollte ich doch noch in einer Brassband anheuern. Ufftata. Meinst du, das wäre eine Jobperspektive?

Humpa, humpa, tätärä! Wenn, dann muss ich mit ins Horn stoßen. Denn die Blasemund-Nachricht habe ich auch schon bekommen. Meistens auf den einschlägigen Single-Plattformen. Früher habe ich mich darüber aufgeregt, heute lache ich und blockiere diese Typen sofort. Wie gehst du damit um?

Als studierte Kommunikationswissenschaftlerin habe ich versucht, eine qualitative Inhaltsanalyse aller Rückmeldungen auf Fotos von mir vorzunehmen. Wenig überraschendes Ergebnis: Männer finden dich entweder hübsch und/oder stellen sich vor, wie es wäre, mit dir in die Kiste zu springen. Frauen beurteilen dein Aussehen anhand der gängigen neoliberalen Schönheitsideale und formulieren das dann auch in all der Härte. Starten wir mal bei den Männern und beim Klassiker »Dickpic«, also Penisporträt in der Waagerechten samt Kronjuwelen. Als ich mein erstes Dickpic erhalten habe, musste ich wahnsinnig lachen, weil ich mir vorgestellt habe, wie es aussehen würde, wenn der restliche Typ hinter dem Penis damit eine Wasserwaage balancieren würde. Viel entrüsteter als ich war mein Mann, der nicht fassen konnte, warum ich so beschwingt allen Freundinnen und Freunden von diesem Dickpic berichtete: »Wie kannst du Feministin sein und es so abfeiern, dass du ein Foto von so einem ekelhaften Schwanz bekommen hast!« Ich hab in diesem Moment gemerkt, dass das eine für mich mit dem anderen nichts zu tun hat. Natürlich ist es eine sexuelle Belästigung – für mich aber eher eine sexuelle Belustigung, denn wenn irgendeine Topfengolatsche da draußen glaubt, seine Quarktaschen fotografieren und mir schicken zu müssen, dann finde ich das in erster Linie bedauerlich. Penisbilder machen mich weder heiß noch kalt. Heidi Klum würde sagen: »Ich habe heute leider so gar kein Gefühl für dich.« Ich weiß auch gar nicht, ob die Absender eine bestimmte Reaktion von mir erwarten. Ob sie glauben, dass ich dann freundlich zurückschreibe: »Oh, ein Penis! Gut, wenn man einen hat.« Oder: »Wow. Kannst du damit auch telefonieren oder Wasseradern finden?« Schreibst du den Penisbildsendern zurück?

Manchmal ja. Ich habe irgendwann angefangen, Dickpics zurückzuschicken. So nach dem Motto: »Meiner ist größer!« Oder ich habe ihnen Angst gemacht. Beim letzten Würstelfoto habe ich einfach behauptet, dass ich einen »Pornblocker« auf meinem Handy hätte, der obszöne Bilder direkt herausfiltert und an die Polizei weiterschickt. Der Jungspund auf der anderen Seite des Internets hat sich, glaube ich, fast in die Hose gepieselt und sich dann mehrmals aufrichtig entschuldigt. Diesen Männern geht es in dem Moment nur um Aufmerksamkeit, genau wie den Typen, die sich immer mal wieder bei dir melden – meistens dann, wenn sie abends Langeweile haben, Taschenbillard mit Ping und Pong spielen und Bestätigung brauchen. Diese »MPIs«, also Minimal-Potential-Investment-Typen, können gerne ihre Hand dort lassen, wo sie ist. Ich danke dem englischen Dating-Experten Matthew Hussey übrigens sehr für diesen Fachbegriff und die Einordnung.

Und ich danke dir für den Begriff: Dann sind das alle MPIs, die in regelmäßigen Abständen immer wieder nur »Hi« schreiben: »14.2.2004: Hi«, »25.8.2007: Hi.«, »7.9.2008: Rosen-Emoji«, »26.10.2009: I love you«, und, guess what: »14.10.2015: Hi«.

Exakt: »MPI's« kommen, wenn sie etwas brauchen, und gehen dann wieder. Wie Kater, die ein Leckerli wollen. Grundsätzlich bin ich aber erschüttert, was Männer tagtäglich einfach mal so aufschreiben und adressieren, wenn sie ungefiltert und im Schutze des vermeintlich anonymen Internetprofils über andere Menschen und Körper sprechen. Ich bekomme jeden Tag dubiose Nachrichten, ähnlich wie bei dir meistens nach TV-Auftritten oder neuen Pressemeldungen. Und ich stelle fest: Männer lieben oder hassen mich, es gibt kein Dazwischen. Ich polarisiere ohne Wenn und Aber. Und ich habe gemerkt, dass es einen Unterschied macht, ob ich für einen öffentlich-rechtlichen Sender wie den NDR oder BR interviewt werde oder von einem Privatsender. Das Publikum der Öffentlich-Rechtlichen übt sich in vornehmer Zurückhaltung, das Publikum der Privaten kommentiert eher unmissverständlich: »Fettes Schwein« – »Die sieht aus wie eine Presswurst« – »Die Frau glorifiziert Fettleibigkeit, DAS ist ungesund!«. Ich lese diese Sachen aber schon lange nicht mehr alle durch, denn es raubt mir Energie. Diese Energie möchte ich anders einsetzen, und das würde ich auch jedem anderen raten. Energy goes where energy flows.

Jetzt kommen wir mal zu den Frauen: Während Männer häufig ihre Fickificki-Messages mit Tinte auf ihrem Füller schreiben, belastet mich der Hass der Kommentatorinnen weit mehr, weil es mich betrübt, warum gerade Frauen nicht einen Schritt weiter sind und mich auf meinen Körper und mein äußeres Erscheinungsbild reduzieren. Eine schrieb am Anfang der Corona-Pandemie, als wir im Studio keine Maskenbildner*innen mehr beschäftigen durften und ich mich selber schminken musste: »Ihr Äußeres ist in den letzten Sendungen leider mehr und mehr schlechter geworden. Bitte verstehen Sie das nicht falsch. Aber für mich und viele weitere Zuschauer gibt es nur zwei Erklärungen: Entweder Sie sind zurzeit nicht auf einem gesundheitlichen Höhepunkt, oder ihre Friseure/Maskenbildner sind ausgefallen. Ich hoffe, das Letztere ist der Fall. Sie haben sonst so tolle Frisuren/Haare und wirken lieblich und reizend. Das genaue Gegenteil ist jetzt zu sehen.« Eine andere Frau kommentierte ein Video aus der Sendung, das bei Facebook hochgeladen worden war, mit der Erkenntnis, ich hätte im Fernsehen nichts zu suchen, weil ich einen »ausgeprägten Rundrücken« und »viel zu viele Haare« hätte. Außerdem seien meine Brüste »traurige kleine Säckchen«. Glücklicherweise bekomme ich solche Nachrichten eher selten, die meisten bleiben freundlich oder nennen mich einfach nur »linksversifft«. Damit reduzieren sie immerhin nicht mich auf meine Körperlichkeit, sondern ihr Weltbild auf Scheibenniveau – was auf eine andere Weise bedauerlich ist. Ich habe aber festgestellt, dass ich derlei Kommentare erst bekomme, seit ich in die klassische Rolle der aufgemaschelten Moderatorin beziehungsweise in die Rolle der sprechenden Barfrau und Sidekick in der Sendung »Ringlstetter« geschlüpft bin. Als ich noch als Reporterin bei *arte* zu sehen war, hat mich irgendwie keiner als Körper wahrgenommen, der der Rede wert wäre. Insofern kann ich, was unsere Sehgewohnheiten angeht, zusammenfassen: Von einer klassischen Moderatorin wird meistens verlangt, dass sie gut aussehen muss und dass ihr Körper zur Kritik öffentlich freigegeben ist.

Verstehe einer diese TV-Welt! Aber vermutlich funktioniert sie nach ähnlichen Ästhetikparametern wie Instagram und Co.

Das denke ich auch. Und ich dosiere meine Zeit auf Insta ganz bewusst, denn das ewige Vergleichen mit den angeblich perfekten Körpern und Leben der anderen macht auch mich auf Dauer depressiv und hinterlässt ein großes Gefühl der Leere und des Scheiterns in mir. The grass is always greener on the other side. Ich bin zwiegespalten: Früher ging es Frauen darum, überhaupt sichtbar zu sein im öffentlichen Leben. Heute sind wir es. Aber schauen wir doch mal genauer hin, als was! Als sexy Salatbeilage zu einem Powertypen, Nummerngirl mit festgenähtem Lächeln, lederluderiges Love Interest, asexuelle Machtfrau, karrieregeile Macherinnen, frisches, junges Fohlen oder gutmütige MILF-Mama im weichen Krankenkassenwerbelicht? Früher sammelten die Frauen Unterschriften, um für das Recht auf Abtreibung zu kämpfen. Der Slogan, der dazu gefunden wurde, lautete: »Mein Bauch gehört mir.« Heute behaupten das auch viele, die an einem flachen Waschbrettbauch arbeiten – weil sie es »echt« und »wirklich« und »total selber wollen«. Aber ob diese Entscheidung echt, wirklich und total selber völlig frei getroffen wurde? Oder ist es vielmehr Teil einer Selbstoptimierung und eines Selbstmanagements, um auch für den Arbeitsmarkt fit zu sein? Die Frauen von heute sind zu Richterinnen ihrer selbst geworden. Das hat Angela McRobbie schon 2010 in ihrem Buch Top Girls (Angela Mc Robbie: Top Girls – Feminismus und der Aufstieg des neoliberalen Geschlechterregimes, Hrsg. Sabine Hark und Paula-Irene Villa, 2010, S. 95) beschrieben. Den Beautydruck machen wir uns heute einfach selbst. Die Norm ist verinnerlicht. Eine Freundin aus Brasilien (das Land der Schönheit, wie es heißt) erzählte mir, dass sie an ihrem Strand eine ganz klare Einteilung haben: ganz links sind die Schönen und Dünnen, dann die »Normalen«, also alle ab Kleidergröße 38, dann die Familien (Ende der Fuckability) und dann ganz rechts am Rand die Dicken. Die es eigentlich gar nicht geben dürfte. Sie war immer eine 36/38, aber nicht schmal und optimiert genug. Einmal versuchte sie, sich zu den Schönheiten zu gesellen.

Wie die reagiert haben? Meine Freundin antwortete mir: »Sie geben dir dann sehr schnell das Gefühl, dass du hier nichts verloren hast. Ihr seid noch gut dran hier in Deutschland. Bei uns ist es alles noch viel schlimmer.« Aber auch hier sind wir am Strand von Absurdistan: Schließlich ist die meistverkaufte Größe an Frauen in Deutschland 42/44, und zwei Drittel der Deutschen sind übergewichtig, sagt die WHO. Aber auf Instagram, Tiktok und in Film und Fernsehen sehen wir immer nur die Schlanken. Als ob alle, die mehr als Größe 40 tragen, nicht sehenswert wären.

Also, Caro, die Diskrepanz zwischen Laufsteg und Medien einerseits und der Realität im Spaßbad und im Supermarkt andererseits könnte kaum größer sein bei uns morgens um halb zehn in Deutschland. Während auf den Laufstegen der Fashion Week fast nur schlanke Frauen zu sehen sind, die elfengleich und mit extremstem Hohlkreuz wie Zinnsoldaten mit wehendem Haar über den Laufsteg schreiten, sitze ich im Publikum und versuche mir vorzustellen, ob dieses Maxikleid, das da auf dem Catwalk vorbeifliegt, auch an meinem Körper so flattern würde. Das, was die Frau da oben trägt, wäre zumindest ein toller erster Ärmel für mich.

Meine erste Fashion Week Show war das absolute Highlight für mich. 2013 hatte ich die erste Einladung im Rahmen der Berlin Fashion Week zur Curvy is sexy Messe. Curvy beginnt übrigens bei einer Kleidergröße 38. Nur mal so zum Mitschreiben. Wir reden also von ganz normalen Menschen. Aber gut, ich war auf jeden Fall beinahe in Ekstase: Ich als dicke Fashionista darf mitspielen bei den dünnen Kindern! Doch die Ernüchterung kam schnell, denn ich stellte fest, dass die Messe nicht zu den Hauptshows gehörte. Und auch die ersten Shows auf der Curvy-Messe verwirrten mich: Das sollte curvy sein? Das Model hatte einen Körper, der in eine 38 passen würde, und war in einen Fummel in 42/44 gesteckt worden, der eigentlichen Mustergröße für kurvige Models. Alles flatterte. Die Klamotte passte einfach nicht.

Ich hatte mich eigentlich auf Vielfalt gefreut, auf Mode in den Größen 42 bis 56, und wurde bitter enttäuscht. Die Enttäuschung war umso größer, weil ich kurz davor in New York gewesen war für Berichte von der Full Figured Fashion Week. Mein erster Bloggerjob. Dort waren wirklich alle Formen und Farben auf dem Laufsteg vertreten. Ich traf Modelle unterschiedlichster Herkunft. Am meisten blieb mir ein Model im Kopf, das indigene Wurzeln hatte. Eine Mischung aus Native American, Schwedisch, Polnisch und African American Roots. Dazu rötliche Locken und krass braune Augen.

Ich finde es ja auch wunderbar, wenn Vielfalt gezeigt wird. Wenn Menschen aller Hautfarben, Kleidergrößen, Religionen, sexuellen Orientierungen, Mann, Frau, Trans, mit oder ohne Handicaps sich zeigen dürfen und uns inspirieren mit der Art, wie und was sie anziehen und wie sie sich schön fühlen. Aber ich habe mit dem, was unter #diversity bei Instagram oder den Fashionshows aufmarschiert, immer wieder ein Problem: Denn diese Menschen sind gestylt wie Zirkuspferde. Als völlig mittelmäßige, mittelalte Frau, wie ich es heute bin, schaue ich mir das an wie das Kuriositätenkabinett von Karl Valentin. Fühlst du dich da nicht auch manchmal wie bei der Fleischbeschau, wenn du bei so etwas teilnimmst oder im Publikum in der mittlerweile ersten Reihe sitzt?

Manchmal habe ich das große Glück, direkt in der ersten Reihe sitzen zu dürfen. Endlich keine Stehplätze mehr. Dieses Standing musste ich mir wirklich erarbeiten. Dahinter stecken viele Jahre des Klinkenputzens und Networkings. Und das sollte auch klar sein: Geld bringt einem der Besuch der Fashion Week eigentlich auch weniger. Es sei denn, du hast Kooperationspartner, die sich über ein Getty Image in ihren Klamotten freuen, und du hast gut verhandelt. Der Fashion-Week-Zirkus ist anstrengend, und Networking macht nicht immer Spaß.

Ich sitze also jetzt als dicke Frau in der ersten Reihe, und das bedeutet mir viel. Denn ich sitze dort für alle Frauen, die sich dort eigentlich durch ihre Dickheit deplatziert fühlen würden. An guten Tagen habe ich mich voller Selbstvertrauen einfach hingesetzt, an schlechten wollte ich mich verstecken. Ich werde immer beobachtet, und ich weiß, dass immer noch viele hinter meinem Rücken tuscheln. Den Platz am Tisch der Fashion People, den habe ich mir erarbeitet, und trotzdem muss ich ihn immer wieder verteidigen. Ein absoluter Spießrutenlauf der Eitelkeiten ist das Fotografenabklatschen vor den Pressewänden der Werbepartner. Dort lassen sich die mehr oder weniger prominenten Gäste der Shows ablichten. Je mehr das Blitzlichtgewitter der Kameras aufbrandet, desto wichtiger und wertvoller bist du als Mensch. So kann man die Metaebene lesen. Wenn du neu bist in dieser Branche, interessiert sich keiner für dich. Und wenn du dick bist, dann bist du quasi vorverurteilt, dass sich nie jemand für dich interessieren wird. Heute stelle ich mich selbstbewusst auf den roten Teppich vor die Pressewand, kenne mittlerweile einige der Fotografen und spreche sie direkt an. Aber das war noch vor einigen Jahren ganz anders: Stell dir vor, du stehst vor der Pressewand, und keiner macht ein Foto von dir. Ist mir passiert. Es war der Moment der absoluten Peinlichkeit, aber ich habe versucht, es mit Humor zu nehmen, und einfach weitergemacht.

2013 und 2014 war ich noch die einzige Dicke im Publikum der Fashion-Week-Shows. Und ich musste fragen, ob ich kommen darf. Die Jahre gingen ins Land, und weitere Plus-Size-Blogger und Influencer*innen aus meiner Community trauten sich zu solchen Großveranstaltungen. Mittlerweile werde ich eingeladen, muss nicht mehr fragen, und jedes Mal freue ich mich über mehr Vielfalt, zumindest im Publikum. Denn auf dem Runway sind in Deutschland Begriffe und Hashtags wie #diversity und #vielfalt immer noch nicht richtig angekommen. Meine vielleicht gewagte These: Viele Designer*innen trauen sich immer noch nicht, Mode in großen Größen zu zeigen. Das passt nicht zu ihrem Image. Und trotz allem Selbstvertrauen und über die Jahre von mir ausgetüftelter Strategien ist es nach wie vor furchtbar anstrengend für mich, auf Events wie der Fashion Week die ganze Zeit unter Beobachtung zu stehen. Dicke Frauen, die es wagen, sich modisch zu kleiden, und sich nicht die Butter vom Brot nehmen lassen, sind immer noch die Ausnahme.

Dass wir überhaupt auf der Fashion Week vertreten sein dürfen, geht auch auf das Konto von Menschen, die sich in den sozialen Medien stark und nackig machen für mehr Körpervielfalt. Auf Instagram oder auch TikTok gibt es mittlerweile viele Aktivisten wie mich, die diese Plattform nutzen, um Sehgewohnheiten zu verändern. Viele von uns leisten echte Pionierarbeit, wenn es um die Sichtbarkeit von großen Größen geht. Und die ist auch bitter nötig. Ob es die Organisatoren der Fashion Week sind oder die »About You«-Influencer Awardshow, die Herausgeber von Fashion Magazinen, Chefredakteure, Drehbuchautoren oder die Top-Entscheider (alles hauptsächlich Männer) in den oberen Etagen der Medienwelt – keiner will mit angeblichen Randgruppenmenschen werben. Was aber natürlich keiner öffentlich zugeben würde. Alle reden zwar von Diversity, weil es gerade ja so fancy und angesagt ist, tatsächlich sparen sie aber in ihren Produkten sämtliche »Randgruppen« aus, auch wenn es gar keine sind: People of Color, Menschen mit Handicap, Dicke, Dünne, Kleine, Große, Trans, Gay, Cross Dresser, Drag ... die Liste der Menschen, die zu wenig gesehen werden, ist lang. Und die Bereitschaft, diese Vielfalt abzubilden, ist minimal. Stichwort »Quoten-Moppel« oder »Quoten-Transe«. Man möchte das Geld der Randgruppen – wie ich diesen Begriff verabscheue! –, aber nicht mit ihnen öffentlich gesehen werden. Fast so, als machten alle eine große Party für alle – aber wir sind nicht eingeladen. Wir gehören alle nicht dazu.

Ich werde mit meinen Veranstaltungen weiter daran arbeiten, dass sich das ändert: Wenn der Druck auf die Magazine und Entscheider groß genug ist und wir weiterhin auf Instagram selbst Trends setzen und uns unseren Platz ganz selbstverständlich nehmen, wird sich einiges ändern. Auch wenn Algorithmen weiße, dünne Körper bevorzugt behandeln. Deswegen ist es zu einfach und greift zu kurz, Insta und seine normierte Bilderwelt zu verteufeln. Es gibt auch ein anderes Insta. Das kann dir neue Welten eröffnen und dir neue Vorbilder schenken, wenn du sie findest und dein Insta-Feed aufräumst. Folge Hashtags wie #bodypositivity #zelebrierenstattkaschieren #diversity, und du findest normale Menschen.

Learnings von Tanja

Wie Insta uns doch noch glücklich macht

Das, was uns im echten, alltäglichen Leben, auf der Straße, im Beruf begegnet, hat wenig mit den medial transportierten Idealbildern zu tun.

Der Fetisch »jugendlich, schlank und braungebrannt« aber macht offenbar generationenübergreifend unglücklich. Dauernde Vergleiche mit dem Unerreichbaren lösen Selbstzweifel und Leid aus, vor allem bei Mädchen und Frauen, aber auch bei allen anderen, die sich ausgeschlossen und durch diese Bilder und die Normen, die sie transportieren, degradiert und/oder diskriminiert fühlen: Lesben, Schwule, Transmenschen, Menschen mit anderen Hautfarben, Menschen mit Handicaps. Jeder ist es wert, gesehen zu werden. Wir brauchen neue Vorbilder, und zwar die, die den Gap zwischen unseren digitalen normschönen Sehgewohnheiten und der Realität wieder schließen. Also: Zeigt eure Festtagsschinken, wie sie sind. No Filter Needed, wie es auf Instagram heißt. Wir möchten, dass wir alle Menschen, unabhängig davon, was für eine Kleidergröße sie tragen, in den Medien zu sehen bekommen.

Geht verantwortungsvoll mit eurem Social-Media-Konsum um: Verbringt nicht zu viel Zeit im Netz, räumt in euren Accounts auf. Folgt keinen Accounts, die euch nicht guttun, sondern abonniert die, die euch bereichern, euch zum Nachdenken anregen oder zum Lachen bringen. Wir empfehlen da zum Beispiel den Hashtag #alpakasofinstgram. Schwupps, habt ihr immer ein fluffiges Alpaka im Feed. Wer mag bitte keine Alpakas? Besser als ein Drama-Lama!

17

Nestbeschmutzer*innen

Tanja und ich haben ja ganz bewusst entschieden, dass wir dieses Buch gemeinsam schreiben, um ein Zeichen zu setzen für mehr Miteinander. Denn auch wenn das Wort Miteinander schon abgegrabbelt und angegilbt daherkommt und nach Wandergitarre und Lichterkette riecht: Es fehlt leider immer noch daran. Stattdessen gibt es eine ganze Menge Gegeneinander: Mann gegen Frau, Frau gegen Mann, Rechts gegen Links, Links gegen Rechts und nicht zuletzt, ob ihr es glaubt oder nicht: Dick gegen Dünn – und vice versa. Und wie gewaltig das Gegeneinander von Dick und Dünn ist und wie sehr ich als Moderatorin für ein Ideal stehe, das ich gar nicht vertrete, das habe ich in einer »Ringlstetter«-Sendung begriffen, in der ich versehentlich eine Gurke gegessen habe. Na, Tanja, willst du die Story hören?

Sag es durch die Gurke, Darling!

Wir hatten in der Sendung als Talkgast die Autorin Nicole Jäger geladen, die selbst ernannte »Fettlöserin«, die ein sehr erfolgreiches Buch übers Abnehmen geschrieben hat – sehr humorvoll, denn sie war lange Zeit selbst so groß wie eine »Wanderdüne«, wie sie schreibt. Und noch immer ist Nicole kein Fliegengewicht. Das kann ich so sagen, oder Tanja?

Nicole Jäger ist genau wie ich dick. Dick ist, und das möchte ich hier einmal klarstellen, kein böses Wort. Nennen wir es doch so, wie es ist. Wenn ich in den Spiegel schaue und mich sehe, dann weiß ich doch, dass ich dick bin. Und die liebe

Nicole, die ich übrigens herrlich komisch finde und auch mal vom gleichen Typen wie ich angegraben wurde (but this is another story), wird sich sicher auch nicht anders sehen. Die schockierende Wahrheit: Dicke Frauen wissen meistens, dass sie dick sind. Was gab es denn für Drinks in der Show? Hast du die selbst gemixt?

Damals war ich noch recht ambitioniert, auch was die Getränke anging, und servierte in der Sendung Cocktails und Longdrinks. An diesem Tag gab es allerdings nur einen schlichten Gin Tonic mit Gurke. Also hatte ich in meiner Rolle als Barfrau Salatgurken herumliegen. Und nun muss man wissen, dass ich zum Zeitpunkt der Aufzeichnung in vielerlei Hinsicht Kummer und Stress hatte, privat und beruflich. Im Fernsehen sollte mir das aber natürlich keiner anmerken. Doch wie immer, wenn alles zu viel ist, werde ich recht schmal, es verschlägt mir den Appetit, und irgendwann beginnt dann mein Magen so laut zu knurren, dass man es sogar durch das Ansteckmikro hört. So auch in dieser Sendung: Hannes, also der Moderator, interviewte Nicole Jäger, ich als Barfrau hatte vermeintlich Pause, hörte zu, vernahm das Donnergrollen aus meinem Bauch und merkte, dass ich lieber ganz rasch irgendetwas essen sollte. Und jetzt rate mal?

Was ist bunt und rennt über den Tisch?

Ein Fluchtsalat. Du sollst doch raten. Es war grün.

Der Froschkönig!

Quarktasche du. Ich hab in eine Gurke gebissen.

O Gott. An was hast du dabei gedacht?

Ausnahmsweise nur an Gurke.

Muss ich mir Sorgen machen? Egal. Aber was passierte dann?

Die Szene, wie ich zuhöre und in die Gurke beiße, wurde ohne böse Hintergedanken ins Interview geschnitten. Ein klassisches, wenn auch skurriles »Zuhörbild«: Man braucht im Fernsehen ja immer auch mal Aufnahmen von Händen oder Zuschauer*innen oder eben Gurken, damit man das Interview ein bisschen kürzen kann, damit es in die vorgegebene Sendungslänge passt. Doch die Kombination von Fettlöserin Nicole Jäger im Interview und dünner Barfrau, die in eine wässrige Gurke beißt, sorgte bei einigen Zuschauerinnen auf YouTube für Unmut, den sie in die Kommentarspalten notierten: »What the Fuck! Will die Miss Super-Model zeigen, wie man ne Gurke ist, oder was?!« – »Diese Frau, die da einfach nur steht und ihre Gurke frisst ; D« – »Was soll die Gurkentante denn da :O Die ist mega unpassend.« Ich hatte überhaupt nicht damit gerechnet, dass ich gefilmt werde, während ich in diese vermaledeite Gurke beiße. Und unser Redakteur fand mich einfach nur drollig, wie ich da stehe und kaue. Über Gewichtsprobleme hat er sich noch nie Gedanken gemacht in seinem Leben. Als ich die Kommentare auf YouTube sah, war ich entsetzt: Denn aus unserem Plädoyer für mehr Miteinander – wir wollten Nicole ja mit dem Interview eine Plattform geben und sie als Role Model feiern – war durch mich ein Gegeneinander geworden. Ich verstand, dass ich als »Germanys Next Super-Gurke« ein Affront für eine Community war, von der ich noch gar nicht wusste, dass es sie gibt. Deine Community! Verstehst du die Aufregung?

Jede Community ist auf ihre Weise eine Gurkentruppe ... oder Gurkensuppe, wie meine Oma sie gerne mochte. Ich habe mir das Video angeschaut und musste erst mal ehrlich gesagt lachen. Ich sehe dein herzhaftes Reinbeißen in die Gurke

noch vor meinem geistigen Auge. Kransch. By the way: Jeder Mensch hat übrigens ein »Abbeiß- oder Reinbeiß-Gesicht«, und dein Abbeiß-Gesicht im Video ist herrlich Banane dafür, dass du in eine Gurke beißt. Und ich finde, du siehst bezaubernd und beinahe zu lieb aus in deinem Blümchenkleid und hörst tatsächlich ja einfach nur zu, wie die Fettlöserin Nicole Jäger im Interview mit Hannes Ringlstetter sagt, ihr Getränk erinnere sie an Sperma. Gröhl. Insofern verstehe ich die Entscheidung des Redakteurs, weil die Szene und dein Abbeiß-Gesicht wahnsinnig viel Situationskomik hat. Und deswegen verstehe ich die Kommentare zu dir unter dem Video auch nicht. Ich glaube, dass nur Frauen, die eben nicht mit sich fein sind und die viel mit sich selbst zu kämpfen haben, so etwas als Affront sehen.

Da bin ich jetzt tatsächlich beruhigt, dass du das so siehst. Das Gurken-Gate zeigt aber zum einen, wie sensibel das Battlefield »Dick gegen Dünn« ist, und zum anderen, dass man schneller im Schützengraben liegt, als man glaubt, selbst wenn man nur mit einer Salatgurke bewaffnet ist. Du bist doch auch mal schneller, als du Banana sagen konntest, in so einen Shitstorm geraten. Als du nämlich begonnen hast, Sport zu treiben, und darüber deiner Plus-Size-Community im Netz berichtet hast. Kannst du dich daran erinnern?

Ich habe damals das Angebot bekommen, bei einem vierwöchigen Abnehmprogramm einer Fitness-Kette mitzumachen. Ich fand die Idee gut, denn ich wollte ja ohnehin abnehmen (und will es noch immer). Das Sportprogramm hat mir Spaß gemacht und mir gutgetan. Es war ohne Druck und ohne Stress, ohne Wiegen und Kalorienzählen. Keiner hat mich schief angeschaut oder getuschelt. Ich habe mich dort wohlgefühlt, und es ging mir in erster Linie darum, aktiver zu werden und ein besseres Körpergefühl zu bekommen. Es war sogar so gut, dass ich nach den vier Wochen unbedingt weitermachen wollte und schließlich sogar eine Kooperation mit dem Fitnessstudio einging. Mir ist wichtig zu betonen, dass schlank nicht unbedingt gesund und dick nicht gleich ungesund bedeutet. Das muss immer individuell betrachtet werden. Aber jede*r von uns weiß: Zu viele Kilos belasten den Körper. Man kann sich einen Diabetes angeln oder Erkrankungen des Bewegungsapparates, der Rücken tut weh, das Knie zickt rum, der Blutdruck kann steigen, und auch das Risiko, an Krebs zu erkranken, steigt. Ich finde es insofern schwierig, wenn man behauptet: Ich liebe mich selbst, achte aber nicht darauf, dass ich gesund bin. Keiner unserer Knochen und keins unserer Gelenke ist dafür gemacht, dass es auf die Dauer 180 Kilo durch die Welt schleppt. Trotzdem muss jeder für sich selbst entscheiden, was richtig oder falsch ist, das muss ich hier auch einfach mal so ehrlich sagen. Vielleicht hat das einige in meiner Community aber doch kalt erwischt, denn ich predige ja immer gebetsmühlenartig, dass wir uns bereits jetzt annehmen und nicht auf schlanke Zeiten warten sollen, dass wir Selbstliebe walten lassen und gut zu uns sein sollen. Selbstliebe kann aber auch heißen, dass ich Muskeln habe, die meinem Skelett helfen, die Kilos zu tragen, und es kann auch heißen, dass ich vielleicht Gewicht verliere. Das eine schließt das andere nicht aus. Auch #selflove kennt keine Kleidergröße. Und by the way: Sport ist zwar manchmal Mord, aber meiner Ansicht nach kein Verrat an meiner Plus Size Community. Alle Körper können Sport für sich entdecken. Und liebe Klamottenindustrie: Bitte macht Sportkleidung für alle Größen, damit auch wir dicken Mädels und Jungs keine »Schlabberzelte« tragen müssen, wenn wir uns bewegen wollen.

Ich habe diesen Shitstorm rund um deine sportlichen Aktivitäten hochinteressant gefunden, denn du hast offensichtlich die vor den Kopf gestoßen, die sich auf ihrem Übergewicht ausruhen und nichts für sich tun wollen. Wie kann ich behaupten, dass ich mich liebe, aber meinem Körper nicht helfen, dieses Übergewicht auch zu (er)tragen? Dann ist #selflove oder #bodypositivity doch in erster Linie #selbstbetrug, oder nicht?

An den Punkt, dass du etwas für dich tun willst, musst du aber erst mal kommen. Es muss ja auch nicht jeder Sport machen. Dennoch: Bodypositivity ist für mich keine Ausrede oder gar eine Möglichkeit, mich zu verstecken. Ich muss ja trotzdem auf meinen Körper und meine Gesundheit achten. Allerdings ist #bodypositivity ein Begriff, den viele missverstehen. Daher schreibe ich dir jetzt noch mal zum Mitlesen genau auf, was meine Definition ist: Bodypositivity ist die Akzeptanz und Sichtbarkeit aller Körper. Ohne Wertung. Ohne Kritik und Besserwisserei.

Ist dir schon mal aufgefallen, dass Gewichtsverlust öffentlich immer so unglaublich positiv diskutiert wird? »Hast du abgenommen? Sieht toll aus!« Das finde ich schwierig, denn dadurch entsteht der Eindruck, dass das Verlieren von Kilos automatisch der Schlüssel ist zu einem besseren und glücklicheren Leben ist. Und viele glauben deswegen, erst wenn sie abgenommen haben, dann geht das glückliche Leben los. Aber ich bin schlank, und mein Leben ist natürlich immer noch nicht perfekt. Weil es kein perfektes Leben gibt und weil unsere Stimmung ist wie das Wetter: manchmal sonnig, manchmal regnerisch, meistens teilweise bewölkt. Das muss jede*r aushalten lernen. Aber Dicksein, sich aufgeben und sich als Opfer sehen, das alles hilft ja auch nicht weiter. Wenn deine Plus Size Sisters and Brothers sich angegriffen fühlen, bloß weil du Sport und ihnen damit vermutlich ein schlechtes Gewissen machst, dann sag ich jetzt mal, Hand aufs Herz, die Damen und Herren: Wie würden diese Menschen reagieren, wenn du 50 Kilo abnehmen würdest? So wie der britische Superstar Adele zum Beispiel, die für großes Raunen auf Insta und in den bunten Blättern gesorgt hat, weil sie nur noch die Hälfte ist.

Es gab mehrere Gerüchte, was zu Adeles Gewichtsverlust geführt hat: dass es ein Magenband war oder der Trennungsstress und so weiter und so fort. Ich muss zugeben, dass mich die ersten Fotos von ihr in Dünn fast erschreckt haben: Sie ist einfach nur noch die Hälfte, ich hab sie fast gar nicht mehr erkannt. Als Sprachrohr der Plus Size Community musste ich lustigerweise für Promiflash mehrere Interviews zum Gewichtsverlust von Adele geben und fand es wieder einmal befremdlich, dass ich, ohne diese Frau jemals persönlich kennengelernt zu haben, ihren Körper bewerten sollte. Es ist einfach Wahnsinn, wie sehr das Publikum offensichtlich danach lechzt, über weibliche Körper zu diskutieren und sie zu interpretieren. Und zwar ständig!

Und was hast du im Promiflash gesagt?

Ich habe gesagt: Adele ist eine tolle Frau, und wir wissen nicht, was sie dazu bewogen hat, abzunehmen. Ich finde, dass es uns nicht zusteht, über ihre Beweggründe oder ihren Körper zu urteilen. Das ist absolut privat, und insofern finde ich Kommentare wie »Wir fühlen uns von ihr verraten!«, »Es stand ihr so gut!« oder »Sie sieht jetzt wie eine von vielen aus!« widerlich und abstoßend. Adele ist immer noch in erster Linie Musikerin, und ihre Stimme ist ein echtes Geschenk. Ich werde sie so oder so feiern. Ihr Körper gehört nur ihr. Aber mir ist rund um Adeles Gewichtsverlust auch sonnenklar geworden: Wenn ich abnehme, dann werde ich ziemlich sicher auch solche Kommentare bekommen, weil sich einige von mir auf eine Weise verraten fühlen werden. Das beobachte ich in den Kommentarspalten von anderen Plus Size Influencer*innen, die sich zum Beispiel operieren lassen, auf einmal schlank sind und fast nur noch #weightloss Content auf ihren Seiten verbreiten und völlig aus der Community raustreten. Die alte Community ist dann plötzlich nichts mehr wert. Man will mit »solchen Leuten« nichts mehr zu tun haben. So wie damals bei den Schleifen-bauchfrei-Wendy-Mädchen, die mich nicht mehr in ihrem Zirkel dabeihaben wollten, als ich wieder dick war.

Ich verstehe, wenn sich dann viele Plus-Size-Damen und -Herren betrogen fühlen. Aber so bin ich nicht, und mir geht es in erster Linie nicht um #weightloss, sondern um einen ganzheitlichen Ansatz, den ich aber immer wieder erklären muss: Wenn ich meine Seele und damit auch meine Binge-Eating-Störung heile, dann bedeutet das auch, dass ich mich nicht mehr vollstopfe. Und wenn das aufhört, werde ich auch Gewicht verlieren – als natürlicher Nebeneffekt, quasi ein Symptom, das verschwindet, wenn die grundlegende Erkrankung kuriert ist. Ich hoffe, dass ich durch meine Arbeit und auch durch dieses Buch meine Plus Size Sisters weiterhin für das Thema Essstörungen sensibilisiere, sodass sie dieses Henne-Ei-Problem besser begreifen können. Viele glauben immer noch, dass das Dicksein das Grundproblem ist, aber die Wurzel für das Übergewicht liegt ja in unseren Herzen und Seelen. Wie ich mit meiner Essstörung und meinem Dicksein umgehe, das verwirrt viele. Wann immer ich auf meinem Instagram-Channel darüber schreibe oder spreche, erhalte ich viele Nachrichten und Kommentare von Frauen und auch Männern, die unter ihrem Körper leiden und sich hassen. Ich hasse mich nicht mehr. Deshalb wird es von mir auch nicht diese typischen Bilder nach dem Motto »unglückliches, dickes Vorher« und »glückliches, schlankes Nachher« geben. Es gibt schon jetzt viele glückliche Bilder. Auch wenn ich noch dick bin. Und noch mal for the people in the back: Dick ist für mich kein Schimpfwort, es ist die Beschreibung (m)eines Zustandes beziehungsweise Umfangs. Ich bin dick. Ja. Aber ich mag mich. Ich bin jetzt bereits erfolgreich, aktiv, mag mein Leben und meine Arbeit. Das Einzige, was ich erreichen will und woran ich noch zu arbeiten habe: Ich möchte Ruhe im Kopf haben und frei von meinem Esszwang sein. Ich will gesund sein. Der Rest regelt sich von alleine.

Da gebe ich dir absolut recht, denn selbst als ich nur noch Haut und Knochen war, ging es mir ja nicht um schnöde Beautyfragen. Es ging vielmehr darum, ein abstruses Gedankenwerk zu vollenden und nicht loslassen zu können von einer Sucht, die mich vermeintlich zu etwas Besonderem macht. Für viele Magersüchtige ist der Tod die Krönung ihres Schaffens. Wenn sich bei manchen Protagonist*innen aus der Plus Size Community alles nur noch um #weightloss, also das Abnehmen dreht, dann ist damit das Grundproblem nicht gelöst, denn es geht ja immer noch nur um Körper und darum, ihn zu optimieren. Wir sind damit immer noch bei der Symptombekämpfung und irre monothematisch. Ich kann von mir sagen: Ich war erst von der Magersucht geheilt, als ich meinen Körper weitestgehend vergessen habe und aufgehört habe, mich nur darum zu drehen. Als ich angefangen habe zu leben. Ein Therapeut hat mir mal den Tipp gegeben: »Jeder Mensch sollte eine ausreichend große Menge an Ablenkungen haben.« Sich nur um sich selbst drehen ist ungesund. Wie siehst du das?

Genauso. Es kippt so oft von einem ins nächste Extrem, was ich unbedingt vermeiden möchte, auch für mich selbst. Darum bin ich aus der #dietculture komplett ausgetreten und gebe anderen keine Ernährungstipps mehr. Ich hätte gerne ein für mich gesünderes Körpergewicht. Ein Gewicht, das nicht meine Kniegelenke erdrückt, mich leichter und unbeschwerter sein lässt und es mir ermöglicht, noch mehr Dinge zu tun, auf die ich Lust habe, die aber jetzt noch nicht gehen. Ich würde zum Beispiel gerne Kanu fahren auf den Fleeten, die meine Wohnung umgeben. Ich würde gerne Wasserski fahren. Ich würde gerne ohne Seatbelt-Extension fliegen können und möchte generell einfach länger durchhalten. Ich weiß: So richtig schlank werde ich nie sein. Das ist auch nicht mein Ziel und auch nicht meine persönliche Ästhetik. Früher dachte ich immer, dass ich zweistellig (also unter 100 Kilo) sein muss – heute sage ich mir, dass ich in erster Linie frei vom Esszwang sein will. Eine Waage brauche ich für mein Glück nicht, auch keine bestimmte Konfektionsgröße, keine bestimmten Maße, ich will auch kein spezielles Essverhalten und schon gar keine Magen-OP für mich, obwohl ich gestehen muss, dass ich öfter darüber nachgedacht habe.

Verstehe ich, aber auch hier gilt: Wenn das psychische Grundproblem nicht gelöst ist, dann hilft auch keine Magenverkleinerung, denn die Sucht findet immer einen Weg. Im Zweifelsfall schmelzen die Patienten Schokolade ein und trinken sie in flüssigem Zustand. Um schließlich und endlich noch mal zu meinem Gurken-Gate zurückzukehren: Viel schlimmer noch als die Anfeindungen, die ich für das öffentliche Verzehren eines Gemüses kassiert habe, waren die Kommentare, die Nicole Jäger bekommen hat. Ich möchte das hier nicht wiederholen, aber der Hohn, Spott und Hass, den sie online offenbar tagtäglich erfährt, von Männern wie Frauen – das ist wirklich schockierend. Und so ein Hass, so eine Verachtung führen natürlich bei vielen dicken Menschen zu Depressionen und Angststörungen. Wie sollen sie so gesund werden? Insofern möchte ich hier noch mal eine Lanze brechen für mehr Miteinander. Gerade wir Frauen, die wir uns immer wieder beschweren, dass wir nur aufgrund unserer Körperlichkeit bewertet werden und um Akzeptanz und Respekt betteln, gerade wir sollten als Erste damit aufhören, mit dem Finger auf andere zu zeigen. Lasst uns miteinander sein. Lasst uns miteinander reden. Und uns als Menschen mit Geschichte, Narben, Lieben, Leiden begreifen. Mehr Respekt. Mehr Haltung. Kein Gegeneinander. Das ist ja auch der Grund, warum wir dieses Buch zusammen schreiben. Lasst uns zusammen durch Dick und Dünn gehen.

Das ist auch mir wichtig. Und was die sozialen Netzwerke angeht, möchte ich noch mal betonen, dass ich durch die Plus Size Community Halt und Bestätigung erfahren und dort die Möglichkeit bekommen habe, mich mit Menschen und Körpern zu vergleichen, die auch nicht normschön und tausendfach digital gefiltert sind. Aber das Plus-Size-Community-Korsett wird mir zunehmend zu eng: Der Ruf nach #respectmysize – das war eine große Online-Kampagne – ist selbstverständlich eine richtig gute Sache, aber greift für mich zu kurz. Ich möchte, dass meine Konfektion #sizeegal ist, dass ich mehr bin als nur Teil einer Community. Wir müssen Aufklärungsarbeit leisten und uns nicht von unserem Körper oder Gewicht einschränken lassen. Das ständige »Schubladendenken« macht mich wahnsinnig. Es muss ein natürliches Miteinander geben, das alle anspricht. Dass ich mich weiterhin für meine Sisters einsetze, ist selbstverständlich, aber am meisten erreiche ich für sie und mich außerhalb dieser Filterblase. Indem ich rausgehe, auch aus der Opferhaltung, und Selbstverständlichkeit einfordere, andere nicht von Essstörungen, von Über- oder Untergewicht betroffene Menschen für die Veränderung von Sehgewohnheiten sensibilisiere, ist mehr erreicht, als wenn ich in der Filterblase »Mimimi« mache. Ich möchte nicht als dauerdemonstrierende dicke, wütende Frau wahrgenommen werden. Ich will mehr vom Leben als nur die Fixierung auf den Körper. Ich will alles. Und zwar jetzt. Komm mit, Caro.

Wohin geht die Reise?

Nach Sibirien. So weit musste ich reisen, musste Tausende von Kilometern und zwei Zeitzonen überwinden, um mit fast vierzig Jahren bei minus 40 Grad im sibirischen Tiefschnee bei den Lenafelsen zu der Erkenntnis zu gelangen: »Ich kann alles tun, was ich will. Fuck off, lieber Ex!«

18

Nach der Reise ist vor der Reise

Jahrelang hatte ich gehört: »Das kannst du nicht. Dafür bist du zu dick.« Wie eine Platte mit einem Kratzer, in dem die Tonabnehmernadel hängen geblieben ist. »Das kannst du nicht. Du bist zu dick dafür.« So lange, bis ich es selber glaubte. Im November 2019 leckte ich immer noch die Wunden, die die letzte Trennung hinterlassen hatte, und all die negativen Glaubenssätze meines Ex-Freundes in Bezug auf mein Gewicht hallten noch als Echo in meinem Ohr: »Mit dir kann ich nicht in den Urlaub fahren, du bist wie ein Klotz am Bein.« Oder: »Es ist schon fast so, als wäre ich mit einer Behinderten unterwegs.« Sätze, die er auch in unserem gemeinsamen Radiofeature sagte, Caro, erinnerst du dich?

Ja, daran kann ich mich gut erinnern. Ich empfand sie damals als hart, aber irgendwie herzlich.

Erst im Nachhinein spürte ich, wie sehr mich seine Aussagen verletzt haben. So verblendet war ich und so gelähmt vom Zuckerbrot-und-Peitsche-Prinzip unserer Beziehung: Ich war wie ein räudiger Hund, der so sehr darauf angewiesen war, dass er mal gekrault würde, dass er auch die Prügel aushielt. Wenn ich eins gelernt habe, dann ist es, dass ein negatives Mindset mich nicht weiterbringt, sondern meine Essstörung nur schlimmer macht. Ich habe so viele Täler und Enttäuschungen hinter mir, habe aus Trauer gefressen, zugenommen, und immer wieder habe ich die Kraft gefunden, nochmal von vorne anzufangen, Diät zu halten, wieder Gewicht zu verlieren und in Bewegung zu kommen. Und dennoch: Diese letzte Trennung hat mir wirklich noch einmal so richtig den Boden unter den Füßen weggerissen. Die Angst, allein zu sein und keinen Partner zu haben, dadurch irgendwie mangelhaft zu sein, hat mich innerlich fertiggemacht.

Ich erzähle das hier noch mal in dieser Ausführlichkeit, weil es ein Kernpunkt ist, was Essstörungen anbelangt. Weil wir immer wieder Begegnungen haben und in Beziehungen geraten, die uns nicht guttun. Um mit diesen Menschen und dem, was sie bei uns anrichten, besser umgehen zu können, müssen wir uns mit unseren dunklen Seiten und Ängsten beschäftigen und unsere inneren Muster durchbrechen. Ich hatte Angst vor dem Alleinsein. Und ich lasse mir zu sehr von anderen Menschen sagen, wie und was ich angeblich bin. Und vor allem, was ich alles nicht kann. Zum Beispiel Fernreisen unternehmen.

Im November 2019 lud das russische Ministerium für Tourismus meine Freundin Katrin zu einer Pressereise nach Yakutsk ein. Yakutsk ist die kälteste dauerhaft bewohnte Großstadt der Welt: Im Winter kann es dort gerne mal bis zu minus 70 Grad kalt werden. Eines Abends fragte mich Katrin per Whatsapp, ob ich spontan verreisen möchte. Sie könne leider nicht an der Reise teilnehmen, hätte aber mich stattdessen empfohlen. Im ersten Moment ratterten wieder die »Das kannst du nicht«-Bedenken durch meinen Kopf: dass zum Beispiel die lange Flugreise echt eine Herausforderung sein würde, für mich und auch für meinen Nebensitzer. »Ach was, Else, dit wird schon!«, sagte Katrin im Berliner Dialekt. Und ich sagte zu mir selber: Verdammt, ich kann das! Ich kann Abenteuer.

Außerdem brauchte ich dringend einen Tapetenwechsel. Also sagte ich spontan zu. Katrin war stolz auf mich und zeigte mir das Programm der Pressereise: Hundeschlittenfahrt, stand darin. Und bei mir läuteten die Alarmglocken: Ob die Hunde ein Kaliber wie mich transportieren konnten? Angst machte sich breit. Das könnte eine echte Blamage werden. Aber jetzt gab es kein Zurück mehr. Schon zwei Tage später klebte dank »Extra-Bearbeitungsgebühren«, die der Reiseveranstalter an die russische Botschaft gezahlt hatte, mein Visum für Russland in meinem Ausweis. Auf dem Foto sah ich aus wie eine auf frischer Tat ertappte Schwerverbrecherin. »Otschen Charascho!« – übersetzt: »Sehr gut!«, wurde es aber bei der Übergabe durch die Mitarbeiterin des Reisebüros gelobt. »Gut, dass Sie nicht lachen. Das mag die Botschaft nicht.« Na, das kann ja heiter werden, dachte ich.

Zwei Tage später ging es dann schon los. Ich saß aufgeregt im Zug nach Berlin und ging innerlich noch einmal durch, ob ich auch wirklich nichts vergessen hatte. Am Flughafen traf ich den Rest der Reisegruppe und verstand mich mit meinen Mitreisenden Jörn und Tom von Anfang an. »Die haben Humor«, dachte ich und sollte Recht behalten. Beim Besteigen des Flugzeugs machte ich mir dann aber doch Sorgen, dass ich gequetscht mit einem nörgelnden Sitznachbar in der Economy eingesperrt sein würde. Den Hinflug teilten wir uns auch noch mit richtig langen Kerls, nämlich mit der polnischen Basketball-Mannschaft »Zielona Góra«. Ich liebe große Männer, und prompt wurde der Trainer neben mir platziert. In meinem besten Polnisch sagte ich, dass wir jetzt etwas kuscheln werden. Er lachte und antwortete nur: »Mit Ihnen kuschel ich sehr gerne. Das macht rein gar nichts.« Dann studierte er bis Moskau eifrig die nächsten Spielzüge und organisierte die Aufstellung. Auch der Weiterflug war easy, denn neben mir saß niemand. Freiheit für meine 186-cm-Beine. Ich konnte mich ausruhen und einigermaßen schlafen.

Zwei Zeitzonen später und ziemlich müde wurden wir von einer Reiseleitung samt Übersetzer eingesammelt, und man setzte mir noch im Flughafengebäude eine russische Schapka, also eine Fellmütze, auf den Kopf: »Es wird gleich sehr kalt!« Und wirklich: Als ich hinaustrat, traf mich eine Wand aus Eis, das Thermometer zitterte bei minus 39 Grad. Ich werde niemals das erste Einatmen der eiskalten klaren Luft vergessen. Es kribbelte in meinen Lungen, und die Eiskristalle auf dem Boden glitzerten zu meinen Füßen. Welch schönes Bild. Die nach Diesel stinkenden Busse vergessen wir jetzt mal.

Vor mir lag eine spannende und vollgepackte Woche in einem fremden Land, dessen Sprache ich nur ein ganz klein wenig beherrsche. Noch immer hatte ich Bedenken, dass mich mein Gewicht in dieser Woche behindern würde, aber jeden Morgen vor dem Spiegel schwor ich mir, meine innere Bitch zu ignorieren und mich auf alles einzulassen: »Ich weiß, dass du gern alles unter Kontrolle hast, Bitch, aber jetzt lerne auch mal loszulassen.« Voller Vertrauen und Neugier stürzte ich mich ins Abenteuer Yakutia und hatte eine wirklich faszinierende, bereichernde, eiskalte und von allem losgelöste Woche. Wir besuchten viele Museen, lernten die Kultur des Landes kennen, gingen zum traditionellen Eisfischen mit dem Minister Yakutiens, nahmen an schamanischen Ritualen teil, trafen stinkreiche Diamantenhändler, bekamen in den besten Restaurants ausgefallene lokale Spezialitäten serviert wie Fohlenfleisch, Rentier und gefrorenen Fischsalat oder speisten in einer abgelegenen kleinen Holzhütte ohne fließendes Wasser mitten im Nirgendwo an einer langen Tafel zusammen mit den Einheimischen.

Dann kam der Tag der Hundeschlittenfahrt, der Programmpunkt, der mir bereits in Deutschland Sorgen bereitet hatte. Noch etwas schüchtern fragte ich den Hundeschlittenführer, ob die Wauwaus denn auch ein Kaliber wie mich transportieren könnten. Verwundert über meine Frage schaute der Herr über die Hunde mich an und meinte nur lässig, die könnten auch zwei von meiner Gewichtsklasse übers Eis ziehen. Da fiel mir ein Stein vom Herzen, und ich schoss in diesem Moment die innere Bedenkenbitch auf den Mond. Im Überschwang meiner Gefühle fragte ich nun sogar todesmutig, ob ich, statt mich nur faul im Schlitten chauffieren zu lassen, das Gefährt samt der acht Hunde selbst fahren und steuern dürfte? Woher auch immer ich den Mut dafür nahm – es klappte! Ich fuhr den Hundeschlitten mit den acht Hunden dran verdammt noch mal selbst und drehte für mich und meine Community, damit es mir wirklich alle glaubten, sogar noch ein Video für Instagram dabei. Leichtsinnigerweise ohne Handschuhe, wofür ich später Erfrierungen an den Fingern kassierte.

Ich wuchs über mich hinaus. Die Erinnerung an meine zerbrochene Beziehung rückte mit jedem Tag in weitere Ferne, ich erlebte mich ganz neu und ganz frei, und als ich fast am Ende meiner Sibirienreise nach der Segenszeremonie am Fuße der Lenafelsen – bei der eine uralte Schamanin ein Feuer beziehungsweise den Gott des Feuers mit Minipfannkuchen und beschwörendem Gebrabbel fütterte – durch den tiefsten Schnee stapfte, machte es »Klick!«. Ich dachte an all die negativen »Das kann man mit dir alles nicht!«-Glaubenssätze meines Ex-Freundes, der hier in Eis und Schnee sicher schon erfroren wäre, und sagte laut zu ihm und gleichzeitig zu mir selbst: »Du kannst mich mal. Ich kann das alles so was von! Ja, mit mir kann man Spaß haben und jede Menge Action erleben! Hey, ich bin zu schwer für den verdammten Kletterpark, aber schau, was ich hier mache, du Lauch! Alle Dinge, die du mich hast glauben lassen und die ich aufgrund alter Muster und alter Erfahrungen geglaubt habe, die mich meine Eltern, Familie, Lehrer, falsche Freunde haben glauben lassen: All das lasse ich hier in Sibirien zurück. Mögen die beiden Seiten deines Kissens immer warm sein.« Auf dem Erinnerungsfoto bin ich die Einzige, die von der Schamanin umarmt wurde. Sie hat wohl gerochen, wie sehr mich ihr Ritual befreit hat. Darauf einen Minipfannkuchen!

Als ich wieder zu Hause in Hamburg war und die Fotos meiner Reise durchging, war ich unglaublich stolz auf mich: In meinem schwerfälligen Körper steckt die Power einer Hochleistungssportlerin. Wenn ich es will, dann bezwinge ich Berge, Zeitzonen und Tiefschnee. Ich kann Schlittenhunde bändigen und den Drachen selbst erlegen – nur vielleicht keinen Nagel in die Wand hauen. Ich bin stark. Und ich glaube an mich, aus vollstem Herzen!

Ich verstand: Mein einziges Hindernis bin ich selbst. Niemand sonst. Und ich will verdammt noch mal aus meiner falschen Story raus. Aussteigen aus dem Film, den ich mir seit Jahren immer wieder ansehe. Ich will eine neue Platte auflegen und raus aus der Opferrolle, in der viele dicke Frauen ausharren und sich ständig nur um sich selbst und ihre Verletzungen drehen. Ich kann meine Geschichte neu schreiben und mein Bild von mir neu malen. Ich kann mein Leben ändern, jederzeit. Ich bin mehr als mein Körper, als mein Gewicht. Ich bin eine Mission: Ich mache mich stark für Menschen, die eine ähnliche Vergangenheit haben wie ich, und durch dieses Engagement bin ich eine neue Frau geworden. Aber ich will jetzt aus dieser Filterblase heraus. Ich bin zwar das, was ich heute bin, durch das, was mir passiert ist. Aber ich will mich nicht durch die Traumata und Wunden meiner Vergangenheit fernsteuern lassen. So kann ich niemals frei und unbeschwert sein. Mein Gewicht ist nicht das, was mich definiert. Es gibt viele, viele andere Dinge und Eigenschaften an mir, die viel interessanter sind. Und so fordere ich jetzt mit großer Selbstverständlichkeit einen Platz am Tisch für mich, stellvertretend für alle dicken Menschen – ohne dafür betteln zu müssen.

Ob ich meine Essstörung jemals komplett auflösen kann, das weiß ich nicht, aber ich will da raus. Um meinen Panzer gehen zu lassen, werde ich Hilfe brauchen. Doch jetzt bin ich bereit, sie mir zu suchen. Und dieser Schritt ist einer der wichtigsten überhaupt – der Wille, etwas zu verändern, und keine Angst haben zu müssen, darüber zu sprechen. Ich bin ehrlich zu mir und habe aus meiner vermeintlichen Schwäche eine große Stärke gewonnen, die ich mit meiner Arbeit als Bodypositivity-Aktivistin bereits in Seminaren und mit diesem Buch an Frauen weitergebe. Und zwar ohne Angst. Ich wünsche mir ein Leben, in dem Essen einfach Essen ist. Völlig emotionslos. Ich hoffe auf eine Zeit, in der Gummibären mich nicht mehr rufen. Passt auf, Bärlis: Ich zeige euch, wer hier die Hosen anhat. Auf eine Zeit, in der ich nicht von anderen gedacht und definiert werde, sondern in der ich mein Leben allein bestimme. Wir warten immer darauf, dass wir ankommen, aber werden wir es überhaupt, Caro? Bist du angekommen?

Das können wir nur herausfinden, wenn wir uns auf den Weg machen. Ich habe, ähnlich wie du, im Jahr 2017 noch mal meine Tasche gepackt und kann sagen, dass ich erst jetzt verstanden habe, wohin die Reise ging.

19

Size egal

Sie ging nämlich ans Eingemachte. Zurück und gleichzeitig in die Zukunft. Aber erst mal nach Rom. Meine kleine Familie und ich waren im Juni 2017 dort eingeladen zu einer Hochzeit auf dem Land. Aber, wie so oft wusste ich, dass ich es nicht pünktlich schaffen würde, weil ich noch Sendungen zu drehen hatte. Also fuhr die Familie mit dem Nachtzug voraus, und ich flog nach getaner Arbeit und durchzechter Staffel-Abschluss-Feier-Partynacht hinterher. Völlig verkatert besorgte ich mir einen Mietwagen, gab die Adresse ein und fuhr mit noch weicher Birne gefühlt ewig über die Autobahn aus der ewigen Stadt hinaus. Dann über Landstraßen. Dann über Feldwege. Dann realisierte ich, dass ich mich trotz Navi verfahren hatte. Ich hielt an der staubigen Straße vor der Ruine eines alten Bauernhauses, knallte meinen Kopf auf das Lenkrad, das entrüstet zurückhupte, und fing an zu heulen. Ich war so müde! Und alles machte irgendwie keinen Sinn und keinen Spaß mehr. Schon lange nicht mehr.

Gleichzeitig schämte ich mich: Wo bleibt die Demut, Caro? Ich bin doch verdammt noch mal privilegiert! Mein Leben ist schön: ein gesundes Kind, ein toller Ehemann, ein interessanter Job. Schäm dich. Jawohl, ich schämte mich. Und dann war da für eine Sekunde der Gedanke: Ich fahr jetzt einfach gegen diese Hauswand. Dann hört das auf. Der Druck. Die Traurigkeit. Und wieder Scham. Reiß dich zusammen! Ich stieg aus dem Auto aus, machte ein paar Dehnübungen, trank etwas Wasser, putzte mir die Nase und schaltete das Radio ein. Gianna Nanini. Jetzt musste ich wieder lachen, denn sie sang scheinbar zu mir: »Tu, quell'espressione malinconica, e quel sorriso in più. Cosa mi fai?« Übersetzt in etwa: »Was machst du für ein trauriges Gesicht? Und das Lächeln. Was willst du mir damit sagen?«

Was war nur los mit mir? Gut, ich hatte mich von meiner Arbeit ferngesteuert und fremdbestimmt gefühlt. Mein Co-Moderator bei *arte* hatte immer mehr Sendungen gewollt als ich. Also machte ich ihm zuliebe mehr, als ich vertrug. Und dann war da der neue Job. Wir mussten uns etablieren. Das Projekt war nicht in trockenen Tüchern. Es ist eine Chance, hatten alle gesagt. Das darfst du nicht verkacken. Aber zur Sicherheit musst du alles machen, falls das eine doch nicht klappt. So drehte ich drei Fernsehsendungen parallel, dazu Radiosendungen, Eventmoderationen, Diskussionsrunden und, und, und, und. Meine Tochter machte mir Vorwürfe, dass ich zu wenig Zeit für sie hätte. Meine Freundinnen machten mir Vorwürfe, dass wir uns überhaupt nie mehr sehen würden. Mein Körper machte mir Vorwürfe, weil ich ihn zu wenig bewegte. Ich trank zu viel und rauchte zu viel, und nachts konnte ich nicht mehr schlafen. Egal, was ich tat, ich tat es nicht richtig. Meine eigene Quality Control, mein Perfektionismus gab dauernd Alarm. Aber wie in einem Wahn glaubte ich alles schaffen zu müssen und zu können. Ich wollte gefragt sein. Ich wollte nichts verpassen. Alles mitnehmen. Doch meine Fehlerquote stieg, meine Manuskripte waren nicht zu Ende gedacht, ich verpasste Termine, machte mich innerlich dafür fertig und fühlte mich wie eine Versagerin. Und ich war so verkrampft, dass mir peu à peu die Heiterkeit abhandenkam. Was der Untergang ist, wenn man als Humorarbeiterin bei einer Late-Night-Sendung angestellt ist.

Wieder fühlte ich mich wie eine Hochstaplerin. Jetzt werden sie merken, dass ich eine Fehlbesetzung und gar nicht lustig bin. Schließlich versteckte ich mich sogar eines Freitagabends, als ich den Innenhof des Funkhauses auf dem Weg vom Hochhaus in den Studiobau durchquerte, vor dem Endboss, der gerade mit seiner Entourage vorbeikam. Die Kolleginnen und Kollegen feierten Betriebsfest, ich hatte Sendung und Angst, jemand könnte mich fragen, wie es mir geht. Dann brach ich nämlich immer in Tränen aus. Der Endboss durfte mich so nicht sehen. Macht, dass das aufhört!

Als wir wieder aus Italien zurück waren, suchte ich mir also wieder einmal Rat bei einer Psychologin. Die Diagnose fiel recht eindeutig aus: Ich hatte eine Erschöpfungsdepression – also ein Burnout. Ich bettelte sie um Psychopharmaka an. Bitte, ich muss schnell wieder lustig werden! Sie weigerte sich jedoch und sagte, dass das so nicht ginge: Pille rein, lustig sein, und weiter geht's im Hamsterrad des Turbokapitalismus. Stattdessen wurde ich vier Wochen krankgeschrieben und sollte alles, was ich so tagtäglich tue, in Rot und Grün unterteilen. Grün ist, was Energie gibt. Rot ist, was Energie kostet. Jeder Tag sollte etwas Grünes dabeihaben.

Doch was war eigentlich grün? Erst mal waren da nur Dinge, die weniger rot waren und die, wenn sie erledigt waren, ein Gefühl von Grün gaben. Bügeln zum Beispiel. Wenn ich genug gearbeitet und power quality time mit meiner Tochter verbracht hatte, erlaubte ich mir eine Runde zu bügeln und dabei vielleicht etwas anzuschauen. Knautschiger Berg Wäsche, ordentlicher Stapel Wäsche. Vorher, nachher. Im Nachhinein ganz hübsch traurig, dass Bügeln eine Belohnung ist. Heute ist mir klar, dass ein Stapel gebügelter T-Shirts mich trotzdem mehr Energie kostet, als er mir gibt. Ich versuchte runterzukommen und mich zu erholen, war aber viel zu rast- und ruhelos dazu. Also ging ich spazieren und versuchte meine Gedanken einzufangen, die wie ein Gummiball zwischen der Vergangenheit und der nahen Zukunft hin- und hersprangen, anstatt im Jetzt zu bleiben: »Was muss ich morgen noch machen, was habe ich gestern gemacht, warum erhol ich mich nicht, verdammt noch mal? Konzentrier dich darauf, wie der Wind in den Blättern raschelt. Los, das ist Erholung. Komm schon, sei erholt!« Selbst beim Erholen setzte ich mich unter Leistungsdruck. Es war wie damals in der Psychiatrie, wo ich versuchte, eine Schnellheilung zu forcieren, und dabei nicht merkte, dass mir auch hier wieder mein übersteigerter Ehrgeiz in die Suppe spuckte. Ich kaufte mir eine neue gelbe Couch.

Saß aber nie länger als fünf Minuten darauf, sondern schnauzte nur alle an, dass sie ja keinen Fleck darauf machen sollten. Dann kaufte ich mir einen künstlichen Kamin für neben die Couch. Das Modell hieß Bergamo und die Fake-Flammen-Technik aus Wasserdampf und LEDs nannte sich Opti-Mist. Mist wie der Nebel auf Englisch. Ich war optimistisch, dass ich beim In-die-Flammen-Starren endlich aus meinem Burn-out herauskäme. Fighting fire with fire.

Der Opti-Mist löste mein Problem der chronischen Rastlosigkeit jedoch auch nicht. Ich war verzweifelt. Als ich meiner Therapeutin erzählte, dass ich darüber nachdachte, einen Kredit aufzunehmen, da ich überzeugt war, dass eine eigene Immobilie mein Glück bedeuten würde und ich jetzt auf ein Eigenheim sparen würde, in das meine Familie, der falsche Kamin und die neue Couch einziehen könnten, wurde sie recht deutlich und machte mir klar, dass ich meine Erholung permanent an irgendwelche Stimuli, also Reize von außen, koppelte in der Hoffnung, dass die mir Erlösung schenken würden. Doch die (Er)Lösung für mein Burn-out konnte nur ich selbst mit einem rigiden Weniger-ist-mehr-Programm erreichen.

Nach einigen Monaten der Gesprächstherapie erkannte ich zähneknirschend, dass die Motive, die mich in die Magersucht geführt hatten, genau dieselben waren, die mich jetzt in meine Workaholic-Sackgasse manövriert hatten. Wieder hatte ich mich beweisen wollen. Wieder hatte ich die Grenzen meiner Kraft nicht sehen wollen. Wieder hatte ich geglaubt, alles unter Kontrolle haben zu können. Wieder hatte ich versucht, Übermenschliches zu leisten und rund um die Uhr zu funktionieren. Unsere Psyche ist smart und tut nichts ohne Grund. Die Magersucht hatte insofern eine wichtige Funktion: In der für mich unkontrollierbaren Gesamtsituation aus familiären und schulischen Konflikten hatte sie mir ein Korsett und Selbstbewusstsein gegeben. Sie war mein Rettungsring. Wenn alles bedrohlich und unberechenbar war, konnte ich mich daran festhalten und zumindest mein Essen und meinen Körper kontrollieren. Ich konnte bei den coolen Kids in der Schule nicht mithalten, aber immerhin konnte ich Leistung bringen, mehr als alle anderen lernen und Topnoten schreiben. Erst als ich die Magersucht nicht mehr gebraucht habe, weil ich mein Selbstwertgefühl anderweitig herstellen konnte, als ich Freunde hatte und mich frei machte vom Leistungsdruck, als ich lernte, mit Konflikten anders umzugehen, konnte ich sie verabschieden. Und doch ist die Sucht tief in mir verankert. Es ist wie eine Art Reflex: Wenn es mich juckt, dann kratz ich mich. Wenn mich etwas wütend und traurig macht, dann verweigere ich die Nahrung. Wenn bestimmte Dinge zusammenkommen, dann kehrt sie zurück.

Und jetzt? Ich hatte ja nicht aufgehört zu essen. Magersüchtig war ich also nicht. Und doch hatte ich in der Doppelrolle als Moderatorin und Mutter angefangen, mich zu verlieren. Zu viele Menschen hatten zu viele Erwartungen an mich und zerrten an mir: die Kollegen, die Familie, die finanziellen Zwänge. Allen versuchte ich das zu geben, was sie von mir brauchten. Dazu kam die Rushhour des Lebens. Wann, wenn nicht jetzt? Karriere, Familie. Jetzt musst du dir einen Namen machen. Wenn du es jetzt nicht schaffst, dich zu etablieren, dann wirst du abgehängt! Jetzt kannst du noch ein Kind kriegen. Schnell, sonst ist es zu spät. Das mit dem zweiten Kind funktionierte nicht. Das machte mich traurig. Warum funktionierte mein Körper nicht? Also bombte ich mich mit anderen Projekten zu.

Mein Bruder hatte mir mal ein T-Shirt mit der Aufschrift »A woman's work is never done« geschenkt. Daran musste ich oft denken. Sei fleißig. Sei tapfer. Sei dabei schön und gut gelaunt. Ich versuchte, für alle immer die Sonne scheinen zu lassen, fühlte mich aber dabei wie eine Gewitterwolke, die nicht abregnen darf. Mit der Zeit sammelte sich in mir ein Stausee voll alter Traurigkeit. Nachts, wenn ich nicht schlafen konnte, stieg der Pegel und schwemmte seine uralten Fragen ans Ufer: Wer bin ich? Was macht mich aus? Was macht mich besonders? Was ist meine Mission? Mein Sinn? Ich rannte vor der Ruhe davon und betäubte mich, weil ich Angst hatte, dass ich in meinem eigenen Stausee ertrinken würde. Keiner braucht mich in traurig, dachte ich. Was, wenn ich nicht mehr funktioniere? Dann würden sie mich alle verlassen: der Job, die Kollegen, der Endboss – und, viel schlimmer, bestimmt auch mein Mann und mein Kind. Sie würden mich nicht mehr lieben, wenn sie merkten, wie erbärmlich ich war.

Jetzt erkannte ich sie: Es waren die alten Dämonen, nur in neuem Gewand. War ich wieder auf dem Weg in die Magersucht? Würde ich als Nächstes wieder mit meinem Klappergestell allen signalisieren, dass ich überlastet war? Meine Therapeutin machte mir Mut: »In der Traumatherapie benutzen wir folgendes Bild: Wenn Sie durch eine Schlucht wandern, die sehr, sehr tief ist, und Sie wandern oben auf einem Wanderweg und möchten einen Blick in den Abgrund wagen, dann sollten Sie unbedingt gut gesichert sein, damit Sie nicht hinunterfallen.« Der Abgrund sei aber nicht ein Rückfall in die Magersucht: »Sie haben keine Essstörung mehr. Sie sind nicht mehr magersüchtig.« Das haute mich vom Hocker, weil ich das noch nie so klar gehört hatte. Ich bin nicht mehr magersüchtig. Na klar, ich habe keine Verbotslisten mehr im Kopf mit »bösen« Lebensmitteln, ich sitze nicht mehr mit dem Taschenrechner da und addiere die Kalorien, die ich zu mir genommen habe, ich wiege keine hauchdünnen Apfelscheiben mehr ab, und ich kratze mir nicht die Unterarme blutig, wenn ich auf die Waage steige und ein Pfund zugenommen habe. Das Einzige, was geblieben ist: Wenn ich meinen Körper im Spiegel anschaue, sehe ich ihn noch immer nicht richtig. Das ist irgendwie geblieben, und es ist der Teil der Magersucht, den ich noch immer am gruseligsten finde: dass der eigene Kopf einem den Blick auf sich selber verstellt und man umso mehr gefangen ist in den Zwängen und Ritualen. Ein Martyrium. Aber ich habe es geschafft, da rauszukommen. Ich habe es in langen Jahren der Therapie geschafft, den Reflex »Das macht mich traurig, ich bestrafe jetzt mein Gegenüber und mich damit, dass ich nichts esse, bis ich sterbe« zu ersetzen. Durch: Wir reden darüber. Und trotzdem sitze ich wieder bei der Therapeutin. Denn das, was darunterliegt, die Strukturen, meine Muster, meine Narben, meine Ängste sind nicht weg. Die Vergangenheit ist wie eine unsichtbare Hand, die bis in die Gegenwart reicht und mich immer wieder am Ärmel festhält und daran hindert, ganz frei zu sein.

Wir begannen also noch mal von vorne: Ich reichte der Vergangenheit noch einmal die Hand, holte die kleine, zaundürre und unendlich traurige Caro von damals ab und nahm sie mit ins Jetzt. Ich lernte, dass die Angst zu mir gehört. Genauso wie die Trauer. Sie sind beide echt in Ordnung. Sie kommen, aber sie gehen auch wieder. Und so erfuhr ich nach Jahren der Vermeidungshaltung: Ich bin mir sicher genug, immer wieder in diesen Abgrund blicken zu können. Wer bin ich also? Ich bin viel: Ich bin dieser Abgrund, aber ich bin auch der sichere Blick auf ihn. Ich bin nicht da, um zu funktionieren. Ich bin da, um da zu sein. In unterschiedlichen Aggregatzuständen: Manchmal bin ich leise, manchmal laut, manchmal kann ich glitzern, manchmal schaue ich sehr finster, manchmal bin ich sehr, sehr albern, manchmal nervig, manchmal ziemlich zwanghaft. »Muten Sie sich zu!«, war der Ratschlag meiner Therapeutin. Manchmal gehe ich in die Luft oder miete mir Hühner, weil ich immer schon Hühner haben wollte. Manchmal lasse ich jetzt alles stehen und liegen, wenn mir die Decke auf den Kopf fällt. Ach ja, und dann habe ich etwas Neues an mir entdeckt: Ich bin jetzt sogar manchmal faul. Dann liege ich auf meiner gelben Couch. Aber nie lange, dann kommt wieder die Getriebene durch. Auch die gehört zu mir. Ich bin mitunter eine Zumutung, ja. Aber mein Mann und mein Kind sind mir dennoch geblieben. Mein Job bis jetzt zumindest auch – jedoch habe ich mein Pensum drastisch reduziert.

Ich weiß jetzt übrigens auch, was grün ist für mich: kein Einfamilienhaus, kein Kamin und kein Little Pony. Es sind die kleinen Dinge. Eine Runde mit dem Radl und meiner Tochter auf dem Gepäckträger. Der tägliche Schnauf-Schnauf-Anruf meiner besten Freundin, der grad langweilig ist beim Joggen. Ein Winterspritzer (mehr Wein als Wasser) im Sommer. Eine Arschbombe in den See. Oder einfach mal eine halbe Stunde die Klappe halten in meinem blauen Schaukelstuhl. Wenn ich in den Spiegel schaue, dann bin ich an manchen Tagen zufrieden mit mir. An manchen nicht. Dann reicht ein »Iss nicht so viel, Pupperl«-Regisseur, eine Prise PMS oder zu viel Instagram-Vergleichshölle, um mich aus meiner inneren Komfortzone zu bringen. Dann sehe ich mich im Spiegel nicht so, wie ich bin, sondern ich sehe mich wieder zehn Konfektionsgrößen dicker. Meine Strategie: Dann stelle ich mich auf die Waage, weil ich theoretisch weiß, dass ich mit 61 Kilo nicht wirklich dick sein kann. Und dann gehe ich abends früh ins Bett und warte, dass ein neuer Tag beginnt. Und dann schauen wir mal, wie ich mich dann morgens im Spiegel sehe. Ich bin okay mit mir. Nicht mehr und nicht weniger. Aber ich bin megastolz darauf, dass ich nicht mehr magersüchtig bin. Wie geht's dir heute vor dem Spiegel, Tanja?

Ich stehe auch nicht jeden Morgen vor dem Spiegel und sage: »Mensch, geil, Tanja! Was bist du für ein heißer Festtagsschinken.« Ich bin nicht stolz auf mein Fett. Ich könnte vielleicht sagen: »Hat alles mein Geld gekostet!« Denn meine Essstörung ist in der Tat eine kostspielige Angelegenheit. Manchmal stehe ich morgens auf und sehe als Erstes meine dicken Beine, die gerade im Sommer bei Temperaturen über 25 Grad gerne doppelt so breit werden. Aber anstatt meine dicken Stampfer zu hassen, bin ich heute dankbar. Dankbar, dass sie funktionieren und dass sie mich jeden Tag durch die Gegend tragen. Ich versuche, jeden Tag mit einer gewissen Dankbarkeit zu beginnen, auch dann, wenn selbst das Aufstehen am Morgen, wie zu meinen schwersten Zeiten von 240 Kilo, unfassbar geschmerzt hat.

Dr. Tanja Marfo rät: Geht raus. Zeigt euch. Zeigt eure Körper. Fühlt euch frei. Macht euer Leben lebenswert, ohne den Drang nach Perfektion. Akzeptiert, dass es manchmal anstrengend ist, mit sich zusammenzuleben. Seid ehrlich zu euch und traut euch, eure dunklen Seiten anzunehmen. Überfordert euch nicht selbst. Wir sind mehr als unsere Körper – wir haben Themen, wir haben Meinungen, wir haben eine Stimme. Wir sollten sie nutzen. Seid euch selbst eine liebende Mutter und vergesst nicht, wo ihr herkommt. Lasst euch aber nicht von der Vergangenheit festhalten. Versucht nach vorne zu leben, zu denken und zu fühlen. Bewertet nicht alles. Nehmt euch manchmal einfach hin.

Wartet nicht auf schlanke Zeiten. Euer Leben ist jetzt. Dann ist der Blick in den Spiegel und der ganze Rest einfach und endlich sizeegal.

Tanja sagt danke

Unser erstes Buch! WOW! Ich kann es immer noch nicht glauben.

Ich sage an dieser Stelle ein großes Danke an alle, die mich dabei unterstützt und mitgewirkt haben. Selbst wenn ich hier nicht alle Lieben aufzählen kann: Ich trage euch alle in meinem Herzen.

Ich sage an dieser Stelle ein Riesen-Danke an dich, liebe Caro, dass ich gemeinsam mit dir ein Buch schreiben durfte. Danke für deine Struktur, deine ganze Hilfe, danke fürs Herauskitzeln der hochemotionalen Geschichten, die vielen gemeinsamen Zoom Sessions und dein Verständnis, dass ich einfach meine Zeit brauchte, um über vieles reden bzw. schreiben zu können. Du bist ein ganz wunderbar durchgeknallter Mensch, genauso wie ich. Forever sexy and free, Sister.

Danke sage ich Samuel, meinem Sohn. Mein Großer! Du hast den manchmal hochemotionalen und haarsträubenden Buchschreibeprozess live mitbekommen und hattest immer ein offenes Ohr, wenn ich mir Sorgen gemacht habe, ob ich jetzt nicht zu offen, zu ehrlich oder zu persönlich bin. Du hast mir Mut gemacht, meine ganze Geschichte zu erzählen, ohne Wenn und Aber, und mich einfach machen lassen. Danke fürs Ertragen! Ich bin so stolz auf dich, mein Fast-Abiturient und bald schon Student. Ich liebe dich!

Danke an Mama und Papa, dass ihr mich zu der Person geformt habt, die ich heute bin. Ohne euch wäre ich nicht die, die hier ein Buch schreibt. Ich liebe euch von ganzem Herzen und sage Danke dafür, dass ich immer und wirklich immer auf euch vertrauen und zählen kann. Ihr habt mich nach bestem Wissen und Gewissen erzogen, und ihr seid meinem Sohn wundervolle Großeltern.

Danke an meinen Bruder Thomas und meine Schwägerin Nicole. Ihr seid wunderbare Menschen und habt mir die süßesten Neffen der Welt geschenkt. Niklas und Robin, die bunte Tante Tanja hat euch zum Fressen gerne. Wer krault jetzt wen? Und wie geht das mit den Yugioh-Karten?

Danke an meine Oma Sophie und Oma Hilde. Ihr seid für immer in meinem Herzen und werdet schwerstens vermisst.

Danke, Stefan, unserem Buchagenten, der mit vollem Einsatz für dieses Buch gekämpft und an uns geglaubt hat. Danke für dein offenes Ohr, dein Engagement und dein »Jetzt haut rein in die Tasten!«. Ich bin unglaublich stolz, dass wir dieses Buch in den Händen halten und selbst unseren Enkelkindern noch von dieser abenteuerlichen und nicht immer geraden Reise erzählen können.

Danke an den Bastei Lübbe Verlag und an unsere Lektorin Cindy Witt für das Vertrauen in unser Projekt. Es tut unfassbar gut, dass es Menschen und Firmen gibt, die an die Botschaft unserer Geschichte glauben und sie weitertragen wollen.

Danke an meine Freundinnen Anja, Sabine und Malvina, die einfach alles feiern, was ich mache, und immer ein offenes Ohr für mich haben. You are my biggest friends and fans. Danke, Sabine, für die vielen spaßigen Abende, die Autofahrten, die unzähligen lauen Sommernächte voller guter Gespräche in der Schanze. Danke, Malve, für deine jahrzehntelange Freundschaft.

Mit dir durch dick und dünn, immer an meiner Seite, immer offen für alles und immer für mich da. Mamacita, I love you! Danke, Anja, dass du so bist, wie du bist! Danke an Menschen, die mich inspirieren: Gabrielle Bernstein, Oprah, Robert Betz, Lisa Nichols, Tony Robbins, Carola Niemann, Ashley Graham, Tijen Onaran, Lizzo, Lauryn Hill und Beyoncé für unfassbar gute Musik und Selflove, die mir über die Mühen des Schreibens hinweggeholfen haben.

Danke, Elena Toris, für dein offenes Ohr, wenn ich einfach keine Geduld mehr habe und mir denke, dass sich doch jetzt – bitte sofort – in der Medienwelt etwas zum Guten ändern soll.

Danke an mein Team: Mister Chazz und Désirée, Katharina und Elin. Ihr habt mir Zeit freigeschaufelt und an anderen Projekten weitergearbeitet, damit ich schreiben konnte, und lebt meine Mission. Von Herzen Danke.

Und zu guter Letzt, last but not least, möchte ich meinen Plus Size Sisters, meiner Community und allen danken, die mich auf meinem Weg begleiten. Ihr bestärkt mich jeden Tag aufs Neue weiterzumachen, an meine Mission einer bunteren und vielfältigeren, friedlichen Gesellschaft zu glauben. Danke an die Firmen, die an mich glauben, mit mir gemeinsame Wege gehen und die Mission von Kurvenrausch und mir verstehen. Danke, Happy Size, für die jahrelange Freundschaft und die gemeinsame Aufgabe, große Größen in allen Formen und Farben in die Medien zu bringen.

Caro dankt

Damit das Buch überhaupt zustande kommen konnte, danke ich meinem Mann und meiner Tochter für ihre Geduld und dass sie meine Launen ertragen haben. Ich liebe euch über alles.

Ich danke Tanja Marfo für ihr Vertrauen, dass wir das schaffen. Sexy and free forever.

Ich danke Stefan Linde für seine Unterstützung und die harte Arbeit. Trotz allem: Unter Tage hat's auch schöne Ecken!

Ich danke Cindy Witt, dass sie an dieses Projekt glaubt, und unserer Lektorin Ulrike Strerath-Bolz dafür, dass sie mich vor Glück hat weinen lassen.

Ich danke meinen Eltern, dass sie mir mein Leben geschenkt und ihr Bestes gegeben haben. Ohne euch wäre ich nicht da, wo ich heute bin. Ich habe euch lieb. Ebenso danke ich meinem Biggest Brother on Earth für den Blaubeer-Yoghurt damals beim Stubenarrest und seine Wham!-Singles. Wake Me Up Before You Go Go, Brudi!

Ich danke Prof. Paula-Villa Braslavsky, Sylvia Saathof, Caroline Kebekus, Bärbel Wardetzki als Impulsgeberinnen. Ohne sie würde ich mich immer noch nicht so gut verorten können.

Ich danke außerdem Anna, Susanne und Alba fürs Erstlesen und Nikola für den Erstkontakt. Ihr seht immer fantastisch aus.

Ich danke Ute, Birte und Ingo, Alba und Quentin, Susanne und Sebastian, dass sie mir Schreib-Zeit-Fenster geöffnet haben. Dank euch ist das Leben ein Ponyhof. Ihr seid Bibi und Tina.

Ich danke meiner besten Freundin Franzi für die vielen Seelsorgetelefonate. Für immer dein Eckzahn!

Ich danke der Muschi-Gang für den Zuspruch und meiner Radiofamilie bei Bayern2 – vor allem Katja Huber.

Ich danke Marko und Uli für den Weißwein und den nimmermüden Einsatz für mehr Optimismus. So schmeckt Eskapismus.

Ich danke Nadine Schachinger und Ludi Noack für die tollen B(ewegtb)ilder – stay ludi dudi dudida.

Und dann möchte ich noch einer ganzen Reihe von Menschen danken, die dieses Buch inspiriert haben: Susanne Breit-Keßler, Ariane Müller und Julia Gamez Martin, Hannes Ringlstetter, Vera Schroeder, Marianne Hartl, Nicole Jäger, Erik Cavanaugh, Tanja Mairhofer-Obele, Louise Hollamby Kühr, Caroline Korneli, Eva Schulz, Mai Thi Nguyen-Kim, Charlotte Roche, David Mayonga aka Roger Rekless, Peaches, Princess Superstar, Margarete Stokowski, Samira El Ouassil, Linda Zervakis, Cathy Hummels, Heidi Klum, Kate Moss, Liv Tyler, Lizzo, Beyoncé.